vereinfachte, geschichtlich orientierte Übersicht

V Serifenbetonte Schriften

Egyptienne
Clarendon
Egizio *Egizio*
Typewriter

Egyptienne (1900), City (1930), Candida (1936), Technotyp (1949), Schadow-Antiqua (1952), Melior (1952), Clarendon (1953), Volta (1956), Egizio (1956), Magna (1962), Serifa (1967), Neutra (1968), Typewriter (1974), Glypha (1975).

VI Serifenlose Schriften

Futura *Futura*
Univers *Univers*
Helvetica Bold
Optima *Optima*

Akzidenz-Grotesk (1898), Block (1908), Bauhaus (1925), Kabel (1928), Gill Sans (1928), Futura (1928), Super (1932), Folio (1957), Univers (1957), Helvetica (1958), Optima (1958), Eurostil (1962), Maxima (1970), Avant Garde Gothic (1970), Frutiger (1975), Benguiat Gothic (1979), Publica (1982).

VII Antiqua-Varianten

Eckmann
Futura Black
Mark Twain
Motter Tektura

Eckmann (1900), Herold (1901), Bernhard (1912), Futura Black (1929), Kompakt (1954), Liberta (1958), Amelia (1967), Machine (1970), Bolt (1970), Stop (1971), Mark Twain (1973), Harlekin (1974), Motter Tektura (1975), Biga (1988), Kleopatra (1988).

VIII Lateinische Schreibschriften

Englische Schreibschrift
Signal
Impuls
Choc

Litho... ...ift (1925), Splendor (1930), Signal (1931), Legende (1937), Gavotte (1940), Impuls (1945), Dynamik (1952), Mistral (1953), Choc (1955), Lotto (1955), Polo (1960), Stentor (1964), Typo-Skript (1968), Hogarth-Script (1987).

Die vielen Neuschnitte historischer Schriftformen wurden nicht mit ihrem Erscheinungsjahr bezeichnet, sondern das der ursprünglichen Schrift genannt.

Bergner · Grundlagen der Typografie

Eckhard Dietsche

Gestaltungshandbuch
für Druckerzeugnisse
mit 328 Bildern
und 10 Tabellen

Walter Bergner

Grundlagen der TYPOGRAFIE*

VERLAG BERUF + SCHULE, ITZEHOE

ISBN 3-88013-395-6

© Fachbuchverlag Leipzig 1990
Lizenzausgabe für Verlag Beruf + Schule, Itzehoe
1. Auflage
Printed in GDR
Verlagslektor: Dipl.-Ing. Bianca Uhlemann
Gesamtgestaltung: Matthias Hunger, Leipzig
Gesamtherstellung: Offizin Andersen Nexö,
Graphischer Großbetrieb, Leipzig III/18/38

Inhaltsverzeichnis

1. Wesen der Typografie

1.1. Definition 12
1.2. Historisches zur Erfindung 12
1.3. Schrift und Sprache als Kommunikationsmittel 17
1.4. Gegensatz Schreiben und Drucken 18
1.5. Lesbarkeit der Druckschriften 20

2. Elementare Gestaltungsmittel

2.1. Schrift 24
2.1.1. Schrift und Setztechnik 24
2.1.1.1. Typograf. Maßbezeichnungen 24
2.1.1.2. Lettern und Blindmaterial für den manuellen Bleisatz 28
2.1.1.3. Matrizen für den maschinellen Bleisatz 32
2.1.1.4. Setztechnik als Informationsverarbeitungsprozeß 34
2.1.1.5. Zeichenträger und Systeme für Fotosatz 37
2.1.2. Schrift und Drucktechnik 44
2.1.2.1. Hochdruckverfahren 44
2.1.2.2. Offsetdruckverfahren 45
2.1.2.3. Tiefdruckverfahren 46
2.1.2.4. Durchdruckverfahren 46
2.1.3. Schrift und Ausdruck 47
2.1.3.1. Zeichengestalt und Formausdruck 47
2.1.3.2. Historische Entwicklung der Schriftformen 48
2.1.3.3. Klassifikation der Druckschriften 62
2.1.3.4. Schriftschnitte und Schriftfamilie 67
2.1.3.5. Schriftwahl und Anmutungsqualität 68
2.1.3.6. Schriftmischen 69
2.2. Fläche 71
2.2.1. Fläche als Material 71
2.2.1.1. Eigenschaften von Papier, Karton, Pappe 71
2.2.1.2. Sonstige Bedruckstoffe 74
2.2.1.3. Materialeigenschaften als Wirkungskomponenten 74
2.2.2. Flächengestaltung und Wahrnehmungsprozeß 75
2.2.2.1. Figur-Grund-Gliederung 75
2.2.2.2. Wirkungen der Gestaltfaktoren 76
2.2.2.3. Optische Täuschungen 80

Inhaltsverzeichnis

3. Ergänzende Gestaltungsmittel

3.1.	Farbe	86
3.1.1.	Farbentheorie	86
3.1.2.	Kontraste und ihre Wirkungen	88
3.1.3.	Farbe und Drucktechnik	93
3.2.	Linien und Schmuck	95
3.2.1.	Linien	96
3.2.2.	Schmuck	97
3.2.3.	Sonderzeichen, Symbole	100
3.3.	Bilder	101
3.3.1.	Einheit von Schrift und Bild	102
3.3.2.	Übereinstimmung oder Gegensatz	103

4. Gestaltungsprinzipien

4.1.	Fläche und Ausdruckswerte	110
4.1.1.	Proportionen	110
4.1.2.	Wirkorte der Fläche	113
4.1.3.	Wirkungen von Linien	114
4.1.4.	Figur-Grund-Beziehungen	115
4.2.	Kontrast	118
4.2.1.	Gegensätzliche Formen der Schrift	118
4.2.2.	Kontrastwirkungen der Komposition	118
4.3.	Rhythmus	122
4.3.1.	Rhythmus der Schrift	122
4.3.2.	Rhythmische Werte typografischen Gestaltens	123
4.4.	Komposition	124
4.4.1.	Symmetrie	128
4.4.2.	Asymmetrie	129
4.4.3.	Typografische Rasternetze	132
4.4.4.	Freie Komposition	135

5. Funktionen und Formen

5.1.	Glatter Satz und Auszeichnungen	142
5.1.1.	Vom Wort zur Zeile und Spalte	143
5.1.2.	Auszeichnungen in der Grundschrift	147
5.2.	Ordnen und Gliedern der Seite	149
5.2.1.	Absätze, Einzüge, Zwischenschläge	149
5.2.2.	Satzspiegel, Kolumnentitel, Fußnoten, Marginalien	151

Inhaltsverzeichnis

5.2.3.	Überschriften, Anfangs- und Ausgangsseiten	155
5.3.	Vom Einzelnen zum Ganzen	158
5.3.1.	Bücher und Broschüren	158
5.3.2.	Zeitschriften und Zeitungen	164
5.3.3.	Sonstige Gestaltungseinheiten	169
5.4.	Reihenanordnungen	173
5.4.1.	Gedichte, Dramen	174
5.4.2.	Verzeichnisse, Übersichten, Tabellen	176
5.4.3.	Vordrucke	179
5.5.	Blickfänge und andere kräftige Hervorhebungen	181
5.5.1.	Plakate, Anzeigen	181
5.5.2.	Verpackungen, Buchumschläge	188
5.5.3.	Geschäfts- und sonstige Werbedrucksachen	193
5.6.	Individuelle Ausdrucksformen	197
5.6.1.	Privatdrucksachen	197
5.6.2.	Gesellschaftliche Drucksachen	199

6. Manuskript und Entwurf

6.1.	Manuskript	204
6.1.1.	Formen des Manuskriptes	205
6.1.2.	Manuskriptberechnen	207
6.1.3.	Manuskriptauszeichnen, Satzanweisung	208
6.2.	Entwurf	212
6.2.1.	Skizze	212
6.2.1.1.	Skizziertechniken	214
6.2.1.2.	Maßskizzen	215
6.2.2.	Layout	216
6.2.3.	Bildvorlagen	218
6.2.3.1.	Forderungen an Bildvorlagen	219
6.2.3.2.	Bearbeiten und Vermessen der Bildvorlagen	220
6.2.4.	Komplexe Entwürfe	222

Literaturverzeichnis 224
Verzeichnis der Standards 225
Sachwortverzeichnis 226

Vorwort

Die Aufgabe der Typografie, Vermitteln schriftlicher Informationen und Formen eines gut lesbaren, zweckmäßig gestalteten Druckerzeugnisses, ist von jeher gleich geblieben. Ihre technischen Arbeitsmittel und das Berufsbild des Schriftsetzers jedoch haben sich in den letzten Jahrzehnten erheblich gewandelt. Der Fotosatz und eine immer stärkere Verlagerung des typografischen Entwurfes in die Zuständigkeit der Auftraggeber veränderten die praktische Tätigkeit und die erforderliche Berufsausbildung. Der Schriftsetzer benötigt zusätzliche Kenntnisse der elektronischen Datenverarbeitung, fotografischer Prozesse und Fertigkeiten der Schreibtechnik. Innerhalb der Lehrzeit ist eine solide Ausbildung im typografischen Gestalten kaum noch möglich. Sie wird vielerorts auch vernachlässigt, da zumeist nach vorgeschriebenen Angaben gesetzt werden muß.

Je mehr sich die Fotosetztechnik vervollkommnete und die Satzprogramme erweiterten, desto notwendiger wurden typografisch geschulte Facharbeiter zur Texterfassung, Textverarbeitung und Filmmontage. Ebenso erfordert das Umsetzen eines gelieferten Entwurfes in ein gut gestaltetes Druckerzeugnis gründliches typografisches Wissen und schöpferische Mitarbeit. Das vorliegende Buch versucht, darin die Berufsausbildung zu ergänzen und Grundwissen über typografisches Gestalten allen zu vermitteln, die Druckerzeugnisse entwerfen.

Die bisherige Ausbildung und die Lehrbücher waren oftmals durch zu breit angelegte Geschichte der Schrift belastet und vernachlässigten die Formenlehre sowie das praktische Entwerfen. Die hier gebotene Stoffauswahl vermeidet dies und behandelt vordringlich historische Formen der Druckschrift. Ihre Klassifikation ist nach internationalen Erfahrungen vereinfacht ausgeführt. Wichtige Momente der Wahrnehmungs- und der Formenlehre werden dargestellt und ihr Einfluß auf typografische Gestaltungsmittel und -prinzipien durch Bilder allgemeinverständlich erklärt. Wesentliche Teile dieses Buches gingen aus der Beitragsfolge »Elementare Typografie« in der Fachzeitschrift »Papier und Druck« hervor, die dem gegenwärtigen Stand der Setztechnik entsprechend erweitert und mit Gestaltungsbeispielen ergänzt wurde. Vom glatten Satz ausgehend, werden anhand typografischer Grundformen alle geläufigen Gestaltungsaufgaben vom Werk- bis zum Akzidenzsatz behandelt und an Satzmustern erläutert. Die Manuskriptformen, Skizziertechniken und das Ausführen praxisgerechter Entwürfe beschließen das Handbuch.

Einige grundlegende Regeln des Setzens sowie bestimmte technologische Verfahren haben allgemeine Gültigkeit und sind in Standards bzw. Normen verbindlich formuliert, wie auch die Beschaffenheit verschiedener Druckerzeugnisse. Alle diese Standards bzw. Normvorschriften sind berücksichtigt, ihre oft sehr umfangreichen Festlegungen konnten im einzelnen nicht aufgenommen werden. Die Kenntnis dieser fachlichen Regelungen ist jedoch für das praktische Arbeiten als unerläßliche Grundlage vorauszusetzen. In einem Verzeichnis sind die notwendigen Standards und die entsprechenden Normvorschriften des Deutschen Instituts für Normung (DIN) der Bundesrepublik zusammengefaßt und ihre Bezugsmöglichkeiten genannt.

Wie das Verzeichnis der Standards im Anhang zeigt, gibt es in der DDR auch im Bereich von Typografie und Satzherstellung eine Fülle von Festlegungen, die einem rationellen Fertigungsablauf dienen. In den übrigen deutschsprachigen Ländern bestehen auf diesem Gebiet nur wenige

Normvorschriften, die zudem nicht verbindlich sind, sondern nur als Empfehlungen gelten sollen.

Zweifellos bieten Normen bzw. Standards aber jedem an der Satzherstellung Beteiligten wertvolle Hilfen für die Manuskriptgestaltung und für die Umsetzung dieser Manuskripte in Satzanweisungen, typografische Entwürfe, schließlich in Satz und entsprechende Druckformen. Daher sind in dieser bundesdeutschen Ausgabe von »Grundlagen der Typografie« bewußt alle Hinweise auf DDR-Standards stehengeblieben, weil sie durchaus Anregungen zu bieten vermögen, wie man im Satzherstellungsprozeß Zeit und Kosten sparen kann.

Sowohl beim Begutachten des Konzeptes als auch des Manuskriptes dieses Buches gaben Professor Walter Schiller, Studiendirektor Dipl.-Ing. Lothar Heise und Ing. Hans Kohls wertvolle Hinweise zu Verbesserungen, für die ihnen der Autor herzlich dankt. Seine mannigfachen langjährigen Bemühungen um gute Typografie hofft der Autor in diesem Handbuch zu vereinen und an einen großen Kreis von Lehrlingen, Studenten sowie an Weiterbildung interessierten Facharbeitern, Verlagsmitarbeitern und Werbefachleuten als praktische Ratschläge weiterreichen zu können. Wenn es dabei gelingt, die bei manchen fast vergessenen kreativen Merkmale ihrer beruflichen Tätigkeit aufzuzeigen und ästhetische Verantwortung zu wecken, so wäre damit sehr viel erreicht. Meinungsäußerungen und Anregungen aus dem Leserkreis sind sehr willkommen.

Leipzig, 1989

Autor und Verlag

1. Wesen der Typografie

Vollkommene
	Typografie
	ist eher eine Wissenschaft
denn eine Kunst.
	Denn der sichere Geschmack,
		der das Vollendete
	auszeichnet,
	beruht auf einem klaren Wissen
		um die Gesetze
	harmonischer Gestaltung.

Jan Tschichold

1.1. Definition

Die Bedeutung des Begriffes Typografie läßt sich mit der Übersetzung des aus dem Griechischen stammenden Wortes in »Schreiben mit Drucktypen« nicht umfassend bestimmen. Wörterbücher und Lexika erklären Typografie sowohl noch als Buchdruckerkunst mit beweglichen Lettern, zumeist aber als Gestaltung des Schriftsatzes und des weiteren als ästhetische Formgebung eines Druckerzeugnisses.

Dieses Buch erhielt als Auftakt ein Vorsatz, das mit Aussprüchen über das Wesen der Typografie geschmückt ist. Aus den verschiedenartigen Gedanken namhafter Persönlichkeiten ist eine zweifache Aufgabe der Typografie zu erkennen: das Vermitteln schriftlicher Informationen und gleichzeitig das Formen eines gut lesbaren, zweckmäßig gestalteten Kommunikationsmittels. Jede schriftliche Information, sei sie in der schlichtesten Schrifttype gesetzt, wirkt auch in ihrem Formcharakter auf den aufnehmenden Betrachter. Andererseits muß ein ausdrucksstarkes Schriftbild oder eine wirkungsvolle Typografie gut lesbar bleiben, wenn sie als schriftliche Mitteilung ihren Zweck erfüllen soll.

Grundlage der Typografie ist die Schrift. Technische Arbeitsmittel sind Schrifttypen, die je nach Art der Setztechnik verschieden ausgebildet und mehr oder weniger variabel angewendet werden können. In der Auswahl, Anordnung und Gliederung dieser vorgefertigten Elemente besteht das Wesen der Typografie. Durch das Setzen entsteht ein spezielles Schriftbild, das den sprachlichen Inhalt darstellt und ihm mit eigenen Mitteln vielfältig Ausdruck zu geben vermag.

Die Typografie wird entscheidend von der Setztechnik beeinflußt. Grundkenntnisse in den Setzverfahren sind für das typografische Gestalten unerläßlich. Der typografische Entwurf und die Satzanweisung sind wichtige Bestandteile der technischen Arbeitsvorbereitung in der grafischen Industrie. Von ihrer exakten Ausführung hängt im erheblichen Maße die rationale Fertigung und die Qualität eines Druckerzeugnisses ab. Da immer häufiger rechnergesteuerte Arbeitsgänge in der Satzherstellung angewendet werden, ist es erforderlich, Satzanweisungen bis ins Detail vorausschauend festzulegen, damit sie als Satzbefehle des jeweiligen Programmes ausgeführt werden können. Die Entwürfe sind möglichst so exakt anzulegen und die Texte vorauszuberechnen, daß geschlossene Teile des Satzes bereits auf dem Bildschirm – vor der Belichtung – endgültig formiert sind.

Das typografische Gestalten ist ein komplexer Vorgang, der von logischen, ästhetischen und technischen Forderungen beeinflußt wird, die unter Beachtung wirtschaftlicher Überlegungen zu realisieren sind. Diese genannten Momente sind als Ganzes in jeder Gestaltungsaufgabe enthalten und nehmen wechselseitig Einfluß aufeinander. Es gehören deshalb gründliches Wissen und ästhetisches Empfinden dazu, Typografie sicher zu beherrschen, und nur die besten typografischen Ergebnisse werden als künstlerische Leistungen anerkannt. Die Kunsttheorie charakterisiert Typografie als Synthese der Wortkunst mit den räumlichen Künsten und rechnet sie den nichtabbildenden, angewandten Künsten zu. Die Buchkunst wird als unentbehrlicher Bestandteil der künstlerischen Kultur erachtet.

1.2. Historisches zur Erfindung

Das Drucken mit beweglichen Lettern, die Typografie, hat im Stempeln von Schriftzeichen technische Vorstufen und in handgeschriebenen Büchern ästhetische Vorbilder.

Ein sehr frühes Zeugnis (2. Jh. v. u. Z.) vervielfältigter Schriftzeichen ist der sogenannte Diskus von Phaistos (Bild 1/1), eine auf Kreta gefundene Tonscheibe. Sie trägt

1/1. Frühes Zeugnis für die Vervielfältigung von Schriftzeichen (vermutlich eine linksläufige Silbenschrift) mit Hilfe von Stempeln. Diskus von Phaistos, Tonscheibe aus dem 2.Jh. v.u.Z.[1]

eine spiralförmige Inschrift, die mit Einzelstempeln einer Bilderschrift angefertigt wurde. Als ältestes Verfahren, Schriftzeichen durch Drucken zu vervielfältigen, ist der Holztafeldruck anzusehen. Nach neuesten Forschungen wurden in Korea in der ersten Hälfte des 8.Jh. bereits Drucke von erhaben in Holz geschnittenen Texten durch Abreiben hergestellt.

Die Technik, einzelne Schriftzeichen zu beliebigen Druckformen zu vereinigen, war im 11.Jh. von dem chinesischen Schmied Pi-Sheng erdacht worden (Bild 1/2). Er stellte die Wortbildzeichen in einheitlicher Breite aus gebranntem Ton her. Das Verfahren konnte sich bei der Vielzahl von Zeichen der chinesischen Schrift nicht durchsetzen. In Korea wurden 1234 Drucke mit kupfernen Typen hergestellt, die bessere Ergebnisse zeigten und die bis ins 15.Jh. mit einer künstlich geschaffenen Alphabetschrift fortgesetzt wurden. In Deutschland verwendet man im 12.Jh. für das Prägen von Inschriften Einzelbuchstabenstempel. Neben Goldschmieden und Münzern, die den Stempelschnitt und das Prägeverfahren ausübten, benutzten die Buchbinder einzelne Metallstempel zum Prägen von Einbänden.

Das ästhetische Vorbild des frühen Buchdrucks waren die handschriftlichen Bücher, deren äußere Erscheinung übernommen wurde. Die Kodexform des Buches entstand bereits in der Antike. Im Mittelalter erlebten die Handschriften eine Blütezeit, Schriftform und Gestaltungskanon unterlagen gesellschaftlichen Einflüssen, sie waren territorial sehr verschieden. Sogenannte Blockbücher, jeweils eine Buchseite in eine Holztafel geschnitten, gab es neben den Handschriften seit dem 14.Jh. Sie wurden durch Abreiben mit Ballen vervielfältigt, bevor die Druckpresse erfunden war.

Der Erfinder des Buchdrucks, der Goldschmied **Johannes Gutenberg** (geboren zwischen 1394 und 1404, gestorben 1468), wird zugleich als Schöpfer des ersten typografischen Meisterwerkes, der 42zeiligen

1/2. Chinesische Druckform mit beweglichen Tonlettern, wie sie im 11.Jh. von dem Schmied Pi-Sheng erdacht wurde

---

[1] Sämtliche Bilder, die ohne Angabe einer Bildquelle sind, stammen aus der Beitragsfolge »Elementare Typografie« [14]. Wird bei Satzbeispielen kein Gestalter genannt, ist dieser nicht bekannt.

1.2. Historisches zur Erfindung

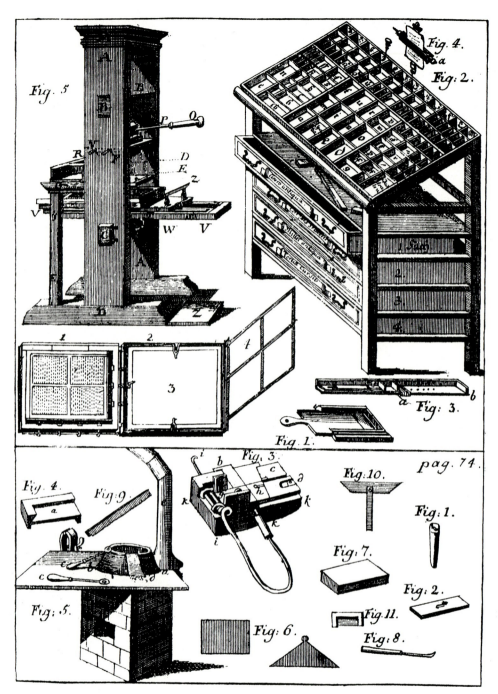

1/3. Darstellung der Werkzeuge des Buchdruckers und des Schriftgießers nach J.S. Halle (1762)

1. Wesen der Typografie

Die Werkzeuge des Buchdruckers
Fig. 1: Ein Schiff für eine Seite Satz, der auf der ausgezogenen Schiffszunge zum Satzbrett getragen wird. Fig. 2: Ein Schriftkasten. Fig. 3: Der Winkelhaken aus Messing, zwischen **a** und **b** werden die Zeilen gesetzt, je nach der eingestellten Länge. Fig. 4: Der Manuskripthalter (Tenakel) mit dem Zeilenweiser (Divisorium) **a**, in den das Manuskript eingeklemmt ist. Fig. 5: Die Buchdruckpresse mit der Krone **M**, den beiden Wänden **A**, dem Oberbalken **B**, dem eisernen Bengel **P**, dem hölzernen Griff **O**, der hölzernen Büchse **D**, dem Tiegel aus Messing **E**, den Ballenknechten für die Druckerballen **N** und dem Farbstein **R**, hinten an der Presse. **1** die Druckform, **2** der Deckel, **3**, **4** das aufgeschlagene Rähmchen. Das Laufbrett mit dem Karren **V**, die Kurbel zur Walze **W** und der Antritt für den Fuß **Z**.

Die Werkzeuge des Schriftgießers
Fig. 1: Die Patrize (Stahlstempel). Fig. 2: Die Matrize (Kupferklötzchen). Fig. 3: Das Schriftgießinstrument mit dem Böckchen **a**, Eingußort **b**, Wand **c**, Bodenstück **d**, Sattel **e**, Feder **f**, Kern **g**, Signaturraum **h**, Haken **i**, mit dem die Buchstaben aus dem Gießinstrument gezogen werden, und dem hölzernen Futteral **k**. Fig. 4: Justitorium aus Messing mit Auflageplatte **a** für die Lettern. Fig. 5: Der Gießofen mit Werktisch **a**, eiserner Pfanne **b**, Löffelchen zum Gießen kleiner Schriften **c**, Blech für abfallendes Zeug **d**, Abzugsrohr **e**. Fig. 6: Beschaublech zur Kontrolle der Dicke. Fig. 7: Messingklötzchen, auf dem die Lettern zum Beschauen nebeneinander liegen. Fig. 8: Fertige Lettern mit Gießzapfen. Fig. 9: Hölzerner Winkelhaken zum Aufstellen der Lettern. Fig. 10: Kreuzmaß. Fig. 11: Kernmaß

Bibel, geehrt. Der Kernpunkt seiner Erfindung ist das Gießinstrument, mit dem die serienweise Herstellung von völlig identischen, sorgfältig justierten Typen möglich wurde. Mit der Erfindung der Handpresse und der Druckfarbe schuf Gutenberg die Voraussetzungen zum Abdruck des Schriftsatzes aus Einzellettern. Das Setzen und das Drucken wurden von ihm als Fertigungsverfahren so vervollkommnet, daß sie technologisch über Jahrhunderte unverändert blieben (Bild 1/3).

Die Typografie des ersten gedruckten Buches folgt in der Schriftform und in der Seitengestaltung dem Vorbild der Handschriften. Der Satz ist zweispaltig ausgeführt und stimmt mit dem mittelalterlichen Schreiberkanon überein, dessen Schrift- und Blattfläche das Verhältnis 2:3 aufweisen. Für die relativ große Schrift wurde eine Vielzahl von Buchstabenkombinationen (Ligaturen) und Abkürzungszeichen (Abbreviaturen) geschaffen, um eine rechtsbündige Kolumne bei gleichbleibenden Wortzwischenräumen setzen zu können (Bild 1/4). Außerdem sind Divise und Punkte am Zeilenende außerhalb der Spalte angeordnet, die Zeilenlängen optisch korrigiert (Bild 1/5). Die Textura (spätgotische Schrift) ist den Missalienhandschriften des Mittelalters nachgebildet (Bild 1/6). Die 42zeilige Bibel ist jedoch keine bloße Kopie einer Handschrift, ihr ästhetischer Wert liegt in der reifen Durchformung der neuen typografischen Mittel. Die sorgfältig bemessenen Buchstaben- und Wortabstände, die exakte Linienführung der Zeilen sowie die optischen Verfeinerungen des Satzbildes sind bestimmende Wesenszüge der Typografie, die hier bereits vollendet anzutreffen sind.

Das Beispielhafte der Leistung Gutenbergs für die Gegenwart liegt in seinem Streben, sowohl technische als auch ästhetische Vollkommenheit bei der Mechanisierung des Bücherschreibens zu erlangen. Technische und ästhetische Probleme als dialektische Einheit zu erfassen und keine

Linke Seite:
1/4. Satzkolumne der 42zeiligen Gutenberg-Bibel (verkleinert). Das klassische Meisterwerk der Buchdruckerkunst wurde zwischen 1452 und 1455 geschaffen.

1/5. Ausschnitt aus der 42zeiligen Gutenberg-Bibel (Bild 1/4). Die Divise sind außerhalb der Spalte angeordnet, um optisch gleichlange Zeilen zu erhalten.

1/6. Ausschnitt aus einer handgeschriebenen Bibel (1443) in Textura (spätgotische Minuskel)

der beiden Seiten zu vernachlässigen ist eine aktuelle Forderung. An der Vielzahl der zum Bibeldruck gefertigten Sondertypen – allein 241 gemeine Buchstaben und Ligaturen wurden geschnitten – ist Gutenbergs Bemühen zu erkennen, Geschlossenheit und Harmonie des Zeilenbildes und der Buchseite zu erreichen.

1.3. Schrift und Sprache als Kommunikationsmittel

Schrift gehört zu den ältesten und wichtigsten Kulturgütern. Ihr Entstehen zwischen dem dritten und vierten Jahrtausend v.u.Z. setzt das Vorhandensein der Sprache voraus. Mit der Entwicklung der Schrift vom Bild zu den heutigen Schriftsystemen beschäftigt sich die Paläografie als Fachwissenschaft. Der Entwicklungsweg der Buchstabenschrift verlief von komplizierten Zeichensystemen (Keilschrift, Hieroglyphen) zum einfacheren Alphabet. Heute gibt es nur zwei Schriftsysteme. Das alphabetische System, das die Laute einer Sprache fixiert, und das ideografische, das den Sinngehalt eines Wortes in Bildzeichen darstellt. Der chinesische Schriftenkreis ist das wichtigste Bildschriftsystem. In der heutigen chinesischen Schrift gibt es 54 Deutzeichen, die rein bildschriftlichen Charakter haben. Daneben existieren eine Vielzahl konventionalisierter Lautzeichen, die auf verschiedene Weise mit Deutzeichen kombiniert werden (Bild 1/7).

Schrift und Sprache sind aufs engste mit der gesellschaftlichen Entwicklung verbunden. Sprache und Bewußtsein bedingen einander. Mit der Sprache schuf sich der Mensch das wichtigste und unmittelbarste Kommunikationsmittel; es ist die erste Stufe der Informationstechnik. Durch die Schrift wurde diese weiterentwickelt. Das schnellverhallende Wort und der flüchtige Gedanke können durch schriftliche Aufzeichnungen mit einfachen Mitteln bewahrt

Feuer + erhaben = glänzend
(Deutzeichen) (Lautzeichen) (Kombination)

1/7. Beispiel der Kombination von Deutzeichen und Lautzeichen in der chinesischen Schrift (Bildschriftsystem). Das Deutzeichen »Feuer« steht links vom Lautzeichen. Es gibt vielfache Möglichkeiten ihrer Stellung; sie können auch innerhalb oder um das Lautzeichen herum geschrieben werden [41].

werden. Eine höhere Stufe der Informationstechnik entstand. Das begrenzte Gedächtnis des Menschen wird entlastet oder ersetzt. Durch Schreiben und Drucken wird der Erfahrungsschatz der Generationen überliefert und verbreitet. Erst durch die Sprache und die Schrift wurde ein kontinuierlicher Erkenntnisprozeß möglich.

Als weitere Stufen der Informationstechnik kennen wir heute neben den visuellen Kommunikationsmitteln auditive und audiovisuelle. Die gedruckten Medien Zeitung, Zeitschrift, Buch und andere wurden durch neue visuelle Informationsträger, wie Diapositive, Mikrofilm, Bildschirmtext und Bildschirmzeitung, ergänzt. Als auditives Massenkommunikationsmittel erlangte der Rundfunk durch seine hohe Aktualität die größte Bedeutung. Schallplatte und Tonbandkassette sind vor allem als Musikmedien weit verbreitet. Unter den audiovisuellen Kommunikationsmitteln dominiert das Fernsehen. Es hat aber den älteren Tonfilm nicht verdrängen können. Tonbildschau und Multivision sind vorwiegend Werbemedien, Bildplatte und Videokassette erweitern die Nutzung eines Fernsehgerätes.

Trotz des ständig gewachsenen Angebotes elektronischer Medien bestehen gedruckte Informationsmittel weiterhin, sie werden durch ihre speziellen Eigenschaften auch künftig gebraucht werden. Die Vorteile der Druckerzeugnisse gegenüber anderen, teils aktuelleren Medien sind die

sichtbare Speicherung von Informationen, die ohne Hilfsmittel jederzeit und überall aufgenommen werden können. Darüber hinaus weckt Lesen nachhaltigeres Vorstellungsvermögen als Hören oder Sehen fließender Informationen. Der Leser kann den gedruckten Text nachschlagen, mit Notizen ergänzen und die Information leicht rekapitulieren. Ohne Schreiben und Lesen ist gründliche Bildung nicht denkbar. Im intimen Rezeptionsprozeß des Lesens wird die Imagination literarischer Schöpfung am besten nachvollzogen.

Die Typografie hat innerhalb der visuellen Kommunikation eine wichtige Aufgabe. Durch sie wird die Sprache nach verschiedenen Informationsträgern differenziert dargestellt, Ausdruck und Wirkung werden durch typografische Formen entsprechend der jeweiligen Funktion beeinflußt. Zur didaktischen Wissensvermittlung gewinnt die Typografie heute stärkere Bedeutung. Als universeller Zeichenträger innerhalb der indirekten Kommunikation der gedruckten Medien wird die Typografie von der Informationstheorie untersucht.

1.4. Gegensatz Schreiben und Drucken

Neben der gedruckten Schrift behält die viel ältere Handschrift auch künftig ihre Bedeutung. Obwohl zwischen Schreiben und Drucken ein grundsätzlicher Unterschied besteht, verbindet beide nicht nur der gleiche kommunikative Zweck. Viele Druckschriften sind aus dem Schreiben entstanden und haben kalligrafische Schriften als Grundlage. Wie in den Druckschriften, so spiegelt sich auch in den Handschriften die jeweilige Stilperiode und Gesellschaftsformation. Die Buchstaben der Druckschrift beeinflussen die Handschrift, es vereinfachen sich Elemente nach ihrem Vorbild.

Die Handschrift hat ursprünglichen, persönlichen Ausdruck und reflektiert den Charakter des Schreibers in ihrem dynamischen, oft flüchtigen Schriftbild. Selbst Gemütszustände und augenblickliche Erregungen drücken sich vielfach beim Schreiben aus und mindern die Deutlichkeit der Handschrift. Sie wird durch die verschieden gearteten Schreibwerkzeuge, wie Stift, Feder oder Pinsel, in der Einzelform und dem Gesamtcharakter beeinflußt. Die Handschrift ist die Grundlage des Schönschreibens, der Kalligrafie. Der besondere Reiz kalligrafischer Schrift beruht auf der Vielfalt der möglichen Varianten der einzelnen Buchstaben und den Zufälligkeiten und feinen Abweichungen im Detail, die dem Schreiben eigen sind (Bilder 1/8 und 1/9). Ausdrucksstarke und phantasiereiche Kalligrafie sowie vollendet durchgebildete Buchstabenformen sind als künstlerische Leistungen zu werten.

Während es in der Handschrift kaum Wiederholungen gibt, ist die sich stets gleichbleibende und wiederholende Typenform für die Druckschrift kennzeichnend. Ein regelmäßiges Schriftbild, das sich in straffer Zeilenführung exakt darbietet, ist wesentlich für die gedruckte Schrift (Bild 1/10). Darauf gründet sich ihre bessere Lesbarkeit im Vergleich zur Handschrift. Trotzdem hat jede Druckschrift ihren eigenen Ausdruckswert. Es gibt keine völlig neutrale, unpersönliche Schrift. Jede Druck-

1/8. Aus einem kalligrafischen Schriftblatt von RUDOLF KOCH (1932), der dazu bemerkte, »er sei ganz ersoffen in Goethes Lyrik« [31]

Wo soll ich fliehen?
Wälderwärts ziehen?
Alles vergebens!
Krone des Lebens,
Glück ohne Ruh,
Liebe, bist du!

1/9. Die gleiche Strophe aus dem Gedicht »Rastlose Liebe« des jungen Goethe; in Druckschrift (Garamond-Antiqua) gesetzt

1/10. Für die Druckschrift ist die gleichbleibende, sich wiederholende Typenform charakteristisch. Die geschriebene Schrift dagegen zeigt kaum Wiederholungen und kennt viele Variationen der Buchstaben.

1.4. Gegensatz Schreiben und Drucken

schrift trägt mehr oder weniger Merkmale, die der Persönlichkeit des Entwerfers, dem ästhetischen Bewußtsein der Zeit und der Gesellschaft entspringen. Die jeder Setztechnik eigenen formbestimmenden Regeln mit guter Lesbarkeit und ästhetischen Ansprüchen zu vereinigen ist die vermittelnde Aufgabe des Schriftkünstlers, der er sich immer wieder stellen muß. Bei der Umwandlung eines Schriftentwurfes in Matrizen jeglicher Art oder in digitale Videosignale muß die Qualität einer Druckschrift, die Wesen und Wert der Typografie bestimmt, prinzipiell gewährleistet sein.

Aus dem dargelegten Unterschied zwischen Schreiben und Drucken, so wesentlich er ist, können nicht einschränkende ästhetische Leitsätze abgeleitet werden. Die Gegensätzlichkeit von geschriebener und gesetzter Schrift läßt sich sehr gut als Wirkungsmoment beim Gestalten verwenden. Als dekorative Bereicherung oder stilistische Verfeinerung des Formausdrucks können individuell geschriebene oder gezeichnete Initialen, Titelzeilen sowie ganze Schriftgruppen dienen (vgl. Bild 4/25). Mit Sorgfalt ausgeführt, können sie behutsam ins Satzbild integriert oder zu betont dynamischen Elementen mit kontrastreichem Effekt werden.

1.5. Lesbarkeit der Druckschriften

Für die Typografie ist gute Lesbarkeit ein wesentliches Kriterium. Wird dies nicht beachtet, ist die Zweckerfüllung gedruckter Texte in Frage gestellt. Als Maß für die Lesbarkeit eines Textes wird allgemein bei Untersuchungen die Geschwindigkeit angesehen, mit der sich das genaue Aufnehmen des Inhaltes ohne besonderes Ermüden vollzieht. Die Lesbarkeit wird seit über einhundert Jahren systematisch nach verschiedenen Gesichtspunkten erforscht. Sie ist heute als ein komplexer Begriff erkannt, der von verschiedenen Faktoren abhängig ist.

Für den Typografen ist es wichtig zu wissen, wie der Lesevorgang erfolgt. Wir lesen buchstabierend nur in der Lernphase des Lesens und bei ungewöhnlichen Wortbildern. Beim fließenden Lesen erfassen wir in schnellen Augensprüngen ganze Buchstabengruppen und lesen Wortbilder. Wird bei einem Halt (Fixation) des Auges (etwa 0,1 s) etwas nicht richtig erfaßt, erfolgt ein Rücksprung (Regression, Bild 1/11). Für die Lesbarkeit einer Schrift ist die obere Hälfte des Schriftbildes wichtiger als die untere. Unterscheidungsmerkmale der Buchstaben sind vorwiegend im oberen Teil (Bild 1/12).

Unser Auge gleitet nicht, wie wir glauben, kontinuierlich in sanftem Schwung über die Zeilen, sondern hält zwischendurch an. Nur während dieser Halte, die sehr kurz sind, wird gelesen, d.h. das Gesehene aufgenommen. Die Zahl der Haltestellen (Fixationen) vergrößert sich oft erheblich durch Rücksprünge (Regressionen)

1/11. Prinzip der Augenbewegung beim Lesen [19]

Schriftbild

1/12. Die Unterscheidungsmerkmale der Buchstaben sind vorwiegend im oberen Teil zu finden, der obere Teil des Schriftbildes ist deshalb für die Lesbarkeit wichtiger.

Als wichtigster Faktor für die Lesbarkeit gilt die Größe einer Schrift. Zeilenlänge und Zeilenabstand, die mit der Schriftgröße korrelieren, haben auf die Lesbarkeit einen fast ebensolchen Einfluß. Vom normalen, geradestehenden Schriftbild abweichende Schriftvarianten (Kursiv, Halbfette, Schmalfette usw.) hemmen die Lesbarkeit unterschiedlich, vor allem bei längeren Texten in solchen Schriften. Kursivschriften beeinflussen das rasche Lesen offensichtlich nicht so sehr wie andere Abweichungen vom Normalschriftbild. Unter den verschiedenen Schriftarten zeichnet sich keine als hervorragend lesbar aus. Die Bevorzugung einzelner Schriftcharaktere durch verschiedene Lesergruppen hängt von der Übung und speziellen Voraussetzungen dieser Rezipienten ab. Ein gewohntes Schriftbild erleichtert in jedem Falle das rasche Aufnehmen des Inhaltes. Lesen ist an Konvention gebunden.

Deshalb ist es wenig sinnvoll, für bestimmte Gruppen von Lesern gesonderte Lesbarkeitsbedingungen zu ermitteln. Für das sogenannte Erstlesealter sind allerdings sehr klar geformte Buchstaben in leicht wahrnehmbarer Schriftgröße angebracht. Umweltbedingungen, wie Lichtstärke, Leseabstand, und andere vom Leser zu schaffende Voraussetzungen können hier unberücksichtigt bleiben. Wichtig ist es aber, zwischen dem längeren fließenden Lesen und dem kurzen, informierenden Hinsehen zu unterscheiden. Schriftgrößen, die beim fortlaufenden Lesen ermüdend wirken, können in Nachschlagewerken, bei Fußnoten, Registern und Verzeichnissen durchaus noch angemessen sein.

Ein oft vernachlässigter Faktor für gute Lesbarkeit ist die Beschaffenheit des Bedruckstoffes, des Papieres, sowie der Druckfarbe. Glänzende Papiere mindern die Lesbarkeit erheblich. Auch stark getönte oder mit kräftigen Farben als Untergrund bedruckte Flächen wirken für das Lesen erschwerend. Ein ausreichender Kontrast zwischen Bedruckstoff und gedruckter Schrift ist unerläßlich. Dies ist auch beim Druck des Textes in bunten Farben zu beachten. Negative Schrift, das heißt weiß auf schwarzem Grund, ist um 11 Prozent schwieriger zu lesen. Schwarz gedruckte Schrift auf einem sehr leicht getönten, matten Papier ist am besten zu lesen. In Tabelle 1 sind die wichtigsten Merkmale für gute Lesbarkeit entsprechend den gesicherten Ergebnissen der wissenschaftlichen Forschung zusammengefaßt.

Tabelle 1. Merkmale guter Lesbarkeit für den Werksatz (fortlaufendes Lesen)

Schriftgröße	Schriftgrad 9 bis 12 p bei angemessenem Durchschuß
Zeilenlänge	40 bis 60 Buchstaben, je nach Schriftgröße
Zeilenabstand	geringer Durchschuß, der die Bandwirkung der Zeilen verstärkt; längere Zeilen erfordern mehr Durchschuß
Flattersatz	linksbündiger Flattersatz ist ebensogut lesbar wie Satz in gleichlangen Zeilen
Kursivschrift	Kursiv ist um weniges schwieriger zu lesen als geradestehende Schrift
Auszeichnungen	halbfette, fette, schmalfette und schmale Schriften verringern die Lesbarkeit, je mehr sie vom normalen Schriftbild abweichen
Versalien	Satz in Versalien verringert die Lesbarkeit erheblich (etwa 12 Prozent)

1.5. Lesbarkeit der Druckschriften

2. Elementare Gestaltungsmittel

Doch die höchste
 künstlerische Leistung
ist den Typografen
 vorbehalten,
 die das feinste Empfinden
für die sich aus
 dem Wesen der Type
 ergebenden Ansprüche haben.

Paul Renner

Im vorangegangenen Abschnitt wurde als Grundlage der Typografie die Schrift benannt, die je nach Art der Setztechnik als Arbeitsmittel verschieden existent sein kann. Neben den technischen Schrifttypen gehört die Fläche als materieller Träger der Schrift zu den elementaren Gestaltungsmitteln der Typografie. Diese beiden unabdingbaren Voraussetzungen für typografisches Gestalten sollen nach verschiedenen Gesichtspunkten behandelt werden, sowohl als praktische Arbeitsmittel als auch in ihrer ästhetischen Wirkung. Zunächst wenden wir uns der Schrift, der Setz- und Drucktechnik sowie den einzelnen Schriftarten und ihrem Formausdruck zu.

2.1. Schrift

Als Mittler der Sprache ist die Schrift einerseits ein System einzelner Lautzeichen (Phoneme), andererseits haben die Buchstaben überlieferte Zeichengestalten (Grapheme), die innerhalb bestehender Konvention variabel im Formausdruck sind. Damit zusammenhängende ästhetische und psychologische Fragen sind das Thema eines gesonderten Abschnittes (2.1.3.). Zunächst soll die Schrift als technisches Arbeitsmittel im drucktechnischen Produktionsprozeß betrachtet werden, um den Einfluß der Technik auf das Gestalten zu zeigen. Dieser hängt vor allem von der materiellen Form der Buchstaben in den einzelnen Setztechniken ab.

2.1.1. Schrift und Setztechnik

Die Produktionsinstrumente zur Satzherstellung entwickelten sich im wesentlichen in zwei großen Etappen weiter. Überlieferte Setztechniken wurden bisher von den neuen nie ganz verdrängt, sie bleiben aus technologischen und wirtschaftlichen Gründen weiterhin im Gebrauch. Die einfache Technik des Setzens von gegossenen Einzellettern wurde von Gutenberg so perfekt ausgebildet, daß sie im Handsatz die Grundlage für die Arbeit des Schriftsetzers bis heute geblieben ist.

Die Mechanisierung des Bleisatzes war die erste Etappe der Weiterentwicklung. Im Jahre 1886 wurden der Zeilenguß-Maschinensatz und 1897 die Einzelbuchstaben-Setzmaschine erfunden, die von Anfang an aus zwei Aggregaten bestand. Eine Gießmaschine steuert ein Lochband, das auf einem Perforator hergestellt wird. Im Zeilenguß-Maschinensatz konnten in den fünfziger Jahren unseres Jahrhunderts durch Lochbandsteuerung der Fernsatz und die Schnellsetztechnik eingeführt werden.

Die Anwendung der elektronischen Datenverarbeitung, die in den sechziger Jahren immer mehr den eingeführten Fotosatz begleitete, führte zur Automatisierung der Satzherstellung, zum Teil auch im Zeilenguß-Maschinensatz. Diese zweite Etappe der Weiterentwicklung veränderte die Setztechnik zumeist grundlegend und brachte in rascher Folge eine Vielzahl neuer Produktionsinstrumente hervor. Vom einfachen Handfotosetzgerät bis zum rechnergesteuerten Textverarbeitsystem entstanden Setztechniken, die den jeweiligen Produktionsaufgaben angepaßt sind. Es ist zu erwarten, daß künftig fast ausschließlich die neuen Setztechniken angewendet werden.

2.1.1.1. Typografische Maßbezeichnungen

Maßsysteme der Schriftgröße sind in den Druckereien aufgrund der verschiedenen Setzmaschinentypen zwei im Gebrauch: das englisch-amerikanische Pica-System und das Didot-System, das für Handsatzlettern und Zeilenguß-Maschinensatz in fast allen europäischen Ländern – außer England – angewendet wird. Dieses Maß schuf der französische Schriftgießer Fournier auf der Basis des englischen Fußes 1764, um die bis dahin verschiedenen Abmessungen der Druckschriften zu vereinheitlichen. Der französische Schriftgießer Didot hat zu Ende des 18. Jh. dieses Zwölfer-Punkt-System verbessert.

Nach Standard TGL 7073 bzw. DIN 16 507 beträgt das genaue Maß eines typografischen Punktes im **Didot-System** (Kurzbezeichnungen p) 0,376065 mm. Weitere Maßbezeichnungen sind »Cicero« (c) = 12 p = 4,513 mm sowie »Konkordanz« (k) = 48 p = 4 c = 18,051 mm. Alle Angaben gelten für Körper aus Schriftmetall bei 20 °C. Die Maße für die Schriftgrade werden durch das Vielfache des typografischen Punktes bezeichnet. Die beiden Maße c und k dienen vor allem bei der Stückelung des Blindmaterials als Größenangaben. Als angenäherte Werte sind sie zur groben Umrechnung des typografischen Maßes auf das metrische Maß vorteilhaft zu verwenden: 1 p ≈ 0,375 mm (1 mm ≈ 2,66 p); 1 c ≈ 4,5 mm; 1 k ≈ 18 mm.

Das **Pica-System** basiert auf dem englischen Zoll (Inch), etwa 1/72 ist der englische typografische Punkt (Point). 1 Point entspricht 0,351 mm oder 0,934 p Didot. Die Differenz zwischen Pica- und Didot-Maßen ist unerheblich (1 Pica = 4,216 mm; 1 c = 4,513 mm oder 1 Pica = 11,212 p Didot). Das Pica-Maß ist durch die engli-

Tabelle 2. Umrechnung von Punkten (Didot) in Points und Millimeter

Punkt	Point	mm	Cicero	Pica, Point	mm
½	0,535	0,188	2	2,2	9,026
1	1,07	0,376	3	3,3	13,538
2	2,141	0,752	4	4,3	18,051
3	3,211	1,128	5	5,4	22,564
4	4,281	1,504	6	6,5	27,077
5	5,352	1,88	7	7,6	31,589
6	6,422	2,256	8	8,7	36,102
7	7,492	2,632	9	9,8	40,615
8	8,563	3,009	10	10,8	45,128
9	9,633	3,385	11	11,9	49,641
10	10,703	3,761	12	12,10	54,153
11	11,773	4,137	13	13,11	58,666
12	12,844	4,513	14	15,0	63,179

Tabelle 3. Umrechnung von Millimetern in Punkte (Didot), Points und Pica

mm	Punkt	Point	mm	Cicero, Punkt	Pica, Point
0,01	0,266	0,285	5	1,1	1,2
0,25	0,665	0,712	6	1,4	1,5
0,5	1,33	1,423	7	1,7	1,8
1	2,659	2,846	8	1,9	1,11
2	5,318	5,692	9	2,0	2,2
3	7,977	8,538	10	2,3	2,4
4	10,636	11,384	20	4,5	4,9
5	13,295	14,23	30	6,8	7,1

sche Einzelbuchstaben-Setzmaschine in den Druckereien verbreitet. Umrechnungshilfen bieten die Tabellen 2 und 3.

Die Fotosetzmaschinen sind in der Regel für beide typografische Maßsysteme und für das metrische Maßsystem eingerichtet, da die meisten stufenlos oder in sehr kleinen Schritten die Schriftgröße verändern können. Mit der verstärkten Anwendung des Fotosatzes wurden die Frage der Umstellung auf das metrische System oder eine geeignete Angleichung aktuell. Im Fotosatz werden – auch dort, wo Millimeterangaben gefordert sind – die Schriftgrößen fast ausnahmslos nach den geläufigen typografischen Schriftgraden abgestuft. In der DDR sind nach Standard TGL 6710/01 typografische Maßangaben zur Auszeichnung der Manuskripte und für Satzskizzen verbindlich.

Seit 1984 besteht in der BRD der Normenentwurf DIN 16 507, mit dem versucht wird, einheitliche Schriftgrößen für den Fotosatz im metrischen Maßsystem zu schaffen. Dieser Entwurf ist heftig umstritten; die meisten Fachleute treten dafür ein, nur Versalhöhe und Zeilenabstand als praktisch meßbare Werte neben der Schriftlinie festzulegen. Tabelle 4 nennt angenäherte Maße für Mindestzeilenab-

Tabelle 4. Beziehung der Schriftgröße zu Mindestzeilenabstand und Versalienhöhe im Fotosatz

a Schrift- größe Punkt (Didot)	b Mindest- zeilen- abstand in mm	c Versalien- höhe in mm
4	1,50	1,00
5	1,88	1,25
6	2,25	1,50
7	2,63	1,75
8	3,00	2,00
9	3,38	2,25
10	3,75	2,50
11	4,13	2,75
12	4,50	3,00
14	5,25	3,50
16	6,00	4,00
20	7,50	5,00
24	9,00	6,00
30	11,25	7,50
36	13,50	9,00
42	15,75	10,50
48	18,00	12,00

Diese Tabelle beruht auf B. Holthusen: Edition 2, Scangraphic Digital Type Collection 1985. Ihre angenäherten Maße wenden auch andere Schrifthersteller an, sie sind Arbeitsgrundlagen vieler grafischer Betriebe. Vorteilhaft ist, daß alle Schriftgrade wie folgt berechnet werden können:
Versalhöhe = b : 1,5 oder a : 4
Mindestzeilenabstand = c · 1,5
Schriftgröße = c · 4

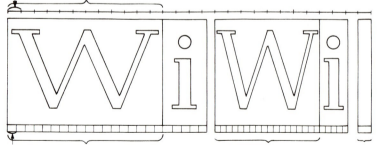

2/1. Das Dicktensystem der Einzelbuchstaben-Setzmaschine basiert auf dem Set, einem feststehenden Maß (1 Set = 0,0138888 Zoll = 0,3527785 mm). Ein Geviert hat 18 Einheiten, die sich je nach dem Setmaß der Schrift verändern. Die Breite (Laufweite) einer Schrift wird in Set angegeben [28].

1 Set   12 Set = 0,1667 Zoll = 4,23 mm

1 Einheit   1 Geviert   1 Geviert   18
             zu 18 Einheiten   zu 18 Einheiten   Grund-
             einer 12 Set-Schrift   einer 8 Set-Schrift   einheiten

Laufweite der Schrift
Laufweite der Schrift
Laufweite der Schrift

2/2. Die Laufweite der Schrift, die sich aus der Dicke der Buchstaben ergibt, ist nach dem Schriftschnitt (normal, kursiv, halbfett) vom Schrifthersteller differenziert festgelegt.

stand und Versalhöhe der Schriftgrade, die sich im Gebrauch weitgehend schon durchgesetzt haben. Für die Zusammenarbeit mit den Druckereien sind sie zumeist ausreichend.

Einheitensysteme der Buchstabenbreite sind für Setzmaschinen erforderlich, wenn die verschiedenen Abmessungen der Zeichenbreiten zur Zeilenbildung rechnerisch erfaßt werden. Die Breite der Letter, vielfach Dickte genannt, ist je nach Buchstabenbild verschieden. Sie umfaßt auch das »Fleisch« zu beiden Seiten des Buchstabenbildes, das den Abstand zum nächsten Buchstaben und damit die vom Schriftgestalter vorgesehene **Laufweite** bestimmt. Von ihr wird das gesamte Schriftbild sowie dessen Lesbarkeit wesentlich beeinflußt. Je sorgfältiger die einzelnen Schriftzeichen in der Dickte zugerichtet sind, um so regelmäßiger und ausgeglichener erscheint das Wortbild.

Handsatzlettern haben in den einzelnen Zeichen desselben Schriftgrades individuelle Dickten. Bei den Setzmaschinen einiger Systeme ließ sich dieser Anspruch nur mit Einschränkungen der Dicktenzahl sehr bedingt erfüllen. In der Praxis sind eine Vielzahl von Einheitensystemen bekannt. Ein Beispiel soll nachstehend erläutert werden. Bei der Darstellung der Setztechnik und Maschinensysteme (vgl. Tabellen 6 und 7) wird auf die jeweiligen Einheitensysteme hingewiesen.

Ein fein abgestimmtes Dicktensystem hat die Einzelbuchstaben-Setzmaschine. Die Dickten sämtlicher Zeichen in allen Schriftgraden können nach ihrer erforderlichen Breite festgelegt werden. Voraussetzung dazu ist eine sehr kleine Grundeinheit, der 18. Teil des sogenannten **Set** (1 Einheit = 0,0007716 Zoll = 0,0195988 mm). Die Laufweite einer Schrift bestimmt das Setmaß, das stets unverändert bleibt (1 Set = 0,0138888 Zoll = 0,3527785 mm). Eine breitlaufende Schrift kann 18 Set, eine schmaler laufende 8 Set (bestimmt durch den breitesten Buchstaben, meist W oder M) umfassen. Jedes Setgeviert hat immer 18 Einheiten, die eine Anzahl von Grundeinheiten bilden. Die Breite einer Schrift wird in Set ausgedrückt, die auf ein Viertel abgestuft sein kann. Die Dickte der Buchstaben wird nach Einheiten berechnet, die sich je nach dem Setmaß der Schrift verändern (Bild 2/1). Das Set ist das feststehende Maß, die Einheit ist nach der Setzahl der Schrift relativ.

In allen anderen Einheitensystemen ist die Einheit ein auf die Schriftgröße bezogener Wert, unabhängig von Schriftart und Laufweite. Dieses feststehende Zählmaß wird in Einheiten je Geviert angegeben.

Im Fotosatz sind zum Unterschied des Bleisatzes bei einigen Systemen die Laufweiten der Schrift in bestimmten Grenzen veränderlich. Die vorgegebenen Buchstabenabstände können um Einheiten des Dicktensystems verringert oder erweitert werden. Diese Veränderungen sind nur bei kurzen Texten und großen Schriftgraden angebracht. Die vorgegebenen normalen Laufweiten entsprechen den Anforderungen guter Lesbarkeit und sollten nicht unbedacht verändert werden (Bild 2/2).

2.1. Schrift

2.1.1.2. Lettern und Blindmaterial für den manuellen Bleisatz

Im Handsatz werden die Buchstaben in Form von Drucktypen (Lettern) als Arbeitsmittel verwendet. Es sind aus einer Legierung von Blei, Antimon und Zinn gegossene Metallkörper, wie sie Bild 2/3 darstellt. Die Höhe der Letter, die sogenannte **Schrifthöhe**, beträgt $62\frac{2}{3}$ p = 23,567 mm. Der Kegel bestimmt die Größe der Schrift, den **Schriftgrad**. Eine imaginäre Linie, auf die alle Buchstaben mit der unteren Grenze der Mittellängen ausgerichtet sind, heißt **Schriftlinie**. Sie ist für alle Schriftgrade standardisiert (TGL 7037 und DIN 16 507), damit verschiedene Schriften in einer Zeile stets Linie halten. Beim Setzen mehrerer Schriftgrade in einer Zeile müssen die kleineren durch Blindmaterial über- und unterlegt und in eine Schriftlinie gebracht werden.

Die Schriftgrade, die im Handsatz verwendet werden, zeigt im Überblick Bild 2/4. Neben den Größenbezeichnungen in Punkt sind dort die veralteten Bezeichnungen angeführt, die kaum noch geläufig und für den praktischen Gebrauch ungeeignet sind. Die Schriftgrade 3, 4 und 5 p werden lediglich für wenige Schriften hergestellt und selten benötigt. Größere Schriftgrade als 48 p gibt es von vielen Schriften, die Grenze liegt allgemein bei 84 p. Nur von einzelnen Schriften sind Bleilettern bis 96 p angefertigt. Noch größere Schriftgrade, die für Plakate gebraucht werden, sind in Holz oder Plaste (Kunststoff) hergestellt (Bild 2/5).

Von den Herstellern sind die Schriftgrade im Schriftbild sorgfältig abgestuft. Die Zeichnungen der Buchstaben wurden nicht proportional verkleinert, sondern, von einem Modellgrad ausgehend, die kleineren Grade zunehmend verbreitert und die größeren Grade schmaler ausgeführt. Neben den gleichfalls differenzierten Buchstabenabständen wird damit ein optisch völlig ausgeglichenes Schriftbild erreicht. Diese sorgfältige Abstufung des Schriftbildes ist für den Bleisatz charakteristisch.

Blindmaterial wird vom Setzer benötigt, um Wortzwischenräume, die Zeilenabstände sowie alle anderen Leerräume innerhalb des Satzes auszufüllen. Dieses nichtdruckende Satzmaterial wird nach Ausschluß, Quadraten, Regletten und Hohlstegen unterschieden (Bild 2/6). Es ist ebenso wie die Lettern nach typografischen Maßen aus einer Metallegierung hergestellt, die Stege zur Gewichtsverringerung im Hohlguß, alles andere Material im

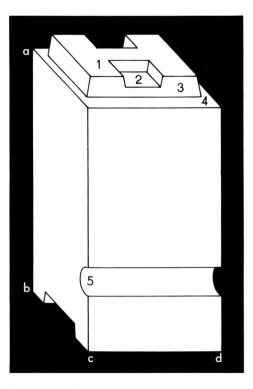

2/3. Drucktype (Handsatzletter). Der Kegel **bc**, nach typografischen Punkten festgelegt, bestimmt den Schriftgrad. Die Breite **cd** ist nach dem Buchstabenbild verschieden; sie wird vielfach Dickte genannt. Die Schrifthöhe **ab** wird vom Schriftbild **1** bis zum Fuß der Letter gemessen. Punzen **2** werden die nichtdruckenden Teile innerhalb des Schriftbildes bezeichnet. Am Fuß des Konus **3** liegt die Schulterfläche **4**; Schulterhöhe heißt die Entfernung von dort zum Fuß der Letter. Die Signatur **5** dient zur Kennzeichnung der Letter beim Setzen.

3 p	Brillant	OHamburgefons
4 p	Diamant	OHamburgefons
5 p	Perl	OHamburgefons
6 p	Nonpareille	OHamburgefons
7 p	Kolonel	OHamburgefons
8 p	Petit	OHamburgefons
9 p	Borgis	OHamburgefons
10 p	Korpus	OHamburgefons
12 p	Cicero	OHamburgefons
14 p	Mittel	OHamburgefons
16 p	Tertia	OHamburgefons
20 p	Text	OHamburgefons
24 p	Zweicicero	OHamburgefons
28 p	Doppelmittel	OHamburgefons
36 p	Dreicicero	OHamburgefons
48 p	Viercicero	OHamburge

2/4. Übersicht der Schriftgrade (Bezeichnung, Kegelgröße und Probewort). Die historischen Bezeichnungen sind veraltet und für den praktischen Gebrauch ungeeignet.

2.1. Schrift

Hmg
Achtcicero

Hmg
Zwölfcicero

Hmg
Sechzehncicero

2/5. Beispiel einer Plakatschrift, die zumeist in den Schriftgraden Achtcicero, Zwölfcicero, Sechzehncicero und Zwanzigcicero aus Holz oder Plaste (Kunststoff) hergestellt ist

2. Elementare Gestaltungsmittel

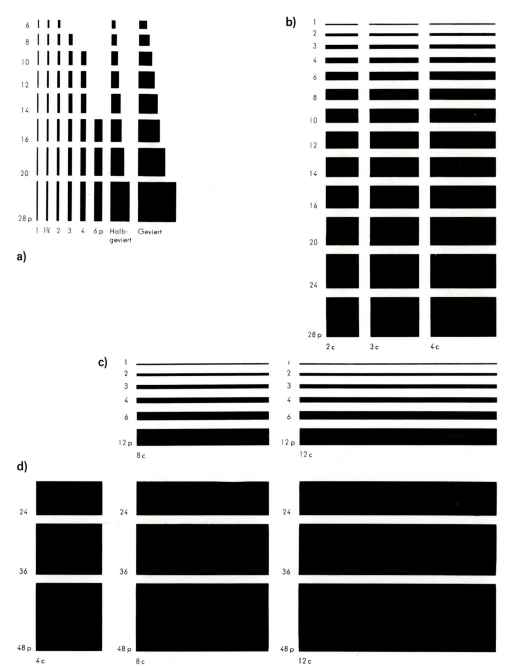

2/6. Das Blindmaterial und seine Gliederung.
a) Ausschluß für Wortzwischenräume, Buchstabenabstände (Sperren) und zum Ausfüllen kleiner Räume sowie zum genauen Ausschließen der Zeile. **b) Quadraten** für Zeilenausgänge, Anschläge, Zwischen-, Über- und Unterschläge, für Ansätze an Regletten und Stege, als Ausschluß für große Schriftgrade. **c) Regletten** zum Erweitern der Zeilenabstände (Durchschuß), zum Über- und Unterlegen, für Anschläge, Zwischen-, Über- und Unterschläge. **d) Hohlstege** zum Füllen größerer Räume und der Zeilenausgänge bei großen Schriftgraden, für Anschläge, Zwischen-, Über- und Unterschläge

A	B	C	D	E	F	G	H	I	K
L	M	N	O	P	Q	R	S	T	U
1	2	3	4	5	6	7 8 9 0 – J	V	W	X	Y	Z	&
á	â	à	Ä	ff	ß	st	ä	ö	ü	„	«	'	*	†	§
é	ê	è	ë	f	fi	t	u	r	x	y	z	j	( )	[ ]	!	?
í	î	ì	ï	s				v	w		-	:	;
ó	ô	ò	Ö	h	m	i	n	o	1½	q	.	Ausschluß
ú	û	ù	Ü	l		1 Punkt			p	,	¼ Geviert
Æ æ	ÉÈ È	k	ck	c	a	Ausschluß	e	d	2	fi	fl	ft	Quadraten
Œ œ	Ç ç	ch	b				f	ff	g	

2/7. Die Anordnung und Belegung der Fächer im Schriftkasten entsprechend dem Standard TGL 28 268 bzw. DIN 16 502

Vollguß. Die Höhe des nichtdruckenden Materials beträgt 54 p = 20,307 mm oder 50⅔ p = 19,053 mm.

Die Drucktypen in den Schriftgraden 6 bis 16 p werden im Schriftkasten aufbewahrt, dessen Anordnung und Belegung der Fächer Standard TGL 28 268 bzw. DIN 16 502 regelt (Bild 2/7). Drucktypen über 16 p Schriftgröße werden in kleineren Kästen zwischen Leisten in alphabetischer Reihenfolge nacheinander abgesteckt. Beim Setzen wird der Schriftkasten auf das schräge Setzregal gestellt. Der Setzer greift mit der rechten Hand die Letter aus dem betreffenden Fach und führt sie zum Winkelhaken, den er in der linken Hand hält. Hier sammelt er Drucktypen und Blindmaterial zur Zeile und schließt diese der Textfolge entsprechend aus, dabei sind die Ausschließregeln (TGL 10-081/01) zu beachten. Ist der Winkelhaken mit mehreren Zeilen gefüllt, werden diese auf das Satzschiff gestellt. Der Handsetzer kann bei glattem Satz (Mengensatz), das ist fortlaufender Text ohne Erschwerungen, 1 250 bis 1 500 Zeichen je Stunde setzen.

2.1.1.3. Matrizen für den maschinellen Bleisatz

Wie bereits erwähnt, gibt es zwei Arten von Bleisetzmaschinen, die Zeilenguß-Setzmaschine und die Einzelbuchstaben-Setzmaschine. In beiden Setzverfahren wird der Schriftsatz durch das mechanische Ausgießen von Matrizen gewonnen. Die Gußprodukte der Verfahren sind jedoch verschieden.

Magazin-Matrizen werden in Zeilenguß-Setzmaschinen verwendet. Während des Setzvorganges führen sie einen steten Kreislauf durch die Setzmaschine aus, der im Magazin der Zeilenguß-Setzmaschine beginnt und endet. Dieser Funktion entsprechend sind die Messingkörper mit den charakteristischen Ohren und der Zahnkombination versehen (Bild 2/8). Nach dem Anschlag auf der Tastatur fallen die Matrizen aus dem steil aufgerichteten Magazin gleitend in den Sammler, der auf die Satzbreite eingestellt ist. Aus Matrizen und Ausschließkeilen wird so eine Zeilengußform gesetzt. Die aus Stahl gefertigten

Ausschließkeile ermöglichen das mechanische Ausschließen der Zeile. Sie werden zwischen den Formatbacken des Gießmechanismus vor dem Guß hochgedrückt. Dabei erweitern sich die Wortzwischenräume gleichmäßig, bis die eingestellte Satzbreite erreicht ist. Nach dem Abguß der Zeile werden die Matrizen mit Hilfe der Zahnkombinationen automatisch abgelegt und die Ausschließkeile in den Keilkasten zurückgeführt. Die gegossene Zeile wird in Höhe und Kegelmaß beschnitten, danach gelangt sie auf das Sammelschiff (Bild 2/9).

Die Dickte der Magazin-Matrizen ist individuell nach der Buchstabenbreite festgelegt. Da die Magazin-Matrizen zumeist als Zweibuchstaben-Matrizen ausgeführt sind, ihnen je eine Grund- und Auszeichnungsschrift eingeprägt wurde, müssen diese im Schriftbild angeglichen sein. Ein magerer und kursiver Schriftschnitt oder ein magerer und halbfetter haben deshalb im Zeilenguß-Maschinensatz die gleiche Buchstabendickte und dadurch die gleiche Laufweite (Bild 2/10).

Die Leistungen eines Maschinensetzers an der Zeilenguß-Setzmaschine liegen zwischen 6 000 und 10 000 Zeichen je Stunde. Lochbandgesteuerte Schnellsetzmaschinen, die nicht von der Tastleistung des Setzers abhängig sind, da das Lochband auf einem gesonderten Perforator hergestellt wird, erreichen Leistungen bis zu 28 000 Zeichen je Stunde.

Rahmen-Matrizen heißen die Gußformen für den Einzelbuchstaben-Maschinensatz. Es sind rechteckige Bronzekörper, denen auf der quadratischen Stirnseite die Gußform eines Schriftzeichens eingeprägt ist (Bild 2/11). Sie sind im Matrizen-Rahmen, dessen Kapazität verschieden sein kann, nach einem festgelegten Schema eingebaut. Diesen Matrizen-Rahmen steuert ein 11 cm breites Lochband. Das auf 18 Einheiten aufgebaute Dicktensystem, das in Abschnitt 2.1.1.1. beschrieben wurde, läßt

2/9. Handsatzlettern, Magazin-Matrizen und Zeilenguß-Maschinensatz sind die materielle Form der Buchstaben im Bleisetzverfahren.

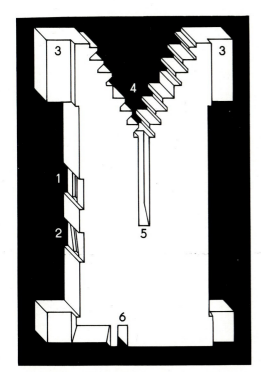

2/8. Magazin-Matrize für den Zeilenguß-Maschinensatz. Eingeprägte Zeilengußform der Grundschrift **1** und der Auszeichnungsschrift **2**. Obere Ohren **3**, die den Matrizen Führung und Halt beim Kreislauf durch die Setzmaschine geben. Die Zahnung **4**, der Anhebeschlitz **5** und der Kontrollschlitz **6**, die das selbsttätige Ablegen der Matrize regeln

2.1. Schrift

Laufweite der Schrift
Laufweite der Schrift
Laufweite der Schrift

2/10. Die Buchstabendicke und Laufweite der Schrift sind im Zeilenguß-Maschinensatz vom Schriftschnitt unabhängig den Zweibuchstaben-Matrizen angepaßt.

12 verschiedene Buchstabenbreiten zu. Im Einzelbuchstaben-Maschinensatz haben Grund- und Auszeichnungsschriften verschiedene Dicke und Laufweite.

Im Kreuzschlitten der Gießmaschine bewegt sich der Matrizenrahmen über dem Gießformkern, und bei jedem Arbeitstakt wird ein Schriftzeichen oder Ausschlußstück gegossen. Die Gießmaschine bewirkt auch das zeilenmäßige Aneinanderreihen des Einzelbuchstabensatzes. Das zur Programmsteuerung der Gießmaschine benötigte Lochband wird am Taster, einem speziellen Datenerfassungsgerät, hergestellt. Dieses ist mit einem komplizierten Zählmechanismus (Settrommel) ausgerüstet, der die Breite der getasteten Zeilen erfaßt und den erforderlichen Ausschluß berechnet (ausgeschlossenes Lochband).

Am Taster der Einzelbuchstaben-Setzmaschine werden 4 500 bis 7 000 Zeichen je Stunde erreicht; die Gießmaschine leistet bis zu 12 000 Zeichen je Stunde.

Den verwendeten Matrizen entsprechend sind Schriftgröße und im allgemeinen auch die Laufweite im maschinellen Bleisatz unveränderlich festgelegt. Die Satzanordnung ist rechtwinklig, die Schriftmischungen innerhalb einer Zeile sind begrenzt. Günstige Korrekturmöglichkeiten am fertigen Satz sind ein spezieller Vorzug des Bleisatzes; Zeilen und Buchstaben können leicht ausgewechselt werden.

2.1.1.4. Setztechnik als Informationsverarbeitungsprozeß

Bevor die verschiedenen Systeme des Fotosatzes näher betrachtet werden, ist es erforderlich, die Wandlungen in der Struktur der Setztechnik aufzuzeigen, die durch Anwendung der elektronischen Datenverarbeitung entstanden. Sie ermöglichten die Automati-

2/11. Rahmen-Matrize für den Einzelbuchstaben-Maschinensatz. Eingeprägte Zeichengußform **1** auf der quadratischen Oberseite. Die Durchbohrung **2** und die beiderseitigen Ausfräsungen nehmen die Rundstäbe und gelochten Flachstäbe auf, mit denen die Matrizen im Rahmen sicher befestigt werden.

sierung von sich ständig wiederholenden Fertigungsschritten und das Anwenden neuer Wirkprinzipe und Schriftträger.

Der gesamte Arbeitsprozeß der Satzherstellung ist im Sinne der elektronischen Datenverarbeitung als Informationsübertragungsprozeß zu verstehen. Er wird durch drei in sich geschlossene Prozeßabschnitte charakterisiert, die als Texterfassung, Textverarbeitung und Textausgabe bezeichnet werden.

Verarbeitung und Speicherung des Textes in einem Rechner ist der zentrale Prozeßabschnitt. Der aus Steuerwerk, Rechnerwerk und Arbeitsspeicher bestehende Rechner wird als Zentraleinheit bezeichnet. Ihm angeschlossene externe Speicher sowie alle Geräte zur Texterfassung und Textausgabe gehören zu den peripheren Einheiten. Sind diese durch Kabel direkt mit der Zentraleinheit verbunden, so wird vom On-line-Betrieb gesprochen. Beim Off-line-Betrieb werden die Daten auf Lochband, Magnetband oder Disketten zunächst zwischengespeichert und bei Bedarf individuell übertragen.

Die Texterfassung kann auf sehr verschiedenartige Weise erfolgen. Das Ziel ist immer, soweit möglich, das erstmalige maschinelle Schreiben des Manuskriptes mit dem Erfassen auf maschinenlesbaren Datenträgern zu verbinden, die ohne wiederholtes Abschreiben bearbeitet werden können. Bei allen technologischen Varianten werden über eine Tastatur manuell die Texte eingegeben und in den Code des maschinenlesbaren Datenträgers umgewandelt. Erfolgt die Texterfassung endlos, also ohne das Ausschließen der Zeilen, sind wesentlich höhere Leistungen an der Eingabetastatur möglich. Der maschinenlesbare Datenträger wird danach entsprechend den übermittelten Befehlen im Rechner satztechnisch bearbeitet. Als Texterfassungsgeräte sind Perforatoren, elektronische Schreibmaschinen und Bildschirmgeräte zu nennen. Mit der Texterfassung durch 3-Register-Fernschreiber wird gleichzeitig die Datenfernübertragung möglich, die für Außenredaktionen von Zeitungen vorteilhaft ist. Eine spezielle Variante ist die Texterfassung mit Lesemaschinen (OCR-Technik, Optical Charakter Recognition = optische Zeichenerkennung), die das Schreiben des Manuskriptes in maschinenlesbarer Schrift (z. B. OCR-B-Schrift) voraussetzt (vgl. Abschnitt 6.1.1.).

Damit bei der Texterfassung weitgehend auch die typografische Form beeinflußt, Zeilenbildung und Worttrennungen kontrolliert und korrigiert werden können, sind Texterfassungsgeräte mit eigenem Rechner erforderlich. **Bildschirmarbeitsplätze** haben sich dabei am besten bewährt. Texterfassungsgeräte mit Bildschirmen, auf denen die zu bearbeitenden Texte und Satzbefehle in einer speziellen Bildschirmschrift dargestellt werden, erleichtern heute die Bedienung der meisten Fotosatzsysteme. Bereits gespeicherte Daten werden durch Scrollen (zeilenweises Vor- und Rückwärtslaufen) auf dem Bildschirm wiederholt sichtbar. Mit dem Cursor, einem blinkenden Lichtpunkt, kann jede beliebige Textstelle auf dem Bildschirm angesteuert und durch den folgenden Tastenanschlag verändert werden. Für komplizierte Satzarbeiten und den Umbruch gibt es zusätzliche **Gestaltungs-Bildschirmarbeitsplätze.** Mit ihnen ist es möglich, den gesetzten Text zu korrigieren und anhand eines Layouts oder Spiegels mit Befehlen typografisch zu formieren. Auf dem Seitenbildschirm wird der Text völlig satzidentisch dargestellt. Solche **aktiven Gestaltungsbildschirme** erfordern hohen Aufwand. Sie sind von **passiven Darstellungsbildschirmen** zu unterscheiden, die lediglich zur Kontrolle den Text in der Originalsatzschrift wiedergeben und keine Manipulationen erlauben. Technologisch werden die Textverarbeitungssysteme damit vervollkommnet; der Setzer erhält Sicherheit, im Fotosatz werden Filme und Korrekturzeiten gespart.

Die Textausgabe umfaßt in den meisten Textverarbeitungssystemen sowohl Korrek-

VATER VATER
VOTUM VOTUM

2/12. Ohne Ästhetikprogramm gesetzte Wörter (links) und die gleichen Wörter mit Ästhetik-Programm zum Vergleich

turbelege als auch das endgültige Satzprodukt. Dieses ist heute fast ausschließlich Fotosatz (auf Film oder Papier), es kann aber ebenso maschineller Bleisatz sein. Für Korrekturbelege, insbesondere von Zwischenphasen der Fotosatzherstellung (Korrekturfahnen), werden Typenrad- oder Matrixdrucker angewendet. Die Druckerbelege sind in Schreibmaschinenschrift ausgeführt und mit Befehlen für die typografische Gestaltung versehen. Die verschiedenen Ausgabesysteme für Fotosatz sind im folgenden Abschnitt beschrieben. Zum Imprimieren des Fotosatzes ist es notwendig, elektrostatische Kopien oder Lichtpausen des Originals anzufertigen. Technologisches Ziel im Fotosatz ist es, Korrekturen während des Textverarbeitungsprozesses, vor der Ausgabe des Satzproduktes, auszuführen.

Neben den hier genannten Einrichtungen und Geräten zur Textverarbeitung, insgesamt als **Hardware** bezeichnet, ist die **Software**, Programme für die elektronische Datenverarbeitung, von großer Bedeutung. Zunächst sind **Programme** des Betriebssystems, die zur internen Organisation und Bedienung der Rechner notwendig sind, von den Anwendungs- und Nutzerprogrammen zu unterscheiden. Zu ihnen gehören Programme für Ausschließen, Worttrennungen und typografische Textbearbeitung, auf die hier nicht eingegangen werden kann. Zusatzprogramme für Tabellen, Formeln, Umbruch und anderes, die immer weiter ausgebaut werden, erlauben, auch komplizierte Satzarbeiten rechnergestützt herzustellen. Mit Ästhetikprogrammen sind im Mengensatz typografische Verfeinerungen des Satzbildes möglich, wie sie im Bleisatz kaum auszuführen waren (Bild 2/12).

Wichtig ist es, das Programm aktivierende **Befehle** in ihrem Zeichenaufbau zu kennen. Damit sich Satzbefehle oder Befehlsfolgen und -ketten vom Text unterscheiden, werden sie mit Symbolen für Beginn und Ende versehen (Bild 2/13).

Befehlsbeginn	Befehlskennung	Parameter	Befehlsende
Symbol	mnemotechnischer Begriff	Ziffern, Interpunktion	Symbol
〉	h	4.5	〈
(	sg	12	)

2/13. Beispiele eines Befehles. Erste Zeile: CRTronic, Schriftgröße in Millimetern; zweite Zeile: Digiset, Schriftgröße in Punkten [15]

2. Elementare Gestaltungsmittel

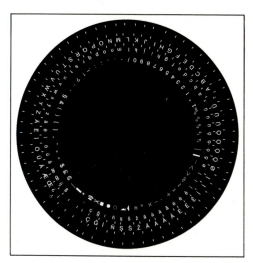

2/14. Typenscheibe aus Glas mit 195 Zeichen; Zeichenträger für das Diatype-Lichtsetzgerät [29]

2/15. Schriftrahmen mit 126 Zeichen für Berthold-Fotosetzmaschinen »diatronic«, cps, acs, ads und apu [29]

2.1.1.5. Zeichenträger und Systeme für Fotosatz

Der Fotosatz, dessen praktische Anwendung zu Beginn der fünfziger Jahre einsetzte, hat sich innerhalb der letzten Jahrzehnte rasch weiterentwickelt. In dieser Zeit entstanden drei Generationen von Fotosetzmaschinen, die sich im Wirkprinzip grundlegend unterscheiden. Die erste Generation ist heute nur von historischem Interesse. Es waren Maschinen nach dem Konstruktionsprinzip der Bleisetzmaschinen. Magazin- oder Rahmenmatrizen trugen statt der Gußformen Zeichennegative, die von einer Lichtquelle einzeln durchleuchtet und über ein optisches System auf Film oder Fotopapier projiziert wurden (Fotosetter 1948, Monophoto 1953).

Die zweite Generation bilden eine Vielzahl von Setzgeräten und -maschinen. Sie arbeiten alle nach dem **Durchleuchtungsprinzip**, weisen aber neue Konstruktionen auf. Von einem Schriftzeichennegativ wird mit Hilfe optischer Systeme jeweils ein Schriftzeichen auf Fotomaterial (Film oder Papier) randscharf mit größter Präzision abgebildet. Die Zeichenträger können aus geschwärztem Glas, Plast (Kunststoff) oder formbeständigem Film sein. Ihre Form hat Einfluß auf die Geschwindigkeit und die Art der Belichtung (Bilder 2/14 und 2/15). Mit feststehendem Rahmen ist eine niedrigere Leistung (bis 40 000 Zeichen/h) zu erreichen als mit rotierenden Scheiben (bis 80 000 Zeichen/h) oder Trommeln (bis 100 000 Zeichen/h), die als Lichtquelle Hochleistungsblitze erfordern. Die verschiedenen Schriftgrößen werden durch vielfältige optomechanische Systeme zumeist stufenlos erreicht.

Auf Handfotosatz- oder Titelsetzgeräten (Tabelle 5) können mit Zusatzobjektiven und Sondereinrichtungen verschiedene Schriftmanipulationen ausgeführt werden. Sie erstrecken sich nicht nur auf Breite und Höhe der Buchstaben, sondern reichen bis zu Rundsatz und Verzerrungen. Perspekti-

Tabelle 5. Beispiele optomechanischer Fotosetzgeräte (ausgewählte technische Daten)

Bezeichnung	Letterphot-Vario	Staromat	Diatype
Schriftträger	Typenscheibe mit 90 Zeichen und Adapter für Filmbänder	Typenplatte mit 106 Zeichen und Adapter für Filmbänder	Typenscheibe mit 190 Zeichen, auch Doppeltypenscheiben möglich
Einheitensystem (Dicke)	ohne, manuelle Steuerung nach Dickenlinien	ohne, manuelle Steuerung nach Dickenlinien	ohne, elektronische Steuerung nach Dickenlinien entsprechend dem Schriftgrad
Laufweitenänderung	manuell unbegrenzt	manuell unbegrenzt	individuell von −3 mm bis +6 mm stufenlos
Schriftgrößen	1...50 mm, stufenlos (Standardobjektiv); bis 72 mm (Zusatzobjektiv)	7...63 mm, stufenlos (Standardobjektiv); 42...140 mm (Zusatzobjektiv)	4...36 p, stufenlos (1,06...9,55 mm)
Schriftmischungen	manuell durch Wechseln der Typenscheibe	manuell durch Wechseln der Typenplatte	manuell durch Wechseln der Typenscheibe
Satzbreite	42 cm, maximal	14,8 cm, maximal	21,5 cm, maximal
Belichtungsart	Projektionslampe	Niedervoltlampe	Projektionslampe
Belichtungsleistung	800 Zeichen/h abhängig von Schriftgröße und Auftragsart	300...500 Zeichen/h abhängig von Schriftgröße und Auftragsart	etwa 2700 Zeichen/h bei linksbündigem Flattersatz
Zusatzleistungen	Modifikator zur Verzerrung (Anamorphot Faktor 1:1,5), Supermodivar zur Verzerrung in einer Richtung (schmal 0,67, breit 1,5), Extender bis 1,11fache Vergrößerung und Verkleinerung, Rotator für spiegelverkehrten Satz 360° drehbar	Liniensatz mit Linienelement möglich, Verzerreinrichtung (Faktor 1:1,5), Rundsatzeinrichtung, Rastermöglichkeit, Großprojektion, Sondertypenplatten	Liniensatz senkrecht und waagerecht in allen Dicken und Längen von jeder Schriftscheibe
Rationelle Anwendungsgebiete	Titelsatz, Modifikation, Schmuckelemente, Rasterscheiben zur Buchstabenrasterung, Werbedrucke, Schallplattenhüllen, Plakate	Titelsatz, Modifikationen und Rundsatz, Buchtitel, Notensatz, Plakate, Prospekte, Schallplattenhüllen, Schachdiagramme	In kleinen Mengen linksbündiger Flattersatz, Tabellen- und Formularsatz, Formelsatz, Anzeigen, Kreuzworträtsel, kartografische Satzarbeiten

Rechte Seite:
2/16. Beispiel für mögliche Schriftmanipulationen, die mit Zusatzobjektiven und Sondereinrichtungen auf Handfotosetzgeräten auszuführen sind [29]

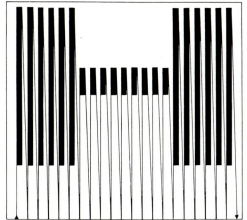

2/17. Aufzeichnungsprinzip eines Schriftzeichens im Katodenstrahl-Belichtungsverfahren [25]

2/18. Wiedergabe eines Schriftzeichens in drei Auflösungsstufen: 50, 100 und 200 Linien je Geviert; oben Originalgröße, unten fünfmal vergrößert [25]

visch erscheinender und wellenverformter Satz, plastischer und verformter Rundsatz sowie konturierte Wortbilder bereiten technisch keine Schwierigkeiten (Bild 2/16).

Für unsere Betrachtungen ist eine Unterscheidung der vielen Fabrikate nach drei Gesichtspunkten erforderlich. Es gibt die Gruppe der Titelsetzgeräte, bei denen die Laufweite der Schrift manuell gesteuert wird. Der Schriftträger wird nach Markierungen des normalen Buchstabenabstandes eingestellt, der Abstand von einem Buchstaben zum anderen kann ohne weiteres verändert werden. Andere Geräte steuern die Laufweite automatisch, der Setzer gibt den jeweiligen Buchstaben nur durch Tastendruck ein. Die dritte Gruppe sind rechnergesteuerte Fotosetzmaschinen. Bei ihnen wird nicht nur die Laufweite, sondern auch das Ausschließen, also die gesamte Zeilenbildung, automatisch gesteuert.

Wesentlich höhere Belichtungsleistungen als die vorangegangenen erreicht die dritte Generation der Fotosetzmaschinen durch ein völlig anderes Wirkprinzip. Im **Katodenstrahl-Belichtungsverfahren** sind die Schriften digital verschlüsselt auf Disketten oder Magnetplatten gespeichert. Mit den Videosignalen einer Katodenstrahlröhre werden die Schriftzeichen bildlinienweise aufgezeichnet (Bild 2/17). Der punktförmig gerichtete Katodenstrahl der CRT-Belichtungstechnik (Cathode Ray Tube) gibt das Buchstabenbild superschnell (zehntel Teile einer millionstel Sekunde) auf dem Fotomaterial wieder.

2.1. Schrift

Die Schriftzeichen werden bereits vom Schrifthersteller digitalisiert und auf Datenträger gespeichert. Das Aufteilen des Buchstabens in sogenannte Scanlinien erfolgt dort durch rechnergestützte Zeichenanlagen. Es kann auch mit speziellen Abtastgeräten, sogenannten Locoscannern, ausgeführt werden. Eine hohe typografische Qualität der Schriftwiedergabe wird durch die Auflösungsfeinheit der Bildelemente erreicht. In der Regel ist das Geviert einer 12-p-Schrift in über 100 vertikale Scanlinien aufgeteilt, die sich zu einem exakten Buchstabenbild zusammenfügen. Die Auflösungsstufen werden nach Schriftgröße und Qualitätsansprüchen differenziert (Bild 2/18).

Mit der Anzahl der Bildelemente je Schriftzeichen sinkt die Belichtungsleistung und wächst der Umfang der zu speichernden Daten, zu denen auch Kenn- und Dicktencodes einer Schrift gehören. Digitalisierte Zeichenträger erfordern deshalb angemessene Speicherkapazität. Durch verschiedene Wege, wie Umrißbeschreibung eines Zeichens aus Vektoren und Kreissegmenten, werden die Daten zur Digitalisierung erheblich reduziert (Bild 2/19). Dadurch sind höhere Auflösungsfeinheiten (bis 1 000 Linien/cm) und präzise Schriftwiedergabe ohne Vergrößerung der Speicherkapazitäten möglich (Bild 2/20).

Im Katodenstrahl-Belichtungsverfahren sind mehrere elektronische Modifikationen digitaler Schriften möglich. Die Grundform eines Alphabetes kann schmaler oder breiter sowie in verschiedenen Schräglagen aufgezeichnet werden. Diese elektronischen Varianten des Schriftbildes sind sehr wirtschaftlich, sie ergeben jedoch nur bei wenigen Schriftarten ästhetisch vertretbare Ergebnisse (Bild 2/21).

In letzter Zeit gewinnt die Belichtung mit Laserstrahlen an Bedeutung. Der Laser erzeugt ein extrem gebündeltes Licht mit hoher Leuchtdichte, das eine feinere Schriftauflösung bei steiler Gradation des Fotomaterials gestattet (normal

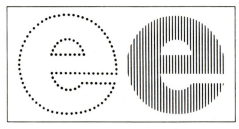

2/19. Digitalisierung zur Aufzeichnung über Vektoren (links); im normalen Digitalisierungsverfahren wird jede Scanlinie separat gespeichert (rechts) [28].

2/20. Schriftwiedergabe mit Superfont (1 000 Scanlinien/cm), die auch Schreibschriften sorgfältig darstellt. Darunter Schema der Katodenstrahlaufzeichnung eines 50fach vergrößerten Punktes von 2 mm Durchmesser. Links: mit 250 Scanlinien/cm; Mitte: mit 500 Scanlinien/cm; rechts mit 1 000 Scanlinien/cm [13]

Tabelle 6. Beispiele programmgesteuerter Fotosetzmaschinen, Kompaktsysteme (ausgewählte technische Daten)

Bezeichnung	cps 2000	Linotronic 2	CRTronic 300
Schriftträger	8 Schriftscheiben mit je 126 Zeichen, gleichzeitig einsetzbar	Fonttrommel mit 8 Schriften auf Filmstreifen zu je 105 Zeichen, 9 fliegende Akzente	Mini-Floppidisk bis zu 32 digitalisierten Schriften zu je 125 Zeichen
Einheitensystem (Dickten)	48 Einheiten je Geviert	18 und 54 Einheiten je Geviert	54 Einheiten je Geviert
Maßsystem	Didot, Pica, mm	Didot, Pica, mm	Didot, Pica, mm
Schriftgrößen	5…36 p in Stufen zu je 1 p, Sonderprogramm bis 60 p	1,5…18 mm (4…48 p)	0,3…65 mm (1…186 p) in Stufen von 0,01 mm
Schriftmischungen	alle Schriften und Schriftgrade in einer Zeile	alle Schriften und Schriftgrade in einer Zeile	alle Schriften und Schriftgrade in einer Zeile
Schriftauflösung	–	–	500 Linien/cm in Normalauflösung
Satzbreite	bis 300 mm (67 c) in 0,25 mm-Schritten	bis 298 mm (66 c) in 0,01 mm-Schritten	bis 190 mm (42 c) in 0,01 mm-Schritten
Laufweitenänderung, Schriftmodifikation	automatisch der Schriftgröße angepaßt, individuell von −4…+11 Einheiten	durch unterschiedliche Zurichtung oder indirekte Eingabe	elektronisch kursiv, schmal- oder breitlaufend, negativ
Belichtungsart	2 Halogenlampen	Xenon-Blitzlampe	Katodenstrahlbelichter
Belichtungsleistung	etwa 40 000 Zeichen/h	etwa 40 000 Zeichen/h	etwa 180 000 Zeichen/h
Zusatzleistungen	Linien in 12 Dicken von 0,075…2,25 mm in beliebigen Längen waagerecht und senkrecht, Ästhetikprogramm	Linien von 0,1…4 mm Dicke in Schritten von 0,01 mm waagerecht und senkrecht, Schriftlinienveränderung (Indizes, Exponenten)	Linien von 0,1…18 mm Dicke in Schritten von 0,02 mm waagerecht und senkrecht, Schriftlinienveränderung (Indizes, Exponenten), Ästhetikprogramm
Rationelle Anwendungsgebiete	Werk- und Akzidenzsatz aller Art	Werk- und Akzidenzsatz aller Art	Werk- und Akzidenzsatz aller Art

500 Linien/cm, maximal 1 000 Linien/cm). Im **Laserstrahl-Belichtungsverfahren** wird die digitalisierte Schrift nicht in vertikalen Scanlinien buchstabenweise, sondern horizontal über die gesamte Satzbreite – jede Schriftgröße in gleicher Auflösung – belichtet (Bild 2/22). Die Belichtungsleistung beträgt je nach Aufzeichnungsfeinheit etwa zwischen 2 und 7 cm/min.

Die Laserbelichtung erlaubt das Hinterlegen mit Rasterflächen in verschiedenen Rasterweiten und Flächendeckungen.

Normales Bild
Elektronisch extraschmal
Elektronisch schmal
Elektronisch breit
Elektronisch extrabreit
Elektronisch kursiv
Elektronisch extraschmal kursiv
Elektronisch schmal kursiv
Elektronisch breit kursiv
Elektronisch extrabreit kursiv

2/21. Elektronische Modifikation einer Linear-Antiqua; schmaleres und breiteres Aufzeichnen sowie Schrägstellen (75°). Nicht jede Schriftart ergibt dabei ein ästhetisch vertretbares Bild [30].

Ebenso können größere Schriftgrade gerastert werden. Es sind vielfältige Linienarten, Kästen mit runden Ecken, Kreisflächen und Schriftmodifikationen sowie -kombinationen durch die hohe Auflösungsfeinheit möglich.

Neben den drei hier genannten Wirkprinzipien (Durchleuchtungsverfahren, Katodenstrahl- oder Laserstrahl-Belichtungsverfahren) unterscheiden sich Fotosatzsysteme in Umfang und Art der Geräteausrüstung erheblich. Sie können nach drei Gruppen geordnet werden.

2/22. Unterschied zwischen Katodenstrahl- und Laserstrahl-Belichtungsverfahren. Mit dem Katodenstrahl wird jedes Schriftzeichen in vertikalen Scanlinien einzeln belichtet (links). Der Laserstrahl belichtet in horizontalen Scanlinien alle Schriftgrößen in feiner Auflösung gemeinsam [30].

Kompaktsysteme vereinigen Erfassung, Verarbeitung und Speicherung sowie die Ausgabe des Textes in einem Gerät, das von einer Person bedient wird (Einplatzsystem). Integrierte Schaltkreise und Mikroprozessoren ermöglichten solche Konstruktionen Mitte der sechziger Jahre. Der Belichterteil kann bei diesen Systemen als separater Teil ausgeführt sein. Kompaktsysteme können problemlos mit mehreren Erfassungseinheiten, die Kompaktsystemen ohne Belichter gleichen, on-line gekoppelt sein. So entstehen **Verbundsysteme** (Mehrplatzsysteme), die je nach Umfang der Gerätekette und Systemstruktur auch zusätzliche Organisationsrechner und Zentralspeicher haben können. Als **integrierte Systeme** werden große Produktionssysteme bezeichnet, die aus zentralem Rechner, Belichter und Entwickler bestehen. Ihnen sind verschiedene Peripheriegeräte zugeordnet, die on-line oder auch off-line betrieben werden.

Einige Beispiele in der Praxis bewährter Fotosatzsysteme verschiedener Wirkprinzipe sind mit ausgewählten technischen Daten in den Tabellen 6 und 7 vorgestellt.

Tabelle 7. Beispiele programmgesteuerter Fotosetzmaschinen, integrierte und Verbundsysteme (ausgewählte technische Daten)

Bezeichnung	Digiset 400 T2	Lasercomp	Scantext 1000
Schriftträger	Magnetplattenspeicher bis zu 200 Schriftprogramme zu je 210 digitalisierten Zeichen	Magnetplatten mit je 140 Schriftgrößen zu je 128 Zeichen, digitale Standardplatte	3 Disketten-Laufwerke mit 36 Schriften zu je 128 digitalen Zeichen, 10 fliegende Akzente
Einheitensystem (Dicke), Laufweitenänderung, Schriftmodifikation	5 Größenbereiche verschiedener Entwurfsgrößen und Auflösungsstufen I: 4...8 p, II: 8...16 p, III: 16...32 p, IV: 32...64 p, V: 64...112 p, Modifizieren und Schrägstellen	96 Einheiten je Geviert, Wechsel der Einheitenwerte, automatisches Weiter- oder Engerstellen, Schräglage vor- oder rückwärts	Zählsystem in Schritten von 0,1 mm für alle Schriftgrößen, Laufweitenänderung in Plus- und Minuswerten von Einheiten oder Millimetern, Modifizieren und Schrägstellen
Maßsystem	Didot oder Pica	Didot oder Pica	Didot, Pica, mm
Schriftauflösung	50...800 Linien je Geviert vertikal, 120...1920 Elemente je Geviert horizontal	400 Linien/cm in allen Schriftgrößen	Normal 320 Linien/cm bis 640 Linien/cm in der x- und y-Achse
Schriftgrößen	4...112 p, 34 Grade verteilt auf 5 Größenbereiche	4...256 p in 0,25 p-Schritten (1,50...96 mm)	4...36 p normal, bis 72 p Zusatzprogramm in Stufen zu 0,01 mm
Schriftmischungen	alle Schriften und Schriftgrade in einer Zeile	alle Schriften und Schriftgrade in einer Zeile	alle Schriften und Schriftgrade in einer Zeile
Satzbreite	65 c (293 mm)	54 c (245 mm)	300 mm, maximal
Belichtungsart	Katodenstrahlbelichter	Helium-Neon-Laserbelichter	Katodenstrahlbelichter
Belichtungsleistung	900 000 Zeichen/h	12 000 Zeilen/h 8 p bei 10 c	600 000 Zeichen/h in Normalauflösung 8 p bei 10 c
Zusatzleistungen	Hohe Anzahl Sonderzeichen, Tabellenprogramme, Mathematikprogramme	Schriftlinienveränderung (Indizes, Exponenten), Unterschneidungen, Doppelbelichtung	Ästhetikprogramme, Formelsatzprogramm, 99 Tabulatoren
Rationelle Anwendungsgebiete	Mengensatz für Buch und Zeitung, wissenschaftlicher und mathematischer Satz	Mengensatz für Buch und Zeitung, für Zeitschriften und Akzidenzen	Mengensatz für Buch und Zeitschriften, Akzidenzen aller Art, Tabellen

2.1.2. Schrift und Drucktechnik

Die Wiedergabe der Schrift im Druckerzeugnis ist nicht nur von den verschiedenen Setztechniken, sondern auch vom jeweils verwendeten Druckverfahren abhängig. Deshalb soll kurz auf die charakteristischen Merkmale der am häufigsten vorkommenden Druckverfahren und der daraus resultierenden verschiedenen Erscheinungsformen gedruckter Schrift eingegangen werden.

2.1.2.1. Hochdruckverfahren

Zum Hochdruckverfahren gehören der Buchdruck, das älteste Druckverfahren, und der Flexodruck, der später aus den Gummidruckformen entstanden ist.

Im **Buchdruck** besteht die Druckform aus Drucktypen (Hand- und Maschinensatz), Blindmaterial und Druckstöcken (Raster- und Strichätzungen) oder auch Duplikaten derselben (Stereos oder Galvanos). Die einzelnen Elemente der Druckform bilden ein Relief mit einer gut justierten Oberfläche. Die strenge Farbe wird durch Walzen aufgetragen, wobei nur die erhabenen Stellen eingefärbt werden. Durch die zwischen Preßkörper und Druckform erzeugte Druckspannung wird die Farbe direkt von der Druckform auf das Papier übertragen. Die Wiedergabe von Halbtönen (Bilder) erfolgt durch Zerlegung in druckfähige unechte Halbtöne mit flächenvariabler Oberflächengeometrie (Bild 2/23).

Die Schrift zeigt eine Schattierung und hat relativ scharfe Konturen. Durch die erforderliche Druckspannung wird die Schrift mehr oder weniger in das Papier eingedrückt, die Farbe ist zum Rand des Buchstabenbildes gequetscht.

Die Druckform für **Flexodruck** ist zum Beispiel ein gravierter Gummizylinder, oder sie entsteht als Gummiklischee aus der Matrize einer Buchdruckform. Sie wird heute meist auf fotomechanischem Weg als

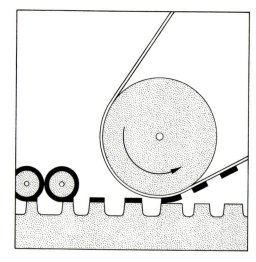

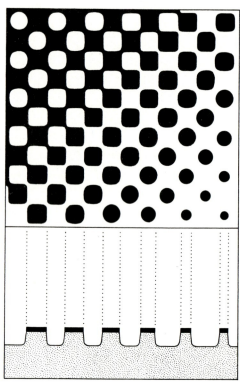

2/23. Prinzip des **Hochdruckverfahrens**, schematische Darstellung

Fotopolymerplatte hergestellt. Die elastischen Klischees werden auf Druckformzylinder montiert. Flexodruckmaschinen arbeiten im rotativen Prinzip mit dünnflüssigen Farben. Die Flexibilität der Druckform erfordert geringe Druckspannung und ermöglicht hohe Geschwindigkeit beim Fortdruck.

Die Schrift zeigt keine Schattierungen und hat nicht so scharfe Konturen wie im Buchdruck; Quetschränder und relativ dünner Farbauftrag sind charakteristisch. Das Schriftbild kleiner und zarter Schriften wird ungenau wiedergegeben.

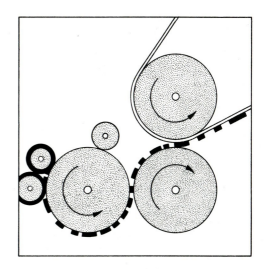

2.1.2.2. Offsetdruckverfahren

Eine chemisch präparierte Metallplatte (Aluminium, Bi- oder Trimetall) dient im Offsetdruck als Druckform. Die druckenden Elemente sind auf fotomechanischem Wege entweder aufkopiert oder eingeätzt. Bei Aluminiumplatten haben die nichtdruckenden Elemente eine relativ rauhe Oberfläche und sind wasserfreundlich, die druckenden Elemente dagegen haben eine relativ glatte Oberfläche und sind wasserfeindlich, beide liegen nahezu in einer Ebene. Auf die Druckform wird durch eine Feuchtwalze Wasser gebracht, das einen dünnen Wasserfilm auf den nichtdruckenden Stellen bildet. Die fettige Farbe wird von Walzen aufgetragen und haftet durch den entstandenen Wasserfilm nur an den druckenden Stellen. Die Farbübertragung von der Druckform erfolgt über einen mit Gummituch bespannten Zylinder indirekt auf das Papier. Die Wiedergabe von Halbtönen (Bilder) geschieht wie im Buchdruck durch Zerlegung in druckfähige unechte Halbtöne mit flächenvariabler Oberflächengeometrie (Bild 2/24).

Die Schrift zeigt relativ unscharfe Konturen und keine Schattierung. Die Färbung ist gleichmäßig, das Schriftbild wirkt bei normaler Kopie etwas leichter und spitzer als im Buchdruck.

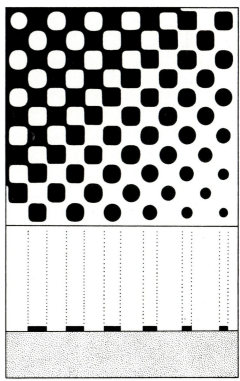

2/24. Prinzip des **Offsetdruckverfahren**, schematische Darstellung

2.1. Schrift

2.1.2.3. Tiefdruckverfahren

Die Druckform für Tiefdruck ist ein Kupferzylinder, in den die druckenden Elemente elektronisch eingraviert sind und ein durchgängiges Relief aus quadratischen Rasterpunkten bilden. Die druckenden Elemente sind flächen- und tiefenvariabel, d. h. je nach Tonwert unterschiedlich in Flächenausdehnung und Tiefe. Der Zylinder kann auch nach fotomechanischer Übertragung der Druckelemente entsprechend geätzt werden. Die druckenden Elemente sind dann zumeist gleich groß und haben differenzierte Tiefe (tiefenvariabel von etwa 3 µm bis 40 µm). Die nichtdruckenden Elemente (Rasterstege) bilden eine glatte Oberfläche. Durch Eintauchen des Druckzylinders in die Farbwanne oder durch Kaskadeneinfärbung wird die dünnflüssige Farbe übertragen. Ein Rakelmesser streicht die Farbe von der nichtdruckenden glatten Oberfläche des Druckformzylinders ab, so daß sich nur noch in den Vertiefungen (Rasternäpfchen) Farbe befindet. Die Wiedergabe der Halbtöne erfolgt im Gegensatz zu den anderen Druckverfahren durch die differenzierte Tiefe der Rasternäpfchen (Menge des Farbauftrages) bei gleicher oder unterschiedlicher quadratischer Oberfläche derselben (Bild 2/25).

Die Schrift wird verfahrensbedingt mit gerastert und zeigt deshalb eine gezahnte Kontur. Es ist keine Schattierung vorhanden, die Färbung der Schrift ist im Vollton gleichmäßig satt. Das Schriftbild kleiner und zarter Schriften wird ungenau wiedergegeben.

2.1.2.4. Durchdruckverfahren

Die Druckform ist bei diesem Verfahren ein feinmaschiges Sieb aus Plaste bzw. Kunststoff (Polyamid, Polyester), Metall oder Seide, das auf einen Rahmen gespannt wird. Das Sieb trägt die manuell oder fotomechanisch aufgebrachte Schablone. Diese läßt die Maschen des Siebes an den druk-

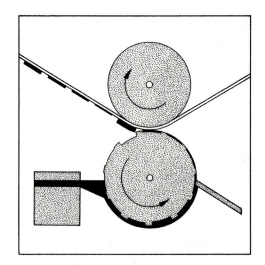

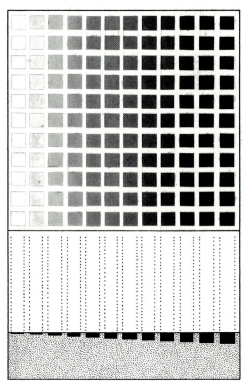

2/25. Prinzip des **Tiefdruckverfahrens**, schematische Darstellung

kenden Stellen offen. Das Verfahren wird deshalb auch Sieb- oder Schablonendruck genannt. Beim Druck wird die auf das Sieb aufgetragene (geflutete) Farbe mit der Druckrakel durch die Maschenöffnungen gedrückt. Es entsteht dabei ein bis zu sechsmal dickerer Farbauftrag als bei anderen Druckverfahren. Wegen der hohen Deckkraft werden im Durchdruckverfahren auch helle Töne auf dunklem Grund gedruckt. Als Bedruckstoff können neben Papier viele andere Materialien dienen, auch solche, die keine flächige Form haben (Bild 2/26).

Die Schrift kann durch die Struktur des Siebes einen Zackenrand erhalten. Das Schriftbild kleiner und empfindlicher Schriften wird je nach Siebfeinheit und Schablonenart ungenau wiedergegeben. Die gleichmäßige Deckung und der dicke je nach Farbart glänzende oder matte Farbauftrag sind kennzeichnend für den Durchdruck.

2.1.3. Schrift und Ausdruck

Schrift ist nicht nur ein technisches Arbeitsmittel, dessen Erscheinungsbild durch die verschiedenen Setztechniken und Druckverfahren beeinflußt wird, sondern beim Setzen entsteht auch ein Schriftbild mit bestimmtem grafischen Ausdruck. Dieser ästhetisch und psychologisch wirksamen Seite der Schrift, die sehr vielgestaltig und für die Typografie wesentlich ist, wollen wir uns im folgenden näher zuwenden.

2.1.3.1. Zeichengestalt und Formausdruck

Die lateinische Schrift, seit rund dreitausend Jahren als Buchstabenschrift benutzt, hat ihren Ursprung im phönizischen Alphabet. Aus ihm entwickelten sich die griechischen und lateinischen Buchstaben. Die heute verwendeten 26 Buchstaben des lateini-

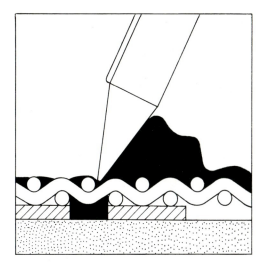

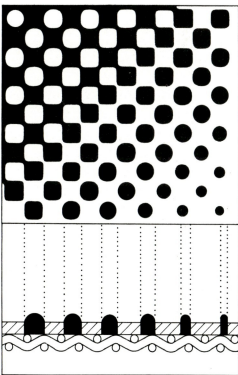

2/26. Prinzip des **Durchdruckverfahrens**, schematische Darstellung

2.1. Schrift 47

2/27. Die durch Konvention festgelegte abstrakte **Zeichengestalt** (Graphem) eines Buchstabens erhält durch Charakter, Schnitt und Größe einer Druckschrift vielfältigen konkreten Formausdruck.

schen Alphabetes dienen der visuellen Wiedergabe einzelner Laute. Durch Konvention sind die Zeichengestalten (Grapheme) und die von ihnen dargestellten Laute (Phoneme) in den einzelnen Sprachen festgelegt. Einen Text können wir in den verschiedenen Schriftarten, wie Handschriften, Schreibmaschinenschriften, typografische Schriften differenzierten Charakters, nur dann lesen, wenn wir in allen Variationen eines bestimmten Buchstabens die gleiche Zeichengestalt erkennen.

Jeder schriftlich fixierte Text wird aber nicht nur als konstruiertes Lautgebilde intellektuell aufgenommen, sondern auch als konkretes grafisches Schriftbild sinnlich empfunden. Das abstrakte Lautsymbol, die überlieferte Zeichengestalt eines Buchstabens, ist von dem vielfältigen Formausdruck des tatsächlich dargestellten Buchstabenbildes zu unterscheiden. In den Varianten der Buchstabengrundform und ihrer Ausschmückung entstehen die verschiedenartigen Abwandlungen, die Ausstrahlung und Anmutung einer Schrift bestimmen. Der Charakter einer Druckschrift ist um die skeletthaften Formen der Zeichengestalten herum modelliert (Bild 2/27). Dabei haben Schreib- und Drucktechniken die Formentwicklung beeinflußt und die Buchstaben im Stil einzelner Epochen geprägt.

2.1.3.2. Historische Entwicklung der Schriftformen

Es kann hier nicht die weitverzweigte Entwicklung der Schrift im einzelnen dargestellt werden. Dazu gibt es kompetente Literatur mit zahlreichen Bildbeispielen. Zum Verständnis der Schriftformen ist es notwendig, auf einige entwicklungsgeschichtliche Fakten hinzuweisen. In der Anwendung der Schrift sind von Anfang an weltweit zwei Schreibweisen bekannt: monumentale Inschriften und handschriftliche Aufzeichnungen. Diese beiden Arten wurden stets mit sehr verschiedenen Werkzeugen auf völlig andersgeartetem Material ausgeführt. Eine in Stein gemeißelte Inschrift beansprucht Sorgfalt und Zeit. Ihre Formen sind beständig und wurden aus der Antike unverändert überliefert (Bild 2/28). Auf vergänglichen Materialien oft rasch geschriebene Texte unterlagen dagegen starken Formveränderungen (Bild 2/29). Durch flüchtiges Schreiben der Großbuchstaben (Kapitalis) entstanden bei immer weitergeführter Reduzierung der Schreibgesten vereinfachte Buchstabengrundformen. Die Spitzen und rechten Winkel der Kapitalis schliffen sich zu gerundeten Formen der Unziale ab, aus der die Halbunziale entstand, die bereits Ober- und Unterlängen ausbildete. Sie wurde im 9. Jh. zur Karolingischen Minuskel geformt (Bild 2/30). Im 15. Jh. entwickelte sich diese über die humanistische Minuskel (Bild 2/31) zu unseren heutigen Kleinbuchstaben. Da die ursprünglichen Buchstabenformen des lateinischen Alphabetes nicht verdrängt wurden, haben wir heute zwei Alphabete mit sehr differenziertem Ausdruck.

2/28. Kapitalis monumentalis, 1. Jh. v. u. Z., Archäologisches Museum, Venedig

2/29. Kapitalis quadrata, 4. bis 5. Jh., Vergilius Sangallensis

2/30. Karolingische Minuskel, um 860, St. Gallen, Folchart-Psalter

Die **Großbuchstaben** (Majuskel oder Versalien) haben alle gleiche Höhe, sie gründen sich auf die geometrischen Grundformen Kreis, Dreieck und Rechteck. Dadurch erhält die Versalzeile eine bandartige Wirkung mit einem von den Grundformen geprägten Rhythmus. Um eine gleichmäßige Grauwirkung der Versalzeile zu erreichen, muß sie durch differenzierten Buchstabenabstand ausgeglichen werden. Versalzeilen ist ein strenger und feierlicher, fast erhabener Ausdruck eigen, der sie vom normalen Text unterscheidet.

Die **Kleinbuchstaben** (Minuskeln oder Gemeine) verbinden sich mühelos zu rhythmischen Wortbildern, die durch Ober- und Unterlängen deutlich markiert werden. Die abgerundeten, fließenden Formen der Minuskel sind schneller zu schreiben und durch die nach oben und unten überstehenden Elemente leichter zu lesen als die Versalien. Die gemeinen Buchstaben wurden deshalb zum eigentlichen Träger schriftlicher Mitteilungen und dominieren im Schriftbild. Ihre Formen erscheinen geläufig, wirken schlicht und alltäglich.

Die beiden Alphabete, die jede normale Druckschrift heute aufweist, sind für die orthografisch richtige Wiedergabe des Textes

2/31. Humanistische Minuskel, 1454

notwendig. Typografisch sind sie ein wertvolles Ausdrucksmittel, auf das nicht verzichtet werden kann.

Mit den **Ziffern** erhielt unsere Schrift ein drittes Formelement. Die arabischen Ziffern, in vielen Schriften als Zeichen für Mengenangaben benutzt, haben ihren Ursprung in Indien (Bild 2/32). Am Ende des 10. Jh. drangen sie in die westliche Welt ein. In der Renaissance bildeten sich die Ziffern 6 und 8 mit Oberlängen sowie 3, 4, 5, 7 und 9 mit Unterlängen aus, während 1, 2 und 0 die Größe der n-Höhe erhielten (Bild 2/33). Seit dieser Zeit wurden die Ziffern der bedeutendsten Werkschriften mit Ober- und Unterlängen herausgebracht. Sie gleichen sich besser dem Rhythmus der Minuskel an und verbessern durch den starken Formkontrast das sichere Erkennen, das insbesondere bei Zahlentafeln und -verzeichnissen wichtig ist. Ziffern in identischer Höhe mit Versalien, wie sie im Akzidenz- und Formelsatz notwendig sind, heißen Versalziffern. Haben sie die Dicke eines Halbgeviertes, was den Kolonnensatz erleichtert, werden sie Normalziffern genannt. Für Ziffern mit Ober- und Unterlängen sollte die Bezeichnung Minuskelziffern verwendet werden (Bild 2/34).

Die Entwicklung der Schriftformen unseres Alphabetes wurde nicht allein von der Art der schriftlichen Aussage, von der Schreibtechnik und der Beschaffenheit der Schriftträger bestimmt. Einen erheblichen Einfluß hat daneben der Stilwille der jeweiligen Zeit, wie er beispielsweise in den gotischen Schriftformen des 13. Jh. zum Ausdruck kommt.

Im **Formwandel der Druckschriften**, dem wir an historischen Schriftschöpfungen kurz nachgehen wollen, spielten ebenso

2/32. Historische Ziffernformen: (von oben) Brahmi, Indisch, Ostarabisch und Westarabisch

2/33. Ziffern im 10. Jh., 1180, 1475 und 1479 (von oben nach unten)

Versalien

ABCDEFG
HIJKLMN
OPQRSTU
VWXYZ
ÄÖÜÉÈÊË
ÇÆŒ

Minuskeln

abcdefghij
klmnopqrst
uvwxyz
äöüáàâéèê
íîïóòôúùûç
æœ
chckffifflftß

Ziffern

12345678
90
1234567890

Punkturen

&.,:;'-[]()!?§
*†„"»«—/

2/34. Sämtliche Figuren der Typoart-Garamond-Antiqua mit Umlauten, Akzentbuchstaben, Ligaturen, Minuskel- und Versalziffern sowie den Punkturen

Welt- und Lebensgefühl der jeweiligen Epoche und nationale Eigenarten neben den formgebenden Techniken eine Rolle.

Mit der Erfindung der beweglichen Lettern wurden in Deutschland erstmals die Technik des Schriftgusses ausgeführt und typografische Buchstabenformen geschaffen. Nach dem Vorbild der Handschriften waren sie im Stil spätgotischer Schrift, einer mit der Breitfeder geschriebenen **Textura**, gestaltet (vgl. Bild 1/4). Die später folgenden Druckschriften gotischen Charakters sind ebenfalls durch die Breitfeder geformten kalligraphischen Schriften nachgebildet (Bild 2/35). Die **Rotunda** knüpfte an italienische Schriftformen des 13. Jh. an (Bild 2/36), aus der gotischen Kursive entstand im letzten Viertel des 15. Jh. in Deutschland die **Schwabacher** (Bild 2/38), die bereits Stileigenheiten der Renaissance aufweist. Mit der **Fraktur**, die zu Anfang des 16. Jh. als Letter mit Überhängen und Schwüngen geschnitten wurde, erreicht die Formentwicklung der deutschen Schrift einen abschließenden Höhepunkt (Bild 2/37). Ihre dekorativ ausladenden Formen entsprechen dem Stilempfinden des Barocks.

Die frühen Antiqua-Druckschriften, deren Formen sich ebenfalls auf den handschriftlichen Breitfederzug gründen, zeigen deutlichen Einfluß der sich verbessernden Stempelschneidetechnik. Vom französischen Stempelschneider und Drucker **Nicolaus Jenson** wurde 1470 in Venedig die erste echte Antiqua-Druckschrift geschaffen (Bild 2/39). In diesen humanistischen Antiquaformen sind die Buchstaben der Kapitalis mit einem eigenständigen Minuskelalphabet durch die Stempelschneidetechnik harmonisch vereint. In Venedig erschien 1501 bei dem gelehrten italienischen Drucker und Verleger **Aldus Manutius** der erste Druck in einer Kursive. Mit vielen Ligaturen schnitt sie **Francesco Griffo** aus Bologna (Bild 2/42). Er schuf auch die überragende neugeformte Renaissance-Antiqua, die Poliphilus-Type (Bild 2/40). Dieser Schriftstil erreichte in Frankreich durch den zur Meisterschaft geführten

ad portas mortis, Et clamauerūt ad do=
minū cū tribularent: ꝫ de necessitatibꝫ eoꝝ
liberauit eos, Misit verbū suū et sanauit
eos: et eripuit eos de interitionibus eorū,
Confiteantꝰ dño misc̄die eius: et mirabi=
lia eius filijs hominū, Ut sacrificent sacri=
ficiū laudis: ꝫ annūcient opera eius in exul=
tatione, Qui descendūt mare in nauibus:
faciētes operationē in aquis multis, Ipsi
viderūt opa dn̄i: et mirabilia eius in ꝓfun=
do, Dixit et stetit spiritꝰ ꝑcelle: et exalta=
ti sūt fluctus eius Ascendūt usꝙ ad celos
et descendunt usꝙ ad abissos: anima eoꝝ
in malis tabescebat, Turbati sūt et moti
sunt sicut ebrius: et omnis sapiētia eoꝝ de=
uorata est, Et clamauerūt ad dominū cū
tribularent: et de necessitatibꝫ eoꝝ eduxit
eos, Et statuit ꝑcellam eius in aurā: ꝫ si=
luerūt fluctus eius, Et letati sunt quia si=
luerunt: ꝫ deduxit eos in portū voluntatis

Viue deū sic ⁊ viues per secula cun⸗
cta. Prouidet ⁊ tribuit deus omnia
nobis. Proficit absque deo nullus in
orbe labor. Illa placet tellus in qua
res parua beatū. Me facit ⁊ tenues
luxuriantur opes.

2/36. **Rotunda** aus der Schriftprobe von Erhard Ratdolt, Augsburg 1486

Gloria laudis resonet in ore
omniū Patri genitoq̃ proli
spiritui sancto pariter Resul
tet laude perhenni Labori⸗
bus dei vendunt nobis om⸗
nia bona. laus: honor: virtus
potētia: ⁊ gratiaȝ actio tibi

2/37. **Fraktur.** Seite aus dem »Thurnier-Buch«. Sigmund Feyerabend, Frankfurt am Main 1560

werdē/ als Hertzog Eberhard/ Keyser Conrads/ Hertzogen
zu Francken/ vnd Heinrici vorfahr/ Bruder/ vnd vnder
andern Hertzog Arnold auß Bayern/ die jhm zuvor nach
Leib vnd Leben stunden/ hernach seine beste vertrauwete
Freunde worden/ vnd jn für jren Herrn vnd Röm. Keyser
erkannt vnd gehalten. Als nun dieser Heinricus in ver⸗
waltung seines Reichs gemeynem Teutsch vnd Vatter⸗
land vorzustehen allen fleyß fürwandte/ alle abtrünnige
vnd widerspenstigen straffte/ die auffruhren vñ embörun⸗
gen/ so sich hin vñ wider erhuben/ stillete/ die vngläubigen
zum gehorsam vñ Christlichen Glauben verursachete/ vnd
darzu alle deß Reichs Fürstē jm hierin behülfflich zu seyn
beschriebe/ welche jren Pflichten nach erschienen/ vnd das
Barbarisch Volck also bestritten/ hat er vnder andern dem
Hochgelobten Adel Teutscher Nation/ von wegen jres ge⸗
horsams vnd Mannlicher thaten/ zur ewigen gedechtnuß
das Ritterspiel der Thurnier/ so der zeyt bey den Teutschē
vnbekañt/ aber doch in Britannia vnd anderßwo breuch⸗
lich/ in Teutschenlanden angefangē/ auffbracht/ auch selbs
thurnieret/ vnd ferrner die vier fürnembsten Teutschen
Resier oder Kreyß/ Nemlich deß Rheinstroms/ Francken/
Bayrn vnd Schwaben/ sampt andern so darinn vnd da⸗
runder zum Heyligen Röm. Reich Teutscher Nation ge⸗
hörig/ begriffen/ mit sondern Freyheiten vnd Gnaden be⸗
gabet/ Bey welchē hernach alle folgende Römische Keyser
vnd Könige dieselben gelassen vnd gehandhabt/ ist auch in
krafft dero ob fünff hundert vnd achtzig Jarn/ biß auff den
letzten zu Wormbs gehaltnen Thurnier/ gethurniert vnd
erhalten worden. Das aber gemeldte Thurnier zu pflan⸗
tzung aller ehrbarn tugenden/ Ritterlicher vbung/ Mann⸗

Linke Seite:
2/35. **Textura** im »Psal⸗
terium Moguntinum«,
Mainz 1457 von Johann
Fust und Peter
Schöffer, Original
dreifarbig

2.1. Schrift

Quare multarum quoq; gentium patrem diuina oracula futurū:ac in ipſo benedicédas oés gentes hoc uidelic& ipſum quod iam nos uideūs aperte prædictum eſt:cuius ille iuſtitiæ perfectioém non moſaica lege ſed fide cōſecutus eſt:qui poſt multas dei uiſiones legittimum genuit filium:quem primum omnium diuino pſuaſus oraculo circūcidit:& cæteris qui ab eo naſcerétur tradidit:uel ad manifeſtum multitudinis eorum futuræ ſignum:uel ut hoc quaſi paternæ uirtutis iſigne filii re‒ tinétes maiores ſuos imitari conaret':aut qbuſcūq; aliis de cauſis. Non enim id ſcrutādum nobis modo eſt. Poſt Habraam filius eius Iſaac in

2/39. Jenson-Antiqua
Aus »Titus Livius: Historiae Romanae decades«. WENDELIN VON SPEYER 1470

Stempelschnitt von **Claude Garamond** hohe Vollkommenheit. Seine 1540 erschienene Antiqua und Kursiv blieben dann fast 250 Jahre die führenden Schriften in Europa (Bild 2/43).

Im 17. Jh. wurde der Kupferstich als Illustrationsverfahren immer beliebter. Sein Einfluß auf die Stempelschnitt-Technik setzte zuerst in den Niederlanden ein, deren Kunst in dieser Zeit in Blüte stand. Die Druckschriften zeigen nicht mehr durchgehend Breitfederzug, bei feinerer Durchzeichnung

2/38. **Schwabacher** aus der Flugschrift THOMAS MÜNTZERS »Hoch verursachte Schutzrede …«, Nürnberg 1524

2/40. **Antiqua** des FRANCESCO GRIFFO. Seite aus »Francesco Colonna: Hypnerotomachia Poliphili«, ALDUS MANUTIUS, Venedig 1499

entsteht ein gestochen scharfes, ausladenderes Schriftbild. Die in Holland 1685 entstandene Antiqua des Ungarn **Nicolaus Kis** ist hierfür ein hervorragendes Beispiel (Bild 2/41). Im 18. Jh. übernahm England mit dem Schriftschneider **William Caslon** (Bild 2/46) und dem Schreibmeister und Drucker **John Baskerville** die führende Rolle

2. Elementare Gestaltungsmittel

in der Schriftherstellung. Die Baskerville-Antiqua und -Kursiv entstanden 1754; sie zählen zu den vollkommensten Schriften der Barockzeit (Bild 2/45). Auf geglättetem Papier musterhaft gedruckt, kommen die Verfeinerungen in dem kräftigen Schriftbild voll zur Geltung.

Frankreich gab den Anstoß zu einer Formveränderung der Antiqua, die erst ein Jahrhundert später in Italien voll ausreifen sollte. Die 1702 erschienene, für die königliche Privatpresse reservierte »Romain du Roi« wurde von **Philipp Grandjean** nach einer pedantischen Buchstabenkonstruktion innerhalb eines quadratischen Rasternetzes geformt. Mit ihrem rationalen, sachlich strengen Ausdruck eilte diese privilegierte Schrift der Formentwicklung voraus (Bild 2/44). Ihre Formen griff **Pierre Simon Fournier** auf, und gering verändert präsentierte er 1764 seine Antiqua und Kursiv, die noch der Barockzeit zugerechnet werden, in einem »Manuel Typographique« (Bild 2/48). Es enthält reichen typografischen Schmuck, der dem spielerischen Dekorationsbedürfnis des Rokokos entgegenkommt. Der Typus

2/41. **Holländische Antiqua** des Nicolaus Kis. Schriftprobe aus Amsterdam von 1685

2/42. **Kursiv** des Francesco Griffo. Seite aus »Apuleius: De asimo aureo«, Aldus Manutius, Venedig 1521

2.1. Schrift 55

DIONYSII HALICARNASSEI
PRÆCEPTA DE ORATIONE PANEGYRICA,
M. ANTONIO ANTIMACHO INTERPRETE.

ANEGYRIS, solennis scilicet quinquennalium ludorum celebritas siue cōuentus, est inuentum & donum deorum, ad requiem maiorum rerum quæ ad vitam attinent, tradita (sicuti quodam in loco inquit PLATO) cum dii humanum genus ad laborem natum miserati essent. Coacti autem fuerunt a sapientissimis hominibus conuentus, & a ciuitatibus publice communi decreto, ad reficiendos recreandosq; animos, ac ad oblectationem atque solatium spectantium constituti. Tributus vero ad hos mutuo celebrandos, est a diuitibus suppeditandarum quidem pecuniarum sumptus, a principibus circa hoc ornatus ad magnificentiam apparatus, rerumq; ad id commodarum opulentia. Panegyrim athletæ corporum robore ornant plurimum; & Musarum ac Apollinis assectatores musica, quæ in ipsis reperitur. At virum, qui in litterarum & eloquentiæ studiis versatus fuerit, ac vniuersum vitæ tempus in eis consumpserit atq; contriuerit, in ornanda panegyri ita sese gerere oportet, ac tanto inniti artificio, vti eius oratio a vulgari dicendi ratione abhorreat. Age igitur, o Echecrates, ad hoc tamquam duces viæ nequaquam tritæ nec a multis tentatæ facti, explicemus tibi ea quæ olim a nostratis sapientiæ parentibus nobis tradita accepimus: illi vero, & illorum etiam superiores, a Mercurio & a Musis habuisse dixerunt: non secus ac Ascręus pastor ab eisdem in Helicone poesim est consecutus. Age itaq;, cum huiusmodi arte orationes sequere. Deus etenim vniuersę, quæcumq; sit, panegyrios aliquo modo præses, & eiusdem est nominis: vt, Olympiorum, Olympius Iupiter: eius autem quod in Pythiis fit certaminis, Apollo. Principium igitur huiusmodi orationis, quæcumq; fuerit, laus dei nobis sit, tamquam vultus seu persona quædam splendida, in sermonis initio posita atque constituta. Laudandi autem exordium, ab iis quæ deo insunt, eique attribuuntur, prout res copiam suppeditent, sumes. Si quidem Iupiter fuerit, adducendum erit, deorum regem, rerumque omnium opificem esse: Si vero Apollo, musices inuētorem exstitisse, & eundem esse cum sole: Solem autem omnium omnibus bonorum auctorem. Præterea si Hercules erit, Iouis esse filium: & ea quæ mortalium vitæ præbuit, cōnumerabis. Et locus ferme cōplebitur ex ijs quæ quilibet aut inuenerit, aut hominibus tradiderit. Verum hæc breuibus narrabis; ne præcedens oratio sequenti maior euadere videatur. Deinceps vrbis laudes, in qua publicus conuentus celebratur, vel a situ,

r ij

Linke Seite:
2/43. Garamond-Antiqua. Aus »Dionysios Halicarnassus«, ANDRÉ WECHEL, Frankfurt am Main 1586

PREMIERE PARTIE
LES ÉPOQUES.

PREMIERE ÉPOQUE.
ADAM OU LA CREATION.

Premier age du Monde.

L'intention principale de Bossuet est de faire observer dans la suite des temps celle de la religion et celle des grands Empires. Après avoir fait aller ensemble selon le cours des années les faits qui regardent ces deux choses, il reprend en particulier avec les réflexions nécessaires premièrement ceux qui nous font entendre la durée perpétuelle de la religion, *et enfin ceux qui nous découvrent les* causes des grands changements arrivés dans les empires.

La première époque vous présente d'abord un grand spectacle: Dieu qui crée le ciel et la terre par sa parole, et qui fait l'homme à son image. C'est par où commence Moïse, le plus ancien

2/44. »Romain du roi«. Seite aus der Probe von 1702 mit der von GRANDJEAN geschnittenen Kursiv

der klassizistischen Antiqua, den feine Haarstriche und fette Grundstriche bei vertikaler Achsstellung charakterisieren, wird durch die **Didot-Schriften** zu Ende des 18. Jh. begründet (Bild 2/47). Die Schriftschnitte des Italieners **Giambattista Bodoni** führen alle Ausdrucksmöglichkeiten dieses Stiles zur Meisterschaft. In einem zweibändigen »Manuale Typografico« wurde 1818 das Lebenswerk des bedeutenden Schriftschneiders, Typografen und Druckers vorgeführt (Bild 2/49). Eine deutsche klassizistische Antiqua brachte 1803 **Justus Walbaum** in Weimar heraus. Sie ist weniger streng und zeigt schon ein wenig Biedermeier-Charakter (Bild 2/50).

A
SPECIMEN

By *JOHN BASKERVILLE* of BIRMINGHAM,
In the County of Warwick, *Letter-Founder and Printer.*

To Cneius Plancius.

I Am indebted to you for two letters, dated from Corcyra. You congratulate me in one of them on the account you have received, that I ſtill preſerve my former authority in the commonwealth: and wiſh me joy in the other of my late marriage. With reſpect to the firſt, if to mean well to the intereſt of my country and to approve that meaning to every friend of its liberties, may be conſidered as maintaining my authority; the account you have heard is certainly true. But if it conſiſts in rendering thoſe ſentiments effectual to the public welfare, or at leaſt in daring freely to ſupport

To *CAIUS CASSIUS*, proquæſtor.

MY own inclinations have anticipated your recommendation: and I have long ſince received Marcus Fabius into the number of my friends. He has extremely endeared himſelf to me indeed, by his great politeneſs and elegance of manners: but particularly by the ſingular affection I have obſerved he bears towards you. Accordingly, tho' your letter in his behalf was not without effect, yet my own knowledge of the regard he entertains for you had ſomewhat more: you may be aſſured therefore I ſhall very faithfully confer upon him the good offices you requeſt.

TO THE PUBLIC.

2/45. **Baskerville-Antiqua.** Aus der Schriftprobe von 1754. Von John Handy geschnittene Schrift

2. Elementare Gestaltungsmittel

Quousque tandem abu-
tere, Catilina, patientia
noſtra? quamdiu nos e-
tiam furor iſte tuus elu-

*Quousque tandem abutere,
Catilina, patientia noſtra?
quamdiu nos etiam furor*

2/46. **Caslon-Antiqua.** Ausschnitt aus der ersten Schriftprobe von William Caslon 1734

LE QUINZE.

Cette épitre se trouve en téte de mon édition in-folio des œuvres de Boileau, en deux volumes, tirée seulement à 125 exemplaires, dont Sa Majesté a daigné agréer la dédicace.

AU ROI.

SIRE,

D'un monarque guerrier, l'un de tes fiers aïeux,
Despréaux a chanté le courage indomptable,
La marche menaçante et le choc redoutable,
Les assauts, les combats, et les faits merveilleux.
Louis, applaudis-toi d'un plus heureux partage.
Plus beau, plus fortuné, toujours cher à la paix,
Ton règne ami des lois doit briller d'âge en âge;
Tous nos droits affermis signalent tes bienfaits.
Le ciel t'a confié les destins de la France:
Qu'il exauce nos vœux, qu'il veille sur tes jours!
De ta carrière auguste exempte de souffrance
Que sa bonté pour nous prolonge l'heureux cours!

2/47. **Didot-Antiqua.** Seite aus »Specimen des Nouveaux Caractères« von Pierre Didot, Paris 1819

2.1. Schrift

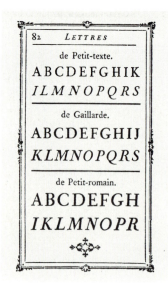
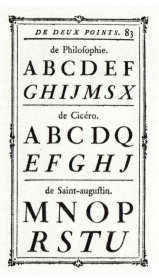

Rechte Seite:
2/49. **Bodoni-Antiqua** Titelblatt des »Manuale Tipografico« von GIAMBATTISTA BODONI, Parma 1818

2/48. **Fournier-Antiqua** PIERRE SIMON FOURNIER, zweites »Manuel Typographique« von 1766

In England, wo Anfang des 19. Jh. die beginnende Industrialisierung am weitesten vorangeschritten war, entstanden die ersten **Linear-Antiquaschriften**, in Deutschland unverständlicherweise als Grotesk bezeichnet. Die Erfordernisse der aufkommenden Werbung und die 1796 erfundene Lithografie, die vielen neuen gezeichneten Schriften den Weg ebnete, dürfen als formbeeinflussende Faktoren angesehen werden. Die erste **serifenlose Linear-Antiquaschrift** erschien bei Robert Thorne 1803 (Bild 2/51). In einer Schriftprobe von Vincent Figgins findet sich 1815 erstmals eine **serifenbetonte Linear-Antiqua**, für die durch das damals allgemeine Interesse an der ägyptischen Kunst der Name Egyptienne gewählt wurde (Bild 2/52). Die elementaren, konstruierten Formen beider Schriften, die später verschiedene Varianten erfuhren (Italienne), drücken vielfältige Erscheinungen des Lebensgefühls der Neuzeit aus. Sie reichen von der modernen Technik bis zur abstrakten Kunst. Nach dem Vorbild phanta-

2/50. **Walbaum-Antiqua.** JUSTUS ERICH WALBAUM betrieb von 1803 bis 1837 in Weimar eine Schriftgießerei, aus der diese Schrift stammt.

2/51. **Serifenlose Linear-Antiqua.** von WILLIAM CASLON IV, 1816 London, die nur in Großbuchstaben und einem Grad erschien.

2/52. **Serifenbetonte Linear-Antiqua** von VINCENT FIGGINS 1832, der er 20 Seiten seiner Schriftprobe widmete.

2/53. **Schreibschrift** »Lithographia«. Hausschnitt der Bauerschen Gießerei, Frankfurt am Main 1895

MANUALE

TIPOGRAFICO

DEL CAVALIERE

GIAMBATTISTA BODONI

VOLUME PRIMO.

PARMA

PRESSO LA VEDOVA

MDCCCXVIII

2/54. Eckmann-Schrift. Der Künstler OTTO ECKMANN entwarf diese Schrift, die 1901 in der Rudhardschen Gießerei, Offenbach, erschien. Titel der Schriftprobe.

sievoller Zierschriften, die vorwiegend mit der Spitzfeder auf den flachen Stein lithografiert wurden, brachten im 19. Jh. die Schriftgießereien eine Vielzahl von Druckschriften ohne künstlerischen Wert heraus. Dabei übernahmen sie auch **Schreibschriften** als Drucktypen, unter denen die maßgebende englische Schreibschrift zu Anfang des 19. Jh. entstand (Bild 2/53).

Nach dem Verfall von Schriftkunst und Typografie im 19. Jh. trat zu Beginn des 20. Jh. eine Erneuerung ein, die in Deutschland im Jugendstil begann. Ausdruck dieses Formwillens ist die **Eckmann-Schrift**, 1901 als erste Künstlerschrift erschienen (Bild 2/54). Gesellschaftlich bedeutsame Formgemeinsamkeiten traten in der folgenden Zeit bei Druckschriften nicht hervor. Eine Vielzahl von Künstlerschriften, die danach folgten, waren Neuschöpfungen in überlieferten Stilformen oder von individuell ausgeprägter Eigenart.

2.1.3.3. Klassifikation der Druckschriften

Der große Formenreichtum der vielen Schriftarten ist ein reiches kulturelles Erbe der Schriftkunst, das weitergeführt und mit Schriften unserer Zeit, den veränderten Bedingungen der Setz- und Drucktechnik gemäß, bereichert wurde. Im Formcharakter der einzelnen Schriftarten liegt ein unerschöpflicher Quell typografischer Ausdrucksmöglichkeiten.

Die Vielfalt der Schriftarten ist für den Typografen immer schwieriger zu übersehen. Seit den fünfziger Jahren haben sich deshalb Fachleute bemüht, durch eine Klassifizierung international einheitliche Bezeichnungen und eine übersichtliche Gliederung zu schaffen, die Einordnen und Auswahl aller Schriften erleichtert. Dabei ergaben sich Schwierigkeiten, weil es kaum Kriterien gibt, nach denen eine einheitliche Ordnung vorgenommen werden könnte.

Mit neun Gruppenbegriffen, teils geschichtlich und teils formal abgeleitet, konnte 1961 eine weitgehende internationale Übereinstimmung erreicht werden. Davon ausgehend wurden in einigen Ländern verbindliche Festlegungen erarbeitet. Für die DDR gilt seit 1961 ein Standard, der 1986 überarbeitet wurde (TGL 37 776, Tabelle 8). Eine entsprechende Normvorschrift DIN 16 518 ist seit 1964 in Kraft.

Unter den Fachleuten wurde weiter über die Verbesserung der Klassifikation diskutiert, um für die Gliederung stärker historische Gesichtspunkte zu berücksichtigen und die Anzahl der Gruppen zu verringern. Nur ein einfaches, logisches System kann in der Praxis hilfreich sein. Eine Klassifizierung

Tabelle 8. Klassifikation europäischer Druckschriften nach Standard TGL 37 776

Bezeichnung der Schriftgattung	Merkmale	Druckschriftbeispiel
1. Runde Schriften		
1.1. Renaissance-Antiqua	Strichbreiten von geringem Unterschied, ausgerundete Serifen, schräge Achsstellung der Rundungen	Bembo Garamond
1.2. Barock-Antiqua	Strichbreiten von betontem Unterschied, wenig abgerundete Serifen, fast senkrechte Achsstellung der Rundungen	Baskerville Fleischmann
1.3. Klassizistische Antiqua	Strichbreiten von starkem Kontrast, rechtwinklig zum Grundstrich stehende lineare Serifen, senkrechte Achsstellung der Rundungen	Walbaum Bodoni
1.4. Serifenbetonte Linear-Antiqua	Zeichen mit fast gleichbleibender Strichbreite und balkenähnlichen Serifen, sogenannte Egyptienne- und Italienne-Schriften	Neutra Egyptienne
1.5. Serifenlose Linear-Antiqua	Zeichen mit fast gleichbleibender Strichbreite, ohne Serifen, sogenannte Grotesk	Super Maxima
1.6. Varia (Antiqua-Varianten)	Abwandlungen der historisch gebundenen Schriften	
1.6.1. Individuell betonte Antiqua-Schriften		Publica Liberta
1.6.2. Sachlich betonte Antiqua-Schriften		Magnus Primus
1.6.3. Schauschriften	Schriften für vorwiegend dekorative und monumentale Zwecke	Biga Kleopatra
2. Gebrochene Schriften		
2.1. Gotisch	Auch Textura genannt, mit konsequenter Brechung der Kleinbuchstaben	Caslon-Gotisch
2.2. Rundgotisch	Auch Rotunda genannt, mit überwiegender Rundung der Kleinbuchstaben	Wallau-Schrift
2.3. Schwabacher	Fränkischen Frühdrucken nachgebildet; breiter, kräftig-derber Gesamteindruck	Alte Schwabacher
2.4. Fraktur	Schwungvolle Großbuchstaben, überwiegend schmale Kleinbuchstaben, gegabelte Oberlängen bei b, h, k, l	Luthersche Fraktur
2.5. Kurrent	Fraktur-Handschrift	Koch-Kurrent

Änderungen gegenüber TGL 10-020, Ausg. 6.61: »Fremde Schriften« gestrichen (kyrillische und griechische Schriften sind den angeführten Gattungen zuzuordnen), Untergattung Schauschriften eingeführt.

der lateinischen Schriften (ohne fremde Schriften) in acht Gruppen erscheint einschließlich der gebrochenen Schriften für ausreichend. Diese Gruppierung verwenden auch namhafte Schrifthersteller; sie hat sich in der Praxis bewährt und kann nach Bedarf weiter unterteilt werden.

Bevor die Formmerkmale der acht Gruppen beschrieben werden, ist es notwendig, einige Fachausdrücke zu erklären, die Einzelheiten und Teile der Buchstaben bezeichnen. Eine verbindliche Terminologie des Schriftbildes gibt es bisher nicht. In Bild 2/55 werden 10 Begriffe an Beispielen erläutert.

Eine vereinfachte, geschichtlich orientierte Klassifikation der lateinischen Druckschriften der Gegenwart wird nachstehend beschrieben (Übersicht auf dem hinteren Vorsatz). Sie soll den Lernenden helfen, Schriftkenntnisse zu erwerben sowie Schriftmischen und Schriftwahl zu erleichtern. Die Gruppen I bis IV sind nach Stilmerkmalen gebildet, wobei die gebrochenen Schriften entsprechend ihrem Entstehen und ihrem gewachsenen Interesse eingeordnet wurden. Die Gruppen V bis VIII unterscheiden sich vor allem nach Formmerkmalen. Auf eine Trennung der sogenannten handschriftlichen Antiqua von den Antiqua-Varianten wurde verzichtet. Die Unterscheidung dieser individuell geformten Schriften ist schwer und beruht oft nur auf Spitzfindigkeiten. Um in der Gruppe VII Antiqua-Varianten eine Häufung aller sonstigen Schriftarten zu vermeiden, sollten die Zierschriften entsprechend ihrer Grundform auf alle Gruppen aufgeteilt werden, so wie es selbstverständlich ist, die vorhandenen Kursiven den jeweiligen geradestehenden Schriften zuzuordnen. Eine generelle Aufteilung nach statischen und

2/55. Erläuterung der Terminologie des Schriftbildes. **1** Grundschrift, Stamm, Schaft, starker Zug. **2** Verbindungsstrich, Haarstrich, schwacher Zug. **3** Achsstellung der Rundungen; senkrechte oder schräge Stellung. **4** Serifen, Schraffen; zum Schaft leicht oder stark gekehlt sowie flach angesetzt (waagerechter Haarstrich). **5** Anstrich, schräger oder waagerechter Ansatz. **6** Endstrich, waagerechte oder gerundete, schräge oder eingeschwungene Endung. **7** Füßchen; Quadratfüßchen (Gotisch), Rautenfüßchen (Fraktur), **8** Gespaltene, gegabelte oder kelchförmige Oberlängen. **9** Elefantenrüssel (nur bei Fraktur). **10** Kugelendungen

dynamischen Schriften, wie sie die tschechoslowakische Klassifikation von Solpera vorsieht, oder andere Schematisierungen, die nicht zu definieren sind, gehen zumeist vom Ausdruck und Gesamtcharakter der Schrift aus. Alle irrationalen Gründe sind bei der Ordnung des Schriftbestandes untauglich, wie auch Bezeichnungen nach dem Verwendungszweck (Zeitungsschriften). Historische Gesichtspunkte sollten den Vorrang haben.

10 10 10

2/56. Die wichtigsten **grafischen Merkmale** der historischen Antiqua-Schriften: Kontrast zwischen den Verbindungs- und Grundstrichen, die Achsstellung (feine Linie), die Form der Serifen und Anstriche. Von links: Renaissance-Antiqua, Barock-Antiqua, klassizistische Antiqua

Neben der allgemeinen Form der Buchstaben ist es der Kontrast zwischen den Grund- und Verbindungsstrichen, die Achsstellung bei gerundeten Formen sowie das Vorhandensein und die Form der Serifen, die als grafische Merkmale die Einordnung in die acht Gruppen bestimmen (Bild 2/56).

Gruppe I Gotische Schriften

Die Schriften dieser Gruppe werden nach vier Stilmerkmalen unterschieden.

Untergruppe Ia nimmt die nach dem Vorbild der schmallaufenden **Textura** des 15. Jh. geschaffenen Schriften auf sowie die später entstandenen breiteren Formen. Alle Teile der hochstrebenden, engen Kleinbuchstaben sind gebrochen. Die Ansätze und Endungen der gleichmäßig dicken Grundstriche haben Quadratform (Quadratfüßchen). Die Oberlängen können gegabelt sein. Doppel- oder Haarstriche verzieren zumeist die ausladenden, gerundeten Formen der Großbuchstaben. Die dichte, gewebeartige Struktur (Textura) der Gemeinen wird dadurch unterbrochen.

Untergruppe Ib sind die rundgotischen Schriften, deren Vorbild die **Rotunda** der Frühdruckzeit ist. Nur die runden Buchstaben sind an den An- und Absätzen der gleichmäßig dicken Grundstriche gebrochen, alle anderen Brechungen sind abgerundet. Einzelne Grundstriche haben glatte, waagerechte Ansätze und Endungen, andere schräge Ansätze und feine Endstriche. Die Großbuchstaben der zur Breite neigenden Schrift sind ohne Verzierungen und nach gleichem Prinzip gestaltet.

Untergruppe Ic bildet die **Schwabacher**. Die kräftige, eigenwillige Urform dieser deutschen Schrift stammt aus der Frührenaissance. Bogenförmige Rundungen, spitz aufeinanderstoßend, wechseln mit gebrochenen und zur Rundung neigenden Formen ab. Breite, flache Anstriche zeigen die Oberlängen der Kleinbuchstaben. Die gleichmäßig dicken Grundstriche enden ohne Fuß oder mit feinen Endstrichen. Eigenartige, zur Breite drängende Formen haben die Großbuchstaben, die nur vereinzelt mit Doppellinien verstärkt sind.

Untergruppe Id umfaßt alle Formen von **Frakturschriften**, die nach der im 16. Jh. zuerst erschienenen Frakturtype oder später, im 18. Jh., entstanden sind. Die Kleinbuchstaben zeigen im Wechsel bogenförmige und gerade Schäfte, die Oberlängen sind zumeist gespalten. Die gleichmäßig dicken Grundstriche enden in Rautenfüßchen. Bauchige, geschwungene Versalien haben Kugelendungen oder laufen in »Elefantenrüssel« aus. Bei der klassizistischen Spätform (Unger-Fraktur) treten haarfeine Verbindungsstriche und Ausläufe als Kontrast zum leichteren Grundstrich in einem offeneren Schriftbild hervor.

Außerdem gehören alle deutschen Schreibschriften (Kurrent) in die Gruppe I.

Gruppe II Renaissance-Schriften

Diese Antiquaschriften beruhen auf den ersten, aus der humanistischen Breitfederschrift des 15. Jh. hervorgegangenen Druckschriften. Die wohlgeformten Rundungen haben eine schräge Achsstellung, Strichdicken sind von geringem Unterschied. Schräge Ansätze und Endungen zeigen Gemeine, bei Versalien sind die Ansätze gerade. Fast alle Schäfte enden mit Serifen, die ausgerundet sind.

Eine Unterscheidung in frühe (nach Jenson) und späte Form (nach Garamond) kann angebracht sein. Bei den frühen Formen sind Oberlängen der Gemeinen und Versalien gleich hoch, in den späten Formen die Versalien zumeist niedriger. Die Strichdicken der Spätformen sind etwas mehr differenziert, die Serifen leichter gekehlt.

Die zur Renaissance-Antiqua gehörende Kursiv läuft schmäler als die Grundschrift, ihre Schäfte sind bei den Gemeinen flach, Ansätze und Endungen gerundet.

Gruppe III Barock-Schriften

Zu dieser Gruppe gehörende Druckschriften entstanden nach Vorbildern aus dem 17. und 18. Jh. Es sind Übergangsformen zum Klassizismus, ihre Merkmale sind nicht einheitlich ausgebildet. Die Achsstellung der Rundungen ist wenig geneigt oder senkrecht, Ansätze und Endungen teils schräg, teils waagerecht. Die Strichdicken zeigen betonten Unterschied, die Serifen sind nur schwach gekehlt und feiner als bei der Renaissance-Antiqua. Der Breitfederzug geht durch die vom Kupferstich beeinflußte Stempelschneidetechnik allmählich verloren.

Frühe, schmalere Formen der aus Holland stammenden Antiqua (van Dijck, Fleischmann) sind von den breiteren englischen (Caslon, Baskerville) zu unterscheiden. Die in Frankreich entstandene Form der Barock-Antiqua (Fournier) zeigt in den Versalien schon Merkmale der klassizistischen Antiqua. Die Barock-Schriften haben dazugehörende Kursive, die in den späteren Formen zumeist gleiche Laufweite wie die geradestehenden aufweisen.

Gruppe IV Klassizistische Schriften

Der Grundtyp der klassizistischen Antiqua entstand zu Ende des 18. Jh. in Frankreich (Didot). In der Stempelschneidetechnik hatte sich das Vorbild des Kupfer- und Stahlstichs durchgesetzt. Haar- und Grundstriche ergeben einen starken Kontrast der Strichdicken. Die Rundungen sind halbmondförmig, ihre Achsstellung ist einheitlich senkrecht. Ansätze und Endungen sind als waagerechte Haarstriche ausgeführt. Rechtwinklig sind die Serifen mit ganz geringer oder ohne Kehlung an den Stamm angesetzt.

Die zur klassizistischen Antiqua gehörende Kursiv ist nach demselben Formprinzip gestaltet und hat gleiche Laufweite wie die geradestehende Antiqua.

Auch die zu Beginn des 19. Jh. als Akzidenzschriften entstandenen extrem fetten und schmalen Schnitte gehören in diese Gruppe. Neuere klassizistische Schriften, speziell für den Fotosatz, haben kräftigere Haarstriche und Serifen, ihre Formen sind weicher und geschmeidiger.

Gruppe V Serifenbetonte Schriften

Die Druckschriften dieser Gruppe haben Auszeichnungsschriften aus der ersten Hälfte des 19. Jh. zum Vorbild. Ihr Formmerkmal sind die optisch einheitliche Dicke von Grund- und Verbindungsstrichen sowie die kräftigen, betonten Serifen. Neuere serifenbetonte Schriften sind in sorgfältig differenzierten Schriftvarianten gestaltet, von denen einige auch für Mengensatz geeignet und mit Kursiv ausgestattet sind.

Fünf Untergruppen, deren Namen aus der Entstehungszeit übernommen sind, können nach der Form der Serifen und

Anstriche gebildet werden: Egyptienne, kräftige, ohne Kehlung; Clarendon, gekehlte, weniger kräftige; Italienne, zu den Schäften überhöhte, mit und ohne Kehlung; Latin, keilförmige Dreiecke; Tuscan, gespaltene, meist auch verzierte.

Gruppe VI   Serifenlose Schriften

Die Vorbilder dieser Druckschriften sind ebenfalls Auszeichnungsschriften am Beginn des 19. Jh. Sie können aber auch in frühen griechischen Inschriften gesehen werden, die ebenfalls den gleichbleibenden Schnurzug und abstrakt geometrische Formen aufweisen. Das Fehlen jeder Art von Serifen und Anstrichen sowie zumeist optisch einheitliche Strichdicke sind ihr Formmerkmal. Serifenlose Schriften wurden im 20. Jh. zuerst als Schriftfamilien mit einer Vielzahl von Varianten, extrem breiten und schmalen Schriften und Kursiven gestaltet, die sich für vielfältige Anwendung eignen.

Ihrem Gestaltungsprinzip nach können drei Gruppen unterschieden werden: die ältere, ursprüngliche Grotesk und die jüngere, geometrische Grotesk sowie die serifenlose Antiqua, deren Grundformen nach historischen Antiquaformen gebildet sind.

Gruppe VII   Antiqua-Varianten

In dieser Gruppe sind alle Schriften zusammengefaßt, die nicht Merkmale der Gruppen I bis VI aufweisen. Es sind individuell geformte Schriften, die unter dem Einfluß von Kunstrichtungen, wie Jugendstil und Pop art, oder nach handschriftlichen, phantasievoll konstruierten und ornamentalen Gestaltungsprinzipien entstanden.

Verzierte Varianten der Gruppen I bis VI, wie umstochene, lichte, konturierte, fletierte, plastische, negative oder Schattenschriften, gehören nicht in diese Gruppe. Sie sind, da sie meist zu einer Schriftfamilie gleichen Stiles gehören, den Gruppen zuzuordnen, deren Formelemente sie eindeutig kennzeichnen.

Gruppe VIII   Lateinische Schreibschriften

Zu den Schreibschriften gehören alle als Drucktypen ausgeführten lateinischen Handschriften. Die Vorbilder gehen bis ins 18. Jh. zurück, sehr persönlich anmutende Schreibschriften entstanden im 20. Jh. Verbindungsstriche zwischen den einzelnen Buchstaben und geschwungene Großbuchstaben finden sich bei vielen dieser Schriften, sie sind aber nicht kennzeichnend. Die Formmerkmale werden deutlich vom Schreibwerkzeug bestimmt, auch gelegentliche Korrekturen verwischen diese nicht. Danach können folgende Untergruppen gekennzeichnet werden: Spitzfederschriften, Breitfederschriften, Schnurzugschriften und Pinselschriften.

Kursive Varianten einer Druckschrift der Gruppen II bis VII sind nicht in die Gruppe »lateinische Schreibschriften« einzuordnen.

2.1.3.4.   Schriftschnitte und Schriftfamilie

Ihren Ausdruckswert erhält eine Druckschrift nicht allein vom Formcharakter der Schriftart; ihre optische Wirkung bestimmt nicht minder der jeweilige Schriftschnitt (leicht, fein, normal, kräftig, halbfett, dreiviertelfett, fett und extrafett). Die differenzierten Variationen von Strichdicke Schräglage und Schriftbreite beruhen auf sorgfältig abgestimmten Zeichnungsvarianten beim Schriftentwurf. Obwohl dieser für Fotosatzschriften nicht mehr materiell durch Stempelschnitt umgesetzt wird, hat sich die Bezeichnung **Schriftschnitt** für die einzelnen Varianten einer Schriftart erhalten.

Als Standard für Werkschriften, die vorwiegend zum Satz von Büchern dienen, gelten seit langem lediglich drei Schriftschnitte. Normale Grundschrift, Kursiv für Auszeichnungen im Text und Halbfett für alle anderen Hervorhebungen. In wissenschaftlichen Werken haben sich interna-

Mager   **Halbfett**
Kursiv   Kapitälchen

2/57. Die gebräuchlichsten Schriftschnitte klassischer Typografie bilden die Grundlage einer **Schriftfamilie**.

tional außerdem Kapitälchen (Versalien in Mittellängenhöhe) zum Hervorheben der Personennamen durchgesetzt. Diese Garnituren einer Schrift, möglichst komplett in den Schriftgrößen 6 bis 48 p, werden als **Schriftfamilie** bezeichnet und sind die gebräuchlichen Schriftschnitte der klassischen Typografie (Bild 2/57).

Um die Textaussage von Anzeigen, Prospekten und Plakaten visuell zu unterstützen, reichen die gebräuchlichen Schriftschnitte meist nicht aus. Der Ausdruck von Druckschriften für Akzidenzen und Werbung wird durch viele Varianten, teils auch verzierte Formen, erheblich erweitert. Die rationale Herstellung von Fotosatzschriften, vor allem durch rechnergestützte Zeichenanlagen, förderte systematisch aufgebaute Schriftserien, die mehr als 20 Schriftschnitte umfassen können. Für stark gemischten, mehrsprachigen oder mathematischen Satz sind griechische und kyrillische Schnitte im Grundschriftcharakter erforderlich. Damit reicht der Begriff Schriftfamilie auch in die Gattung fremder Schriften (Bild 2/58).

Die meisten typografischen Gestaltungsaufgaben lassen sich mit einer Schriftart eindrucksvoll ausführen, wenn die notwendigen Schriftschnitte und -grade verfügbar sind. Mit der Fotosetztechnik wurde das Fehlen geeigneter Schriftgrade gegenstandslos, das im Bleisatz oft durch unvollständig bestückte Garnituren in den Druckereien eintrat. Im Fotosatz werden mehrere oder alle Grade einer Garnitur von einem Schriftträger durch Verkleinern oder Vergrößern gewonnen. Die heute vorhandene Vielfalt an Schriftarten und -schnitten führte zu neuen Gesichtspunkten bei der Wahl der geeigneten Schriften.

2.1.3.5. Schriftwahl und Anmutungsqualität

Eine wesentliche Entscheidung für die Wirkung eines Druckerzeugnisses wird mit der Wahl der Schrift gefällt. Das Schriftbild, insbesondere größere Grade – aber nicht nur diese – strahlen eine nuancenreiche Wirkung aus. Sie wird vom Leser oft unbewußt aufgenommen. Durch sie werden Gedankenverbindungen geweckt und Emotionen ausgelöst, die ästhetisch zu werten sind.

Zunächst sollten technische Forderungen bedacht werden. Nicht alle Schriften eignen sich für die Wiedergabe in jedem Druckverfahren, wie bereits in Abschnitt 2.1.2. ausgeführt. Um bestimmte Ausdruckswerte zu erreichen, kann auch das Setzverfahren entscheidend sein. Die stilgerechte Wiedergabe einer historischen Schrift ist vielfach

2/58. Umfangreiche **Schriftserien** erweitern den Begriff der Schriftfamilie auch auf fremde Schriften, wie Griechisch und Kyrillisch.

Wertungsstufen	1	2	3	4	5	der Schriften
lebendig			+	o		ruhig
leicht		+		o		schwer
erhaben	+			o		gewöhnlich
locker		+		o		steif
fortschrittlich		o	+			traditionell
erregend		+	o			reizlos

2/59. Beispiel für **Psychogramme** von Druckschriften: Garamond, mager +, Maxima halbfett o. Die Adjektivpaare können dem Schriftcharakter angepaßt werden.

von der zeichnerischen Umsetzung in das jeweilige Setzverfahren abhängig.

Als formaler Gesichtspunkt für die Schriftwahl gilt allgemein die Beziehung der Schriftform zum Inhalt des Textes. Sie kann sehr verschiedenartig sein, klar übereinstimmen oder nur andeutend korrespondieren. Es ist möglich, einen Schriftcharakter zu wählen, der dem Text oder dem Autor im Stil verwandt ist, durch die Entstehungszeit verbunden, oder aber den Text zu interpretieren, Aussagen zu unterstützen versucht.

Die Schriftwahl kann auch, sich von solchen Beziehungen distanzierend, allein die Funktion des Druckerzeugnisses berücksichtigen. Dann wird die Schrift nach Alter und Interessen der Leser, nach werblichen, didaktischen oder anderen rezeptiven Forderungen gewählt. Hier sollen keine weiteren Überlegungen dazu folgen. In Abschnitt 5. »Funktionen und Formen« werden an konkreten Beispielen Hinweise darauf gegeben. Der Ausdruckswert einer Schrift ist nicht allein die Quelle der grafischen Wirkung eines Druckerzeugnisses. Sie hängt in gleicher Weise von der typografischen Anordnung ab, die mit dem Formcharakter der Schrift im Einklang stehen soll.

Im Zusammenhang mit der Schriftwahl ist es notwendig, auf die **Anmutungsqualität** der Schriften einzugehen, die nach psychologischen Methoden ermittelt wird. Die Auswahl der Schrift erleichtert die Klassifikation nach acht Gruppen. Innerhalb dieser Gruppen verbleibt für den Ausdruckswert der Schriften ein erheblicher Spielraum. Das vorgestellte Ordnungssystem erweist sich als zu grob, um den emotionellen Gesamtcharakter einer Schrift zu kennzeichnen.

Jede Schrift hat spezielle Formmerkmale, die der Persönlichkeit des Entwerfers entspringen und dem ästhetischen Bewußtsein der Zeit verpflichtet sind. Schriften gleichen Stiles unterscheiden sich durch Wesenszüge, wie nüchtern, streng, elegant oder heiter, zumeist recht erheblich. Diese individuelle Differenzierung verfeinert die vielfältigen Varianten moderner Schriften noch weiter.

Um den ersten Gefühlseindruck, die Anmutung einer Schrift, methodisch zu ermitteln, haben sich Psychologen mit Erfolg bemüht. Die psychologische Wirkung einer Schrift wurde mit gegensätzlichen Adjektivpaaren, wie warm – kalt, weich – herb, alltäglich – kostbar, aktiv – passiv und ähnlichem in mehreren Wertungsstufen beurteilt. Aus dem dabei entstehenden Polaritätsprofil läßt sich die Anmutungsqualität der untersuchten Schrift ableiten. Solche Wertungen haben die Schriftersteller ihren Schriften von jeher mit auf den Weg gegeben. Neuerdings übernehmen Psychogramme diese Aufgabe (Bild 2/59). Sie können für die Schriftwahl nützlich sein, wenn sie nicht ausschließlich nach werblichen Gesichtspunkten entstanden sind.

2.1.3.6. Schriftmischen

Ein wirksames, stark belebendes typografisches Mittel ist das Mischen von Schriften verschiedener Schnitte und Schriftarten. Die sich bietenden Möglichkeiten sind nahezu unerschöpflich, die damit zu erzielenden Effekte können den typografischen Ausdruck in allen Druckerzeugnissen bereichern. Art und Umfang der Mischungen bedürfen allerdings sorgfältiger Überlegungen. Nicht alle Schriftarten vereinigen sich miteinander zu einem guten Gesamteindruck.

Beim Mischen von Schriften aus einer Familie, wie kursiven, fetten und schmalfetten Schnitten einer Schriftart, gibt es keinerlei Bedenken. Ihre Verträglichkeit gewährleisten gleiche Formmerkmale und ihr einheitlicher Charakter. Lediglich der Umfang, das Maß der Schriftmischung, ist zu beachten. Zu viele Varianten einer Schrift verursachen Unruhe im Satzgefüge und können verwirren. Der Leser kann nur eine begrenzte Anzahl deutlich differenzierter Auszeichnungen als Bedeutungsabstufung des Textes aufnehmen.

Werden verschiedene Schriftarten gemischt, so ist auf die Formmerkmale zu achten, nach denen sich die Gruppen der Klassifikation unterscheiden. Das Mischen von Schriften gleicher Gattungsmerkmale wirkt immer fatal, nur kontrastierende Schriftarten sollten gewählt werden. Dabei ist auf die Übereinstimmung des Schriftstiles zu achten; Renaissance-, Barock- und klassizistische Antiquaformen können deshalb nicht untereinander vermischt werden. Das gleiche trifft auf Kursiv und Schreibschriften zu; bei ihnen ist außerdem die gleiche Schräglage ein wichtiges Kriterium für das Mischen.

Neben der Entstehungszeit ist das Gestaltungsprinzip der Schrift ein gutes Hilfsmittel für die Beurteilung der Mischungsmöglichkeiten. Vier Grundarten der Schriftgestaltung sind allgemein zu unterscheiden. Es gibt Schriften, die Breitfederzüge tragen, die aus der Pinseltechnik hervorgingen, die mit der Zeichenfeder (Spitzfeder) oder der Graviernadel entstanden sind. Nach gleichem Gestaltungsprinzip geformte Schriften harmonieren fast immer und ergeben eine gute Schriftmischung, wenn die bereits genannten Einschränkungen hinsichtlich des Stiles berücksichtigt sind.

Schriftmischen

Die sich bietenden Möglichkeiten sind nahezu unerschöpflich, die damit zu erzielenden Effekte bereichern den typografischen Ausdruck. Nicht alle Schriften können miteinander gemischt werden.

SCHRIFTMISCHEN

Die sich bietenden Möglichkeiten sind nahezu unerschöpflich, die damit zu erzielenden Effekte bereichern den typografischen Ausdruck. Nicht alle Schriften können miteinander gemischt werden.

Schriftmischen

Die sich bietenden Möglichkeiten sind nahezu unerschöpflich, die damit zu erzielenden Effekte bereichern den typografischen Ausdruck. Nicht alle Schriften können miteinander gemischt werden.

SCHRIFTMISCHEN

Die sich bietenden Möglichkeiten sind nahezu unerschöpflich, die damit zu erzielenden Effekte bereichern den typografischen Ausdruck. Nicht alle Schriften können miteinander gemischt werden.

2/60. Vier Beispiele von Schriftmischungen. Das erste Beispiel verbietet sich aus stilistischen Gründen, das zweite ist besser. Die dritte Schriftmischung ist wegen der verschiedenen Schräglage der Schriften und der Schriftstile ungeeignet, die vierte hingegen zu empfehlen.

Auf einen effektvollen Kontrast haben die Verhältnisse von Schriftgröße und Tonwerten der verwendeten Schriften großen Einfluß. Starke Differenzierung, besonders bei gegensätzlichen Formelementen (z. B. Renaissance- und Linear-Antiqua), erhöhen den Effekt. Die gegebenen Hinweise können jedoch nur als Richtschnur dienen, nach der Lernende sich orientieren (Bild 2/60). In der Praxis des typografischen Gestaltens, insbesondere der Werbetypografie, erfolgen auch Schriftmischungen, die den aufgezeigten Prinzipien widersprechen, aber in ihrer Wirkung durchaus begründet sein können. Am Schriftmischen ist das sichere Schriftgefühl eines geübten Typografen sehr deutlich zu erkennen.

2.2. Fläche

Die Schrift bedarf eines Beschreibstoffes oder materiellen Trägers, auf dem sie fixiert wird. Eine Fläche, die als Bedruckstoff dient, ist neben der Schrift unentbehrlicher Bestandteil der Typografie. Den Merkmalen dieses zweidimensionalen Gebildes und ihren optischen Erscheinungen im Wahrnehmungsprozeß wollen wir uns im folgenden zuwenden. Kenntnisse darüber sind für die Arbeit des Typografen ebenso wichtig wie über materielle Formen der Bedruckstoffe, die zuvor behandelt werden. Ihre Einflüsse auf das Gestalten und die ästhetische Wirkung ihrer Farbe und Struktur sollen dabei vorrangig sein.

2.2.1. Fläche als Material

Das Papier ist der wichtigste Bedruckstoff. Im einzelnen Blatt oder in der Doppelseite eines Buches findet der Typograf das konkrete Arbeitsmittel Fläche vor. Das Drucken kann neben Papier auch auf Karton, Pappe oder einen völlig anderen Werkstoff erfolgen. Die Bedruckstoffe unterscheiden sich durch flächenbezogene Masse, Dicke, Oberflächenbeschaffenheit, Farbe, Transparenz und Steifigkeit. Diese Eigenschaften haben große technische und wirtschaftliche Bedeutung für das Druckerzeugnis. Sie wirken sich auf Verarbeitung und Preis aus; aber auch die ästhetische Wirkung beeinflussen die Papiereigenschaften erheblich.

2.2.1.1. Eigenschaften von Papier, Karton, Pappe

Papier, Karton und Pappe sind als Werkstoffe prinzipiell gleichartig. Es sind flächige Stoffe, die durch Entwässerung einer Faserstoffaufschwemmung auf einem Sieb gebildet werden. Zur Verbesserung ihrer Eigenschaften sind in die Fasern verschiedene Füllstoffe eingelagert. Nach der Stoffzusammensetzung unterscheidet man **hadernhaltige** (Hadernstoff), **holzfreie** (Zellstoff) und **holzhaltige** (Holzstoff) **Papiere.** Die meisten Papiersorten bestehen aus Stoffmischungen. Reine hadernhaltige Papiere sind am hochwertigsten. Danach folgen holzfreie Papiere, sie dürfen nicht mehr als 5 Prozent Holzstoff enthalten.

Zur Unterscheidung von Papier und Pappe ist die **flächenbezogene Masse** das wichtigste Merkmal. Sie beträgt für Papier im allgemeinen bis 150 g/m^2, sie kann aber auch größer sein. Bei Pappe liegt sie in der Regel über 500 g/m^2, dadurch erhält Pappe besondere Steifigkeit. Karton liegt in der flächenbezogenen Masse zwischen Papier und Pappe, er reicht in beide Gebiete hinein. Karton ist steifer als Papier und wird aus hochwertigeren Rohstoffen hergestellt als Pappe. Die Grenzen zwischen den drei Werkstoffen liegen nicht exakt fest.

Handelsüblich werden Papiere nach der Oberflächenbeschaffenheit und dem Verwendungszweck bezeichnet. **Naturpapiere** sind ohne aufgestrichene Zusatzstoffe gefertigt. Sie können maschinenglatt (ohne Satinage), matt oder scharf satiniert sowie getönt oder durchgefärbt sein. **Gestrichene**

Papiere sind mit Streichmasse in der Regel in besonderen Maschinen oberflächenveredelt. In der Papiermaschine mit geringem Massenauftrag gestrichene Papiere werden als maschinengestrichen oder als Bilderdruckpapiere bezeichnet. **Chromopapiere** sind zumeist einseitig, **Kunstdruckpapiere** zumeist zweiseitig gestrichen; durch Satinage erhalten sie Glätte und Glanz. Es gibt aber auch matte und farbige Kunstdruckpapiere.

Nach ihrer Verwendung werden Papiere für Druck-, Schreib-, Verpackungs-, Ausstattungs- und Sonderzwecke sowie Rohpapiere unterschieden. Die Sorten der Druckpapiere sind nach Druckverfahren gebildet, da diese differenzierte Eigenschaften fordern. Vielfach werden sie auch nach dem Verwendungszweck benannt. Neben Papieren für Offset-, Tief- und Hochdruck gibt es noch Werkdruck-, Illustrationsdruck- und Zeitungsdruckpapiere.

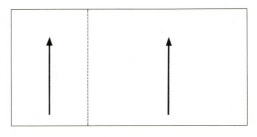

2/61. Je nach der Seite des Bogens, die rechtwinklig zur Laufrichtung (Pfeil) liegt, werden **Schmalbahn** (links) und **Breitbahn** (rechts) unterschieden.

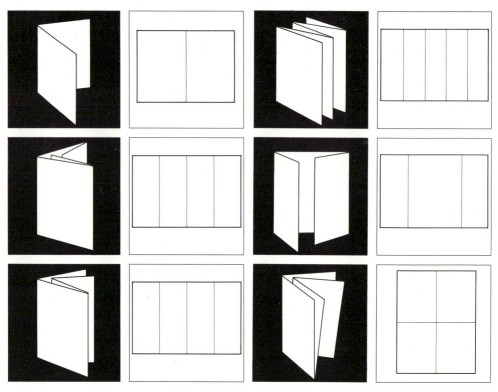

2/62. Die sechs Grundarten des Falzens, die auf Falzmaschinen ausgeführt werden können. Darstellung des gefalzten Bogens (links) und der Brüche auf dem geöffneten Bogen (rechts): **a** Einbruchfalz, **b** Wickelfalz, **c** Parallelfalz, **d** Zickzackfalz (Leporellofalz), **e** Fensterfalz, **f** Kreuzfalz

2/63. Ausschießschema 1 und 2 nach dem Standard TGL 10-012 für 8- und 16seitige Bogen in Schön- und Widerdruck zur Weiterverarbeitung auf Doppelbogenfalzmaschinen im Kreuzbruch. Stellung der Seiten auf dem bedruckten Bogen (punktierte Linie = Trennschnitt in der Falzmaschine, Pfeil = Laufrichtung des Papieres, Winkel = Anlage in der Falzmaschine).
a) 8 Seiten, doppelt gestellt (für doppelte Produktion), oder 2 × 8 Seiten, einfach gestellt.
b) 16 Seiten, doppelt gestellt, oder 2 × 16 Seiten, einfach gestellt

Kartons sind nach dem Fertigungsverfahren in einschichtige und mehrschichtige Sorten zu unterscheiden. In der Oberflächenveredelung gibt es dieselben Möglichkeiten wie beim Papier. Danach sowie nach dem Verwendungszweck sind die Kartonsorten benannt (Chromo-, Kunstdruck-, Umschlag-, Karteikartenkarton).

Die **Laufrichtung** des Papieres ist bei der Verarbeitung unbedingt zu beachten. Bei der Papierherstellung legen sich die Fasern des Papierstoffes in die Flußrichtung der Papierbahn, die auch Maschinenrichtung genannt wird (Bild 2/61). Daraus ergeben sich verschiedene Festigkeitseigenschaften des Papiers in Längs- und Querrichtung. In der Laufrichtung sind die Fasern bereits gestreckt, das Papier hat hier geringere Dehnbarkeit, aber größere Steifigkeit und bietet mechanischer Beanspruchung größeren Widerstand. Quer zur Laufrichtung hat das Papier höhere Quellfähigkeit und größeres Ausdehnungsvermögen. Dies tritt beim Feuchtwerden des Papiers zutage. Damit beim Druck keine Passerschwierigkeiten auftreten, muß die Laufrichtung bei Bogenpapieren gekennzeichnet sein. Liegt sie beispielsweise bei der Buchherstellung nicht parallel zum Bund, so ergeben sich wellige Blätter, das Buch läßt sich schlecht umblättern und spreizt sich beim Schließen. Auch bei einzelnen Blättern sollte die Laufrichtung parallel zur Höhe verlaufen, um die Steifigkeit zu erhöhen. Das trifft besonders für Karteikarten zu, die aufrecht im Kasten stehen sollen. Einbruchfalzungen, besonders von Kartons, sollen parallel zur Laufrichtung erfolgen, damit eine glatte Falzung entsteht und ein Aufbrechen vermieden wird.

Blätter oder **Bogen**, ungefalzt, die ein- oder zweiseitig bedruckt werden, sind häufig der Bedruckstoff. Umfangreiche Druckerzeugnisse haben mehrere Seiten.

Der bedruckte Bogen wird durch ein- oder mehrmaliges Falzen auf das endgültige Format gebracht. Oft sind mehrere, in gleicher Weise gefalzte Bogen notwendig, um den Gesamtumfang zu erreichen.

Falzungen, insbesondere bei größeren Auflagen, erfolgen ausschließlich auf Falzmaschinen. Es ist notwendig, daß der Entwerfer die technisch möglichen Falzarten kennt. Sechs Grundarten sind zu unterscheiden, die auf den Zeichnungen schematisch dargestellt sind (Bilder 2/62a bis f). Die ersten fünf Falzarten werden bei Werbe- und Akzidenzdrucken angewendet. Es ist möglich, durch Varianten, wie Verkürzen einer Seite oder schräges Anschneiden, besondere Falteffekte zu erreichen. Im Kreuzfalz sind die Druckbogen für Bücher, Broschüren und Zeitschriften auszuführen. Je nach Seitenumfang der Bogen (8, 16 oder 32 Seiten) handelt es sich um Zwei-, Drei- oder Vierbruchbogen. Die einzelnen Seiten sind nach festgelegten Ausschießschemen anzuordnen, damit die Seitenfolge nach dem Falzen stimmt. Die Bilder 2/63a und b zeigen standardisierte Beispiele für 8- und 16seitige Bogen. Sollen vom Standard abweichende Falzarten (die mehr als einen Bruch umfassen) ausgeführt werden, so ist zuvor mit der Druckerei Rücksprache zu nehmen.

2.2.1.2. Sonstige Bedruckstoffe

Spezielle Druckerzeugnisse, wie Verpackungen, Buchumschläge und Bucheinbände, erfordern oft eigene Bedruckstoffe. **Plaste** (Kunststoffolien) mit den verschiedensten Eigenschaften sind zuerst zu nennen. Sie können hohe Steifigkeit haben oder flexibel sein; es gibt farbige, undurchsichtige, aber auch glasklare. Ihre Oberfläche kann durch Prägungen verschiedene Strukturen erhalten. Es gibt eine Vielzahl dieser synthetischen Werkstoffe, die hier nicht in Einzelheiten beschrieben werden können.

Als weiterer Bedruckstoff sei aus Cellulose hergestellte **Klarsichtfolie** aufgeführt, die unter verschiedenen Namen gehandelt wird (Zellglas, Cellophan, Wilaphan). Als transparenter Überzug oder Umschlag bei Büchern oder Verpackungen kann sie besondere Wirkung erzielen.

Auch **beschichtete** und **kaschierte Werkstoffe** kommen in Frage. Plastbeschichtete Papiere, mit Gewebe oder Leder bezogene Kartons oder Pappen können in Sonderfällen (Einbände, Mappen, Packungen) als Material dienen. Der Gestalter berät sich vor der Arbeit am Entwurf über die materialtechnischen Möglichkeiten (Bedruckbarkeit, Farben usw.) mit den jeweiligen Fachleuten, um sicher zu sein, daß seine Absichten auch ausgeführt werden können.

2.2.1.3. Materialeigenschaften als Wirkungskomponenten

Jedes Druckerzeugnis wird in seiner ästhetischen Wirkung von der Oberflächenstruktur und Farbe des jeweiligen Bedruckstoffs beeinflußt. Wie bereits in Abschnitt 1.5. erwähnt, ist die Beschaffenheit des Bedruckstoffes ein nicht zu unterschätzender Faktor guter **Lesebedingungen.** Maschinenglatte Werkdruckpapiere gewährleisten bessere Lesbarkeit der Schrift als glänzende Kunstdruckpapiere. Das gilt besonders für zarte Schriften und solche mit feinen Haarstrichen. Leicht getöntes Papier ist guter Lesbarkeit dienlicher als hochweißes Druckpapier.

Farbige Papiere und Kartons können als Gestaltungsmittel innerhalb eines Buches oder Kataloges angewendet werden, desgleichen auch **rauhe oder glatte Papiere.** Durch verschiedene Tonwerte oder andersgeartete Strukturen sind Gliederungen auffallend darzustellen. Damit werden Effekte erreicht, die nicht nur visuell, sondern auch haptisch (durch Tasten) wahrnehmbar sind. Bei farbigen Papieren sind durchgefärbte zu bevorzugen. Durch aufgedruckte Farbflächen verändert sich die Papierstruktur; es besteht die Möglichkeit, einseitig farbige Papiere zu gewinnen, wie sie für Vorsätze oder Faltprospekte erwünscht sein können.

Geprägte Bedruckstoffe können eine wirkungsvolle Gestaltungskomponente sein. Ihre reliefartigen Oberflächen erschweren je nach Struktur mehr oder weniger die Bedruckbarkeit. Zumeist sind hierzu entsprechende Schriften hinsichtlich Größe und Zeichnung erforderlich. Im indirekten Druck des Offsetverfahrens sind solche Papiere und Kartons am besten zu bedrucken.

Durch **Blindprägen, Ausstanzen und Applizieren** von Schriften sind Licht-und-Schatten-Effekte zu erreichen. Ihre Plastizität kann durch Farben unterstützt und gesteigert werden. Schrift und Schriftträger bestehen hierbei aus gleichem Material. Blindprägen und Ausstanzen ist mit allen Werkstoffen möglich, die genügend Festigkeit aufweisen. Das Applizieren durch Verschweißen von zwei zumeist verschiedenfarbigen Werkstoffen ergibt speziell bei Plasten (Kunststoffen) materialgerechte starke Wirkungen.

2.2.2. Flächengestaltung und Wahrnehmungsprozeß

Die Fläche ist nicht nur materieller Träger der Schrift, sondern auch eine geometrisch-optische Erscheinung visueller Wahrnehmung. Der Mensch verarbeitet die optischen Reize im Sehprozeß nach Gesetzmäßigkeiten weiter, die sich auf die Funktion unseres Sehapparates und die physischen Vorgänge des Erkenntnisaktes gründen.

2/64. Erzeugen einer Gestalt durch starkes Markieren der Eckpunkte (ausgezeichnete Orte) ohne Kontur (nach Kanisza). Unterbrechungen können die prägnante Gestalt des Dreiecks nicht stören.

Es sollen hier allgemeine Grundtatsachen behandelt werden, die auf jede Art der Gestaltung Einfluß haben. Neben der Ganzheitlichkeit der Wahrnehmung, der Einheit von Analyse und Synthese bei der Aneignung der Realität, sind dies die Merkmale der Gestaltfaktoren und die geometrisch-optischen Täuschungen. Von allgemeiner Darstellung ausgehend, soll anhand von Beispielen ihre Bedeutung für die Typografie erläutert werden.

2.2.2.1. Figur-Grund-Gliederung

Wahrnehmung ist nicht einfach die Summe von Empfindungen, sondern ein ganzheitlicher Prozeß. Alle Reizgegebenheiten werden zu einem Ganzen zusammengeschlossen, dessen einzelne Teile voneinander abhängig sind. Wird ein Teil aus dem Gesichtsfeld entfernt, verändert sich der optische Gesamteindruck grundlegend.

Im Wahrnehmungserlebnis erfolgt eine optische Trennung des ins Auge gefaßten Gegenstandes (Wahrnehmungsgebildes) von seinem Umfeld (Grund). Während der Grund in der Regel unbegrenzt ist, weist

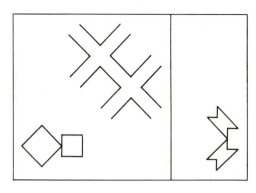

Als **Prägnanz** ist ein übergeordnetes Prinzip für die qualitative Erfassung von Gesetzmäßigkeiten einer herausgehobenen Gestalt zu verstehen. Prägnante Gestalten entstehen durch das Vorhandensein ausgezeichneter kritischer Orte einer Konfiguration und deren Beziehungen zueinander. Ausgezeichnete Orte sind Punkte des Richtungs- oder Krümmungswechsels sowie Strecken, auf denen sich der Kurvenverlauf ändert. Sie fungieren als hauptsächliche Informationsträger (Bild 2/64). Da angenommen wird, daß die Vorverarbeitung dieser Informationen durch Redundanzausnutzung erfolgt, sind einfache, geschlossene Form- und Figurmerkmale für starke, prägnante Gestalten kennzeichnend (Bild 2/65).

2.2.2.2. Wirkungen der Gestaltfaktoren

Die Bedingungen, die das Ausbilden der Gestalt beeinflussen, werden Gestaltfaktoren genannt. Diese phänomologischen Einheiten der Wahrnehmung treten in der Praxis selten eindeutig oder einzeln auf, sondern fast immer im Zusammenhang mit anderen Erscheinungen. Um über ihre Wirkungen Klarheit zu gewinnen, ist es notwendig, sie in einfacher Form isoliert darzustellen. Als wesentlichste Faktoren, die auch für die Typografie wichtig sind, gelten die folgenden:

Gleichheit. Sind unter einer Anzahl verschiedenartiger Figuren zwei oder mehrere gleichartig, so schließen sich diese – selbst über größere Zwischenräume und andere Figuren hinweg – zu Gruppen zusammen. Die Gleichheit kann dabei in der Größe, der Form oder dem Tonwert bestehen. Besonders wirksam ist die Gleichheit der Farbe (Bilder 2/66 bis 2/68).

Geschlossenheit. Durch geschlossene Linien gebildete Figuren, wie Quadrate, Dreiecke, Kreise, Kreuze u. a., treten stärker hervor als offene. Diese prägnanten Gestalten unterscheiden sich auch dann

2/65. Das Flächenmuster (unten) ist aus durchlaufenden Streifen und Quadraten gebildet. Beide sind die prägnanten Gestalten (oben, links), die sofort hervortreten. Nicht sofort werden die komplizierten Gestalten (oben, rechts) wahrgenommen, die auch zum Flächenmuster gehören (nach BOSSARD).

das Wahrnehmungsgebilde eine begrenzte Form auf. In der Psychologie werden drei Merkmale der Erscheinungsweise eines Wahrnehmungsgebildes unterschieden: **Form** bezeichnet die äußere Begrenzung und deren Eigenschaften, **Figur** die Abgehobenheit gegenüber dem **Grund**. Im Begriff **Gestalt** sind die Form- und Figureigenschaften zusammengefaßt, die das Wahrnehmungsgebilde gegenüber anderen abgrenzen und hervorheben.

OOOOOOOOOOOOOOOOOOOOOOOO
OOOOOOOOOOOOOOOOOOOOOOOO
OOHHHHHOOHHHHHOOHHHHHOO
OOHHHHHOOHHHHHOOHHHHHOO
OOHHHHHOOHHHHHOOHHHHHOO
OOHHHHHOOHHHHHOOHHHHHOO
OOOOOOOOOOOOOOOOOOOOOOOO
OOOOOOOOOOOOOOOOOOOOOOOO
OOOOOOOOOOOOOOOOOOOOOOOO
OOOOOOOOOOOOOOOOOOOOOOOO
OOHHHHHOOHHHHHOOHHHHHOO
OOHHHHHOOHHHHHOOHHHHHOO
OOHHHHHOOHHHHHOOHHHHHOO
OOHHHHHOOHHHHHOOHHHHHOO
OOOOOOOOOOOOOOOOOOOOOOOO
OOOOOOOOOOOOOOOOOOOOOOOO

2/66. Die fetten Linien treten aufgrund ihrer Gleichheit aus der Liniengruppe hervor und bilden eine eigene Ordnung.

2/67. Eine aus zwei Figuren, den Buchstaben H und O, gebildete Gruppierung, in der sich die gleichen Figuren jeweils zu Gruppen zusammenschließen.

35 PASSER, DELICIAE MEAE PUELLAE,
Spätzchen, bist der Geliebten Zeitvertreib, ihr

QUICUM LUDERE, QUEM IN SINU TENERE,
muntres Spielzeug, das zwischen zarten Brüsten

CUI PRIMUM DIGITUM DARE ADPETENTI
nistet. Wenn du heranstürmst, necken dich die

ET ACRIS SOLET INCITARE MORSUS,
Fingerspitzen und locken deines Schnabels

CUM DESIDERIO MEO NITENTI
scharfe Hiebe und Bisse. Meiner Sehnsucht

KARUM NESCIOQUID LIBET IOCARI
Freundin kostet von solchen Scherzen gern, um

ET SOLACIOLUM SUI DOLORIS –
Trost zu finden. So lernt ein Übermaß an

CREDO, TUM GRAVIS ACQUIESCET ARDOR:
Wünschen warten, bis uns die Stunde wieder

TECUM LUDERE SICUT IPSA POSSEM
vereint. Könnte auch ich mit dir so spielen

ET TRISTIS ANIMI LEVARE CURAS!
und vergessen der Trennung schweren Kummer!

2/68. Beispiel der Wirkung des Gestaltfaktors Gleichheit in der zweisprachigen Ausgabe eines Gedichtes von Catull. Die in Farbe und Schrift gleichen Zeilen verbinden sich zum fortlaufenden Text (Gestaltung VOLKER KÜSTER).

2.2. Fläche

2/69 und 2/70. Die Bandwirkung der unverbundenen vertikalen Linien wird durch die mit horizontalen Linien geschlossene Fläche aufgehoben.

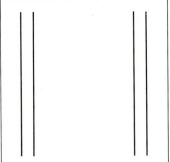 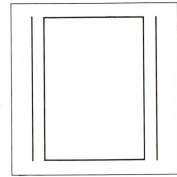

2/71. Die geschlossene Figur des Rechteckes bleibt auch bei einer Überschneidung erhalten.

2/72. Die prägnante Figur des Kreises tritt trotz der starken Unterbrechung klar hervor.

 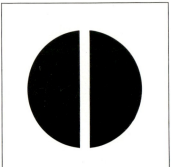

2/73. Beispiel der Wirkung des Gestaltfaktors Geschlossenheit an einem Signet der Praxis (Erdölraffinerie Petrolchemie Polen, Entwurf JESZY CHERKA). Die in Streifen zerlegten, verschlungenen Kreise bleiben als Gestalt erhalten.

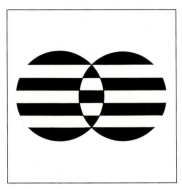

2/74 und 2/75. Die vertikal oder horizontal näher aneinander stehenden Punkte schließen sich in der jeweiligen Richtung zusammen.

2/76. Die näher aneinander stehenden Linien bilden Bänder und heben sich vom Grund ab (vgl. Bilder 2/69 und 2/70).

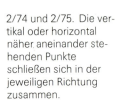
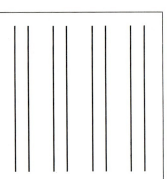 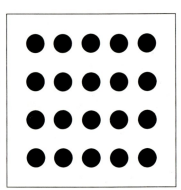

78   2. Elementare Gestaltungsmittel

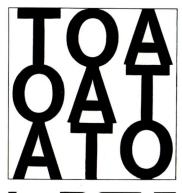

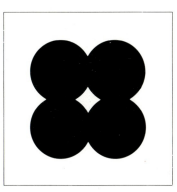

IMSCHILDEFÜHREN

IM SCHILDE FÜHREN

2/77. Die Nähe wird beim Ausschließen der Zeile als Gestaltfaktor genutzt. Angemessene Wortzwischenräume verhelfen zu gut lesbaren Wörtern, ohne die Bandwirkung der Zeile zu zerstören.

2/78 und 2/79. Die symmetrischen Figuren, die aus drei übereinandergestellten Buchstaben gebildet sind, treten positiv wie negativ als auf eine Achse bezogene Figur hervor.

2/80. Punktsymmetrische Figuren haben hohe Prägnanz.

2/81. Beispiel der Wirkung des Gestaltfaktors Symmetrie in der Praxis. Das horizontal und vertikal achssymmetrische iba-Signet ist sehr einprägsam. Die im Original farbige Gestaltung eines Elementes stört die Symmetrie nicht (Entwurf GERT WUNDERLICH).

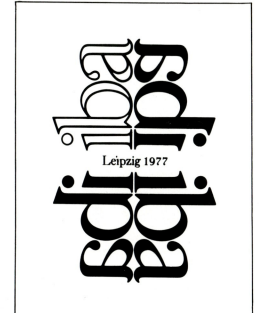

2/82. Buchstaben aus einer konturlosen Schattenschrift. Die Schriftzeichen werden von Personen sofort erkannt, die mit Buchstabenformen gut vertraut sind.

2.2. Fläche 79

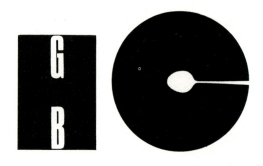

2/83. Die Buchstabenformen entstehen allein durch die schwarzen Zwischenräume (Gegenformen). Erfahrung läßt uns die Schriftzeichen erkennen. Dabei wirken auch andere Gestaltfaktoren, wie Geschlossenheit der Buchstabenformen, mit.

2/84 und 2/85. Zwei Beispiele für die Wirkung des Gestaltfaktors Erfahrung bei Buchstabensignets. Signet der Hochschule für Grafik und Buchkunst (Gestaltung Walter Schiller), Signet Speisegaststätte »Casino«, Schwerin (Gestaltung Heinz Kippnick)

noch deutlich von ihrer Umgebung, wenn sie nicht ganz geschlossen sind (Bilder 2/69 bis 2/73).

Nähe. Elemente, auch solche mit verschiedenartigen Formen, die den geringsten Abstand voneinander haben, werden zu Gruppen zusammengefaßt (Bilder 2/74 bis 2/77). Diese Erscheinung wird allerdings von dem Faktor Geschlossenheit aufgehoben (vgl. Bilder 2/69 bis 2/70).

Symmetrie. Die auf eine vertikale Achse bezogene Symmetrie ist eine der wirkungsvollsten Gestalten. Achsen- oder punktsymmetrische Formen haben hohe Prägnanz (Bilder 2/78 bis 2/81).

Erfahrung. Durch Erfahrung werden die kritischen Formmerkmale einer bestimmten Menge von Figuren und Zeichen erlernt. Sie treten selbst dann hervor, wenn sie nur unvollständig oder verzerrt wiedergegeben werden. Da die optischen Erfahrungen individuell verschieden sind, ist das Erkennen veränderter Gestalten vom täglichen Umgang mit ihnen und persönlichen Interessen abhängig (Bilder 2/82 bis 2/85).

2.2.2.3. Optische Täuschungen

Der Sehapparat des Menschen ist mit Mängeln behaftet, die bei geometrisch exakten Formen zu falschen optischen Eindrücken führen. Viele dieser optischen Täuschungen wirken sich auch bei der Gestaltung von Schriften und in der Typografie aus. Sie müssen bekannt sein, und es ist ihnen entgegenzuwirken, um eine gute Formgestaltung zu erreichen. Entscheidend für die Formqualität sind die von unseren Augen als richtig empfundenen Verhältnisse, nicht die objektiv meßbaren. Die wichtigsten optischen Täuschungen sind:

Irradiation (Überstrahlung) heißt ein Phänomen, das helle Gegenstände auf dunklem Grund größer erscheinen läßt. Infolge der Aberrationsstreuung wird die Begrenzung der hellen Fläche gegen den dunklen Grund gleichsam verschoben. Steht ein weißer Kreis auf schwarzem Grund, so wird er stets größer wahrgenommen als ein gleichgroßer schwarzer Kreis auf weißem Grund. Die gleiche Ursache läßt eine negative Schriftzeile oder Linie größer und kräftiger erscheinen als eine positive gleichgroße Zeile oder Linie (Bilder 2/86 bis 2/91). Allerdings sind bei normaler Beleuchtung dunkle Buchstaben auf hellem Grund leichter lesbar als helle Zeichen auf dunklem Grund.

Kontrast- oder Ausgleichstäuschungen verursachen Irrtümer in der Beurteilung von Größenverhältnissen. Die scheinbare Größe einer Figur, die wir wahrnehmen, hängt neben anderen Faktoren vor allem von dem Umfeld ab, in dem sie steht. Eine Figur erscheint auf einem kleineren Grund größer als auf einem größeren Grund. Durch jede Unterteilung einer Strecke wird ein umgebender Hintergrund geschaffen, auf den die einzelnen Teile bezogen werden. Eine mehrfach geteilte Strecke wirkt größer als eine ungeteilte (Bilder 2/92 bis 2/97). Gleichgroße typografische Elemente, einzelne Buchstaben oder Signets verändern ihre scheinbare Größe entgegengesetzt der Größe der sie umgebenden Elemente.

In diese Gruppe der optischen Täuschungen gehört auch die unterschiedliche Wirkung geometrisch verschiedenartiger, aber in der Höhe gleichgroßer Figuren. Ein Rechteck, das eine Begrenzungslinie mit der ganzen Seitenlänge berührt, wirkt größer als

2/86 bis 2/89. Helle oder weiße Figuren erscheinen durch Überstrahlung auf dunklem Grund größer als dunkle oder schwarze auf hellem Grund (Irradiation). Der weiße Kreis wird ebenso wie der weiße Strich größer wahrgenommen als die gleichen Figuren in Schwarz.

2/90 und 2/91. Irradiation läßt auch eine lichte Schriftform oder eine negative Schrift größer als gleichgroße positive Schrift erscheinen.

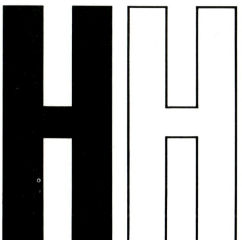

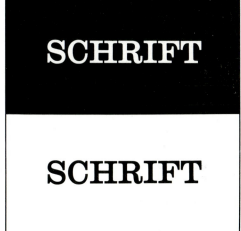

2.2. Fläche 81

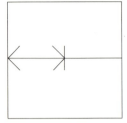 

2/92 bis 2/97. Angleichstäuschungen verursachen Irrtümer in der Beurteilung von Größenverhältnissen. Der von kleinen Kreisen umgebene Kreis wirkt größer als der von größeren Kreisen eingeschlossene (2/92 und 2/93). Die enge Umrahmung einer Figur vergrößert diese, eine weite läßt sie kleiner erscheinen (2/94 und 2/95). Eine markierte oder mehrfach geteilte Strecke wirkt größer als eine ungeteilte (2/96 und 2/97).

2/98. Für die Größenwirkung geometrisch verschiedener Figuren ist entscheidend, wie sie eine Begrenzungslinie berühren. Die Buchstaben werden deshalb je nach ihrer Grundform größer gezeichnet, um optisch gleich groß zu erscheinen.

ein Dreieck oder ein Kreis, die diese Linie nur in einem Punkt erreichen. Bei der Gestaltung von Schriften muß diese Täuschung ausgeglichen werden, damit alle Buchstaben optisch gleichgroß erscheinen (Bilder 2/98 bis 2/99).

Eine andere Täuschung entsteht beim Übergang von einer geraden Linie in eine Kreislinie. Dieser Übergang – auch der von einer Kreislinie in eine entgegengesetzte Kreislinie – wird als Knick wahrgenommen. Beim Gestalten von Schriften sind diese Übergänge optisch auszugleichen (Bild 2/100).

Überbewertung vertikaler Linien entsteht durch die größere Sehschärfe in horizontaler Richtung, über die der Mensch aufgrund seines Sehapparates verfügt. Diese Überbewertung ist die Ursache dafür, daß uns geometrisch exakte Quadrate zu niedrig erscheinen und bei geometrisch genauer Querteilung die untere Hälfte stets kleiner wirkt. Die optische Mitte liegt etwas über der geometrischen Mitte. Aus dem gleichen Grund erscheint auch eine waagerechte Linie kürzer und dicker als eine gleichdicke und gleichlange senkrechte Linie (Bilder 2/101 bis 2/104).

An den hier angeführten Täuschungen wird die dialektische Einheit des Ganzen und der Teile sichtbar, die ein wesentliches Merkmal der Wahrnehmung darstellt. Die ästhetischen Besonderheiten, die mit dem hier Ausgeführten eng verknüpft sind, werden in Abschnitt 4. Gestaltungsprinzipien behandelt.

2/99. Die Scheinwirkungen, die durch die verschiedenen Grundformen der Buchstaben entstehen, sind beim Setzen, insbesondere der Versalien, auszugleichen.

2/100. Der Übergang einer geraden Linie in eine Kreislinie wird als Knick wahrgenommen, diese optische Täuschung ist vom Schriftgestalter auszugleichen.

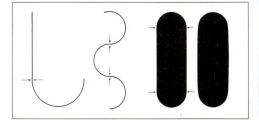

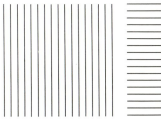 

2/101 und 2/102. Durch Überbewertung vertikaler Linien erscheint das senkrecht schraffierte Quadrat höher und das waagerecht schraffierte breiter.

2/103 und 2/104. Die optische Mitte liegt stets etwas über der geometrischen Mitte.

2.2. Fläche

3. Ergänzende Gestaltungsmittel

Zum Festhalten
des Gedankens,
zur Vermittlung der Aussage
genügen seit langem schon
die Alphabet-Zeichen
nicht mehr allein.
Orientierung und Kommunikation
sind heute unmöglich
ohne Schemata, Zeichen
und Signale.

Adrian Frutiger

Beim typografischen Gestalten ist es oft notwendig, das schwarzweiße Schriftbild auf der Fläche durch weitere Gestaltungsmittel, wie Farbe, Linien und Schmuck oder auch Bilder, zu ergänzen, um die Wirkung zu verstärken oder die Form zu verbessern. Diese ergänzenden Gestaltungsmittel unterscheiden sich erheblich. Farbige Ausführung und Hinzufügen von Ornamenten entscheidet der Typograf; Bilder hingegen sind fast immer gegebene Elemente, die beim Entwurf berücksichtigt werden müssen. Sowohl als Zeichnung wie auch als Foto erhöhen Bilder den Informationswert von Druckerzeugnissen immer häufiger. Durch Farbe und geeigneten Schmuck wird die Typografie heute vielfältig bereichert. Deshalb ist es erforderlich, Besonderheiten der wichtigsten ergänzenden Gestaltungselemente der Typografie darzulegen, die bei ihrem Gebrauch zu beachten sind.

3.1. Farbe

Die Typografie bedient sich vorrangig der Form als Ausdrucksmittel. Die bunten Farben haben in der Entwicklung der Typografie keine entscheidende Rolle gespielt, obwohl sie bereits in den Frühdrucken angewendet wurden. Im wesentlichen tragen die bunten Farben in der Typografie zur Auszeichnung und Gliederung des Textes bei. Darüber hinaus wirken sie als belebendes und schmückendes Element. Ohne Zweifel gehört die Farbe zu den eindrucksvollsten Gestaltungsmitteln der Typografie.

3.1.1. Farbentheorie

Wahrnehmung und Wirkung der Farben sind Gegenstand der Farbenlehre, deren wissenschaftliche Grundlagen der Physik, Psychologie und Physiologie entstammen. Es gibt vielerlei Farbenordnungen, die von verschiedenen Gesichtspunkten ausgehen. Uns genügt eine Gliederung in drei Hauptgruppen, auf die sich auch die meisten Farbentheorien gründen. Es sind dies:

1. **unbunte Farben** von Schwarz bis Weiß, die in einer Grauskala abgestuft geordnet werden. Diese Grauskala kann zugleich Maßstab für die Helligkeit der Farben sein (Bild 3/1).

2. **bunte reine (gesättigte) Farben**, die nach ihrem Farbton in einem Kreis geordnet werden. Der hellste Ton dieses Farbtonkreises ist Gelb, der dunkelste Blauviolett. Beide stehen sich unabhängig von der Anzahl der Farbtöne im Farbtonkreis gegenüber. Werden beide Punkte des Kreises verbunden, so wird der Farbtonkreis in eine warme und eine kalte Hälfte geteilt. Der wärmste Ton ist Rot, ihm steht Hellblau, der kälteste Ton, gegenüber. Durch Verbinden dieser beiden Punkte wird der Farbtonkreis in eine helle und eine dunkle Hälfte getrennt. So vermittelt die Ordnung des Farbtonkreises zugleich wichtige Empfindungsgegensätze: Hell und Dunkel sowie Warm und Kalt (Bild 3/2).

3. **bunte Mischfarben**, die mit Weiß aufgehellt oder mit Schwarz gedunkelt sowie alle durch Mischen mit anderen Farben entstandenen Farbtöne.

In der Typografie sind die einfachsten und vorherrschenden Komponenten farbigen Gestaltens die schwarze Schrift (Figur) und das weiße Papier (Grund). Wobei beide Farben nie rein erscheinen werden, sondern immer eine bestimmte Tönung haben. Das Weiß des Papieres ist von der Stoffzusammensetzung und der Umgebung abhängig. Ebenso erscheint das Schwarz je nach Schriftart und -größe in verschiedenen Abstufungen von Grau bis gebrochenem Schwarz. Beide Komponenten können natürlich auch eine Farbe der drei genannten Gruppen haben, die durch Kontraste aufeinander einwirken. Der Kontrast hat für das farbige Gestalten besondere Bedeutung, er verstärkt den Ausdruck jeder Farbe und verändert ihren Tonwert.

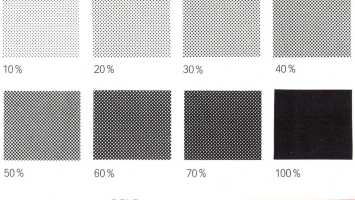

3/1. Grauskala in Schwarzweißraster (24 Linien/cm). Sie kann Maßstab für die Helligkeit der Farben sein (Angaben in Prozent).

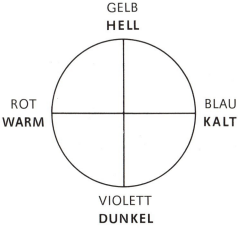

3/2. Schema des Farbkreises mit den sich gegenüberstehenden Empfindungsgegensätzen Hell und Dunkel sowie Warm und Kalt

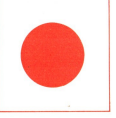

3/3. Beispiel für Simultankontrast. An der Grenze des weißen Punktes erscheint dieser heller, die rote Fläche intensiver.

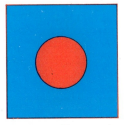

3/4. Beispiel für Sukzessivkontrast. Die weiße Umgebung des roten Punktes erscheint leicht grünlich.

3/5. Beispiel für Komplementärkontrast. Zu den vertrautesten komplementären Farbenpaaren gehören Rot und Türkis.

Aus der Farbentheorie sind die Wirkungsweisen des Simultan-, des Sukzessiv- und des Komplementärkontrastes für das typografische Gestalten von Interesse.

Der **Simultankontrast** verändert direkt den Farbeindruck durch die jeweilige Nachbarfarbe. Die Farben werden stets in der Richtung ihres größten Gegensatzes beeinflußt; Ton, Helligkeit und Sättigung scheinen verändert. Steht beispielsweise eine weiße Fläche in einer roten, so erscheint an der Grenze der beiden Flächen die rote intensiver und dunkler, die weiße aber heller (Bild 3/3).

3.1. Farbe

Der **Sukzessivkontrast** ist ein Nachkontrast. Der Gesichtssinn hat die Neigung, zu jeder Farbempfindung die Gegenfarbe hervorzubringen. So erzeugt jede Farbe ein ihr komplementäres Nachbild. Es entstehen Scheinfarben: die weiße Umgebung einer roten Fläche erscheint beispielsweise grünlich (Bild 3/4).

Der **Komplementärkontrast** vereint die beiden bereits genannten Kontraste. Komplementäre Farben (Ergänzungsfarben) sind die sich im Farbtonkreis gegenüberliegenden. Bei der additiven Mischung der Lichtfarben ergeben Komplementärfarben Weiß. Die vertrautesten komplementären Farbenpaare sind: Gelb und Violett, Orange und Blau, Rot und Türkis (Bild 3/5), Purpur und Grün.

Der komplementäre Farbenkontrast wird sehr oft als das sichere Mittel für wirkungsvolle Farbgestaltung angesehen, obwohl typografische Arbeiten in zwei Buntfarben selten sind. Die Komplementärkontraste haben für unser Auge etwas Scharfes und Hartes. Die Heftigkeit dieses Kontrastes wird selten angemessen sein. Die Farbwirkung läßt sich durch gebrochene Farbtöne harmonischer gestalten. Insbesondere sind die vier Gestaltungskontraste zu beachten, um zu guten Farbwirkungen zu kommen.

3.1.2. Kontraste und ihre Wirkungen

Mengenkontrast. In den weitaus häufigsten Fällen wird zweifarbiger Druck mit Schwarz und einer bunten Farbe erfolgen. Schwarz ist in der Regel die Grundfarbe, dagegen stehen hellere, leuchtende Farbtöne als Auszeichnungsfarbe. Die belebende und überraschende Wirkung der Auszeichnungsfarbe wird um so größer sein, je sparsamer sie angewendet wird (Bilder 3/6 bis 3/8). Der Effekt einer kleinen Menge Rot eines Initials wird durch die große Graufläche der Kolumne erhöht (Bild 3/9). Schon in den einfachsten Satzarbeiten können Mengenkontraste zur Gliederung oder als Schmuck angewendet werden. Beim Druck mit zwei bunten Farben ist besonders auf das richtige Mengenverhältnis zu achten, da sonst leicht ein bunter Eindruck hervorgerufen werden kann.

Hell-Dunkel-Kontrast. Jedes schwarz gedruckte Zeichen und jede Textfläche stehen in einer Hell-Dunkel-Beziehung zum Weiß des Papieres. Die schwarze Schrift, vor allem in kleineren mageren Schriften, wirkt nicht tiefschwarz, sondern mischt sich mit dem Papierweiß zu einem Grau. Je kleiner und zarter die Schrift ist, desto heller ist die Grauwirkung (Bild 3/10). Je dunkler die Textfläche ist, um so heller erscheint das Papier. Werden zwei bunte Farben angewendet, so sollten sie im Hell-Dunkel-Verhältnis klar und deutlich abgestuft sein, um eine entschiedene Farbwirkung zu erreichen, wie sie aus Schwarz mit einer bunten Farbe entsteht (Bilder 3/11 und 3/12).

Die dunkelsten bunten reinen Farben sind Rot, Blau und Violett; Gelb, Gelbgrün und Orange sind die hellsten. Durch Mischung mit Weiß ist eine Aufhellung möglich. Helle Farben sind für den Druck kleiner Schriftgrade auf weißem Papier ungeeignet. Der Kontrast zum hellen Hintergrund ist zu gering, die Lesbarkeit wird deshalb erheblich erschwert.

Warm-Kalt-Kontrast. Zu den warmen Farben werden gelbliches Grün, reines Gelb, Orange, Zinnober und reines Rot gerechnet. Als kalte Farben gelten die blauen Farbtöne, die auf der anderen Hälfte des Farbtonkreises stehen. Bei der Anwendung des Warm-Kalt-Kontrastes ist zu berücksichtigen, daß warme Farben unabhängig von der Menge die kalten übertönen und sich nach vorn zu drängen scheinen (Bild 3/13). Es ist deshalb auch die Hell-Dunkel-Wirkung der kalten und warmen

Rechte Seite:
3/6. Der Buchtitel zeigt einen entschiedenen Kontrast zwischen Schwarz und Rot als Auszeichnungsfarbe für die Titelzeile, die etwas größer gesetzt ist (Gestaltung HERMANN ZAPF).

3. Ergänzende Gestaltungsmittel

OLDŘICH MENHART

ABENDGESPRÄCHE

DES BÜCHERFREUNDES

RUBRICIUS

UND DES BUCHDRUCKERS

TYMPANUS

Aus dem Tschechischen übertragen

von Otto F. Babler

FRANKFURT AM MAIN

MCMLVIII

3/7. Das alleinige Hervorheben des Gleichheitszeichens durch Rot steigert dessen Bedeutung und bestimmt die Aussage und Wirkung des von Schwarz beherrschten Plakates (Gestaltung GERT WUNDERLICH).

Farben zu beachten. Durch tiefes Blau in größerer Menge wird Gelb in seinem strahlenden Effekt erhöht. Karmin und Grün gelten weder als warm noch kalt. Sie bilden kontrastlos ein Farbengleichgewicht. Als Figur- und Grundfarben verwendet, erfordern Karmin und Grün eine deutliche Hell-Dunkel-Abstufung, um zu kontrastieren. Wird dies nicht beachtet, entsteht beim Betrachter ein Flimmern, das aber auch bewußt als Effekt angewendet werden kann.

Leuchtend-Stumpf-Kontrast. Jede Farbe kann in Abstufungen gebrochen, gedunkelt oder getrübt werden, sie wirkt dann stumpf. Bunte reine Farben werden am besten durch Mischen mit ihrer Komplementärfarbe gebrochen. Durch das Mischen mit Schwarz kann eine Farbe gedunkelt, mit Grau getrübt werden. Reine Farben gewinnen neben stumpfen Farben an Leuchtkraft. Doch nicht allein die bunten Farben werden durch die gegenübergestellten stumpfen Töne gesteigert, auch diese erhalten durch den Kontrast entschiedeneren Charakter (Bild 3/14). In der Umgebung von Grau werden alle bunten Farben am wenigsten in ihrer Farbwirkung beeinflußt. Als getrübte Farbe ist auch das Grau einer Satzfläche zu verstehen, das je nach Durchschuß und Schriftschnitt mannigfaltig abgestuft werden kann. Ebenso erscheinen alle stark holzhaltigen Papiere als gebrochenes Gelb und nicht als Weiß.

3/9. Anfangsseite mit farbigem Initial, dessen Wirkung die große Graufläche der Kolumne erhöht (Gestaltung HORST ERICH WOLTER).

3. Ergänzende Gestaltungsmittel

3/8. Auf dem Titel ist Schwarz die dominierende Farbe. Durch den starken Kontrast der verschiedenen Texte in Farbe und Schriftgröße schließen sich diese besser zusammen (Gestaltung Jan Tschichold).

3/10. Hell-Dunkel-Kontrast am Beispiel der Beziehung von Schriftgröße und -schnitt zum Weiß des Papieres

Hell · Dunkel
Hell · Dunkel
Hell · Dunkel
Hell · Dunkel
Hell · Dunkel
Hell · Dunkel
Hell · Dunkel
Hell · Dunkel

Farbe
Farbe
Farbe
Farbe
Farbe
Farbe
Farbe
Farbe
Farbe

3.1. Farbe

3/11. Schwarz tritt bei dieser Titelgestaltung in einem Schriftgrad stärker hervor als Rot, das gliedernd ein sorgfältig erwogenes Gleichgewicht ergibt (Gestaltung HERMANN ZAPF).

3/12. Die Bemerkungen zu den Auftritten in der helleren Farbe Rot unterstützen die Gliederung des Dramas und treten gegenüber den Versen zurück (Gestaltung JAN TSCHICHOLD).

3. Ergänzende Gestaltungsmittel

Linke Seite:
3/14. Durch den Überdruck schwarzen Rasters (20%) auf blaue Vollfläche wird ein stumpfer Farbton erreicht. Die ausgesparte Linie gewinnt an Leuchtkraft. Der Buchumschlag für eine mehrbändige Ausgabe ist im Original schwarz und olivgrün (Gestaltung WERNER SROKA).

3/13. Beispiel für Warm-Kalt-Kontrast. Das warme Rot des Zeitschriftentitels übertönt das vorherrschende Blau und scheint sich nach vorn zu drängen (Gestaltung ZBYNĚK WEINFURTER).

3.1.3. Farbe und Drucktechnik

Jede Farbe erfordert drucktechnisch eine eigene Druckform und – ausgenommen der Druck auf Mehrfarbenmaschinen – auch einen gesonderten Druckgang. Dadurch wird farbiges Hervorheben oder Ausschmücken oft zu einer ökonomischen Entscheidung. Vielfach genügt es aber, einzelne Bogen eines Werkes oder einer Zeitschrift mit einer zweiten Farbe zu drucken, die auch im Schön- und Widerdruck wechseln kann, um die Farbgestaltung zu bereichern.

Ist ein Druckerzeugnis mit Mehrfarbenbildern ausgestattet, stehen dem Typografen die Farbtöne der Vierfarbskala als Gestaltungsmittel zur Verfügung. Sie können insbesondere bei Lehrbüchern für didaktische Zwecke und bei Werbedrucken zur Erhöhung der werblichen Effekte angewendet werden. Nicht alle drei bunten Farben

(Gelb, Cyan, Magenta) sind zum Schriftdruck geeignet. Gelb ist zu hell, Cyan erfordert ein kräftiges Schriftbild. Durch Übereinanderdruck von Farben, aufgerasterten Farbtönen und Grautönen aus aufgerastertem Schwarz lassen sich verschiedene Farbabstufungen erreichen, die gut miteinander harmonieren. Sie können als Tonflächen in geeigneter Helligkeit zum Unterlegen von Textgruppen, Gliedern von Tabellen oder für farbige Fließ- und Blockschaltbilder sowie Diagramme angewendet werden (Bild 3/15 und 3/16).

Eine reiche Farbwirkung läßt sich auch durch den Übereinanderdruck von gerasterten Flächen in zwei ausgewählten Farben erzielen, wobei sich besonders komplementäre Farbpaare eignen. Durch den Zusammendruck wird ein dritter Farbton gewonnen, der im Vollton eine satte Dunkelheit erreicht und je nach den Stufen der Rasterung in Tonwert und Helligkeit variiert werden kann (Bild 3/17).

Einzelne größere Schriftzeichen und -zeilen lassen sich auf gerastertem Grund oder in Raster wiedergeben. Es gehört

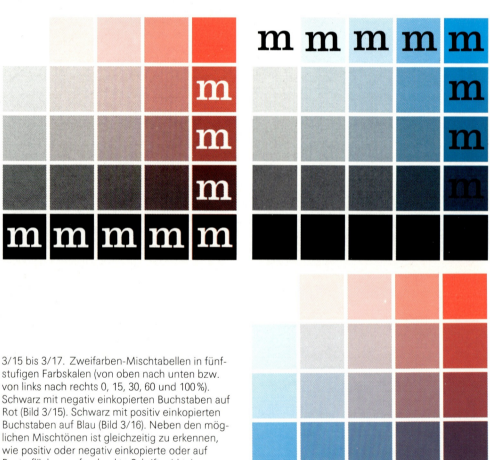

3/15 bis 3/17. Zweifarben-Mischtabellen in fünfstufigen Farbskalen (von oben nach unten bzw. von links nach rechts 0, 15, 30, 60 und 100 %). Schwarz mit negativ einkopierten Buchstaben auf Rot (Bild 3/15). Schwarz mit positiv einkopierten Buchstaben auf Blau (Bild 3/16). Neben den möglichen Mischtönen ist gleichzeitig zu erkennen, wie positiv oder negativ einkopierte oder auf Rasterflächen aufgedruckte Schrift wirkt. In Bild 3/17 ist Blau auf Rot gedruckt. Die obere und die linke Reihe zeigen jeweils die ungemischten Farben, es entstehen in jeder Mischtabelle insgesamt 24 verschiedene Farbtöne.

Erfahrung dazu, um entscheiden zu können, wie groß die Schrift sein muß und welchen Tonwert der Raster erhält, damit die Schrift lesbar bleibt. Unsere Beispiele sollen helfen, praktische Erfahrungen zu vermitteln (vgl. Bilder 3/15 und 3/16).

3.2. Linien und Schmuck

Der typografische Schmuck in allen seinen Spielarten ist seit den Frühdrucken im Gebrauch. Buchkunst und Ornament haben eine enge Verbindung (Bilder 3/18 und 3/19). Auch die Erneuerung der Buchkunst durch Morris um 1900 ging mit reicher Verzierung seiner Drucke einher.

Die Formen des typografischen Schmucks sind – wie die Ornamentik allgemein – verschiedenen Stilperioden zugehörig. Einige Epochen haben völlig auf das Ornament verzichtet. In der Gegenwart ist die Stellung zum Ornament nicht einheitlich; moderne Typografie und fehlender typografischer Schmuck sind jedoch nicht gleichzusetzen.

Das Ornament ist eine Grundform des künstlerischen Ausdrucks des Menschen. In der Typografie kann es dazu dienen, eine Fläche zu gliedern, bestimmte stileigene Akzente zu setzen und die Gesamtwirkung zu steigern. Allgemeine Wesensmerkmale des Ornamentes, wie hinweisende Funktion oder Zeichencharakter, sind auch dem typografischen Schmuck eigen. Nur wenige Ornamentformen haben symbolischen Wert

3/18. Initiale aus dem »Psalterium Moguntinum«, Mainz 1457. Beispiel für das frühe Maiglöckchenornament; sogenannte lombardische Versalien aus dem 11.Jh.

3/19. Mit Initial und Randleiste geschmückte Anfangsseite aus »Appianus: Historia Romana«, ERHART RATDOLT, Venedig 1477

(Lorbeer – Ruhm, Ölzweig – Frieden). Das schmückende Beiwerk bleibt in der Typografie ergänzendes Gestaltungsmittel, vorrangig ist immer die Schrift.

3.2.1. Linien

Der einfachste typografische Schmuck ist die Linie. Auf die ästhetische Wirkung von Linien wird im Abschnitt 4.1.3. eingegangen. Hier soll auf das Trennen und Begrenzen hingewiesen werden, wozu Linien in der Typografie zumeist verwendet werden. Beides sind wesentliche Funktionen der Linien, nach dem Verwendungszweck kann diese oder jene den Vorrang haben.

3/20. Die Linie als stützendes Element bei zerrissenen Umrissen von Satzgefügen und als eigenständiges Ausdrucksmittel, das zugleich die verschiedenen Schriftformen des Plakates verbindet. Im Original Linien rot (Gestaltung Dieter Weise).

3/21. Die verlaufende, sogenannte englische Linie entspricht Schriften mit kontrastierenden Strichdicken, als gliederndes und zugleich schmückendes Element vervollkommnet sie den symmetrischen Titel (Gestaltung Erika Palme)

Als ordnendes und gliederndes Element ist die Linie in Tabellen oft unentbehrlich. Auch zum Stützen oder Begrenzen unruhiger oder zerrissener Textgruppen ist die Geradheit der Linie willkommen. Als Einfassung und Umrahmung fassen Linien den Text zusammen, trennen ihn von anderen Texten und heben ihn hervor. Vielfach haben sie dabei zugleich eine schmückende Aufgabe, insbesondere wenn die Umrandung aus mehreren Linien gebildet ist.

Durch die verschiedenen Linienbilder, wie fein, halbfett, fett usw., ist vor allem mit Linienkombinationen differenzierter Formausdruck möglich. Einige Beispiele zeigen die Bilder 3/20 und 3/21. Bestimmte Linienformen und -kombinationen wurden in

3/22. Beispiel funktioneller Typografie, die fette Linien und serifenlose Linear-Antiqua bevorzugte. Anzeige von HERBERT BAYER, 1923

3.2.2. Schmuck

Ausdrucksreicher und anmutiger als die verhältnismäßig sachliche Formenwelt der Linien sind die typografischen Ornamente und Initialen. Sie waren bereits in den Frühdrucken unentbehrlicher Bestandteil der Typografie. Das erste Buch mit typografischem Schmuck ist der Mainzer Psalter von 1457, der von Peter Schöffer reich mit Zierinitialen in drei verschiedenen Größen ausgestattet wurde (vgl. Bild 3/18). In dem dreifarbig gedruckten Werk finden wir erstmalig einen Druckvermerk mit dem Signet Fusts und Schöffers als Abschluß (Bild 3/23).

Die ornamentalen Details und die Formen des typografischen Zierates wandelten sich mit den verschiedenen Stilepochen. Dabei sind zwei Hauptformen zu unterscheiden: das geometrische und das vegetabile Ornament. Beide Formen sind bis in unsere Zeit gebräuchlich. Einige vegetabile Ornamentformen stammen aus den frühesten Ornamenten der Griechen und sind stilistisch verformt in allen Stilperioden verwendet worden, beispielsweise **Akanthusranke und -blatt** sowie **Palmette**, ein handförmiges Blattornament.

gewissen Stilperioden bevorzugt. So sind beispielsweise die englische Linie und die fettfeinen Linien charakteristisch für den Klassizismus. Ihr Formausdruck entspricht der klassizistischen Schrift (vgl. Bilder 2/48 und 2/49). Die funktionelle Typografie der zwanziger Jahre bevorzugte fette Linien in Verbindung mit der serifenlosen Linear-Antiqua (Bild 3/22). Zweifellos durch den Fotosatz gefördert, wird die Linie heute verstärkt angewendet und tritt auch schräg angeordnet und als Unterstreichung auf.

3/23. Druckersignet von FUST UND SCHÖFFER aus dem Mainzer Psalter von 1457

3/25. Die Arabeske besteht aus stilisierten, meist symmetrischen Blattranken.

3/24. Das Wein- oder Aldusblatt gehört zu den frühesten vegetabilen Zierstücken des Buchdrucks.

3/26. Die Maureske, hier als Bordüre oder Kopfleiste, ist eine vom Islam geprägte Ornamentform, die naturalistische Motive meidet.

3.2. Linien und Schmuck

Bordüren mit pflanzlichen Motiven wurden von Erhard Ratolt 1476 erstmals als Buchschmuck eingeführt. Zumeist in negativer Zeichnung als schwarz und rot gedruckte Randleisten und in umrahmten Initialen hat er diese Form des Schmuckes meisterhaft angewendet (vgl. Bild 3/19). Im Mainzer Psalter sind die Initialen mit **Maiglöckchenornament** verziert, eine in den Frühdrucken verbreitete Form des Pflanzenornamentes, das sich in der Frühgotik ausbildete (vgl. Bild 3/18). Das **Wein- oder Aldusblatt** gehört ebenfalls zu den frühesten vegetabilen Zierstücken des Buchdrucks. Es wurde zugleich als Alinea- (Absatz-) oder Schlußzeichen verwendet (Bild 3/24).

Arabesken und Mauresken sind vom Islam geprägte Ornamentformen, die naturalistische Motive vermeiden. Ihr Einfluß ist im Buchschmuck ab 1540 wirksam

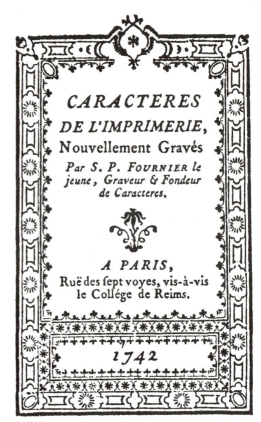

3/30. Der französische Schriftkünstler FOURNIER führte das typografische Ornament im 18. Jh. zu einem Höhepunkt.

3/27. Beispiele des typografischen Schmuckes im Rokoko

3/28. Das geometrische Ornament herrscht im Klassizismus vor

3/29. Moderne Form des Mäanders, der seinen Ursprung in der Antike hat und seit dem Klassizismus wieder stärker in Gebrauch kam.

(Bilder 3/25, 3/26). Besondere Formen des typografischen Schmuckes entstanden im Rokoko, wovon einige Beispiele vorgestellt werden (Bild 3/27).

Geometrische Ornamente haben ihren Ursprung in der Antike (Mäander, Zickzack und andere lineare Formen). Als typografischer Schmuck herrschen sie im Klassizismus vor und haben ihre Bedeutung bis heute nicht verloren (Bilder 3/28 und 3/29). Einen Höhepunkt erreichte das typografische Ornament in den Arbeiten Fourniers (1712–1768), der zu seinen Schriften eigene Schmuckfiguren im Stile seiner Zeit schuf (Bild 3/30).

3/31. Reihenornamente, die WALTER SCHILLER 1955 entwarf und die nicht auf einen bestimmten Schriftcharakter festgelegt sind.

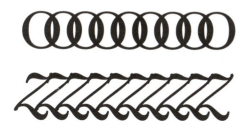

3/32. Beispiele für die Gestaltung von Ornamenten aus Buchstaben und Zeichen im Fotosatz

Reihenornamente sind aus verschiedenen Einzelstücken zu Rahmen, Leisten, Vignetten oder auch Flächenmustern zusammengesetzter Schmuck. Es ist die der Setztechnik gemäße und heute sowohl im Blei- als auch im Fotosatz gebräuchliche Form. Sie wurden erstmals 1468 von Giovanni und Alberto Alvise in Verona angewendet. Zuvor waren Rahmen, Kopfleisten und die verzierten Initialen in Holz geschnitten.

Der von Schriftkünstlern der neueren Zeit für ihre Schriften entworfene typografische Schmuck hat Reihencharakter. Es finden sich einfachste geometrische Figuren neben stark differenzierten Einzelformen. Es ist das Bestreben ersichtlich, die Formen nicht an eine Stilperiode zu binden, sondern zeitgemäße Formen und reiche Kombinationen zu schaffen. Auch Reihenornamente, die nicht auf einen bestimmten Schriftcharakter festgelegt sind und vielfältige variable Details aufweisen, wurden gestaltet (Bild 3/31).

Aus dem Typenmaterial einer Schrift, den Buchstaben, Ziffern und Zeichen, lassen sich durch phantasievolles Zusammenfügen ornamentale Gebilde schaffen, die vollkommen zu der Schrift passen, aus der sie gestaltet wurden. Durch den Fotosatz, der das Übereinanderkopieren oder Reihen in verschiedener Weise ermöglicht, wurde diese Form ornamentalen Gestaltens belebt. Mit spielerischen Versuchen lassen sich dabei neuartige dekorative Formen gewinnen (Bilder 3/32 und 3/33).

Der hervorgehobene oder verzierte Anfangsbuchstabe, die **Initiale** (lat. initium = Anfang), gehört nach seinem Charakter zum typografischen Schmuck. Die gebräuchlichsten Formen sind große Grade der Textschrift, verzierte Versalien und Kasseteninitiale (in einem Rähmchen aus Ornamenten, Linien oder beiden kombiniert).

Die gute Wirkung der Initialen ist vom richtigen Stand in der Kolumne abhängig. Ragt der größere Anfangsbuchstabe über den Text hinaus in den Vorschlag, so muß er Linie haltend auf der ersten Zeile stehen. Wird er in die Kolumne eingefügt, ist seine Größe so zu wählen, daß sie mehrere Zeilen der Grundschrift umfaßt, die entsprechend der Buchstabenbreite einzuziehen sind. Mit der letzten Zeile des Einzuges muß die

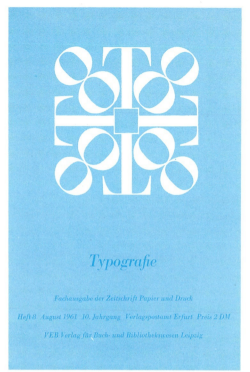

3/33. Zeitschriftenumschlag mit typografischem Ornament aus Buchstaben und Ziffern, im Original zweifarbig (Gestaltung DIETER KANNEGIESSER)

Dieses Heinrich-Mann-Wort, das vor sechs Jahren Motto der iba 1971 war, umreißt auch das vielfältige Bemühen der DDR-Verlage um eine geschmackvolle, ideenreiche und anspruchsvoll gestaltete Kinder- und Jugendliteratur. So ist etwa jedes sechste ausgezeichnete Buch ein Kinder- bzw. Jugendbuch. Vielfalt der Handschriften und Themen sowie originell und reizvoll ausgestattete Ausgaben reihen manches Kinder- und Jugendbuch unter die «Schönsten Bücher der DDR» ein. Die seit der iba 1971 ausgezeichneten Ausgaben – sie werden in der Sonder-

DIE Zurichtung ist abgeschlossen. Der Aufzug in Ordnung gebracht, die Maschine zur Aufnahme und sauberen Wiedergabe der bunten Farbe gewaschen. Der Farbkasten, der Anlegeapparat und die Bogenanlage wurden bereits bei der Vorbereitung der Maschine den Forderungen der Druckform und des Auflagepapieres entsprechend eingestellt und im Versuchslauf überprüft. *Der Auflagenandruck kann beginnen.* Im Auflagenandruck werden

3/36 und 3/37. Initiale können auch als verzierte Versalien oder Kasseteninitiale (in einem Rähmchen) angewendet werden

Initiale Linie halten und mindestens die n-Höhe der ersten Zeile erreichen. Bei Kasseteninitialen erfolgt der Einzug aller Zeilen gleichmäßig. Alle anderen Initialen erfordern, daß die erste Zeile so weit als möglich an die Initiale herangeführt wird, damit das Gesamtbild des Anfangswortes erhalten bleibt. Dieses oder die erste Zeile werden oft auch in Kapitälchen gesetzt, um die Verbindung zur Initiale zu verbessern (Bilder 3/34 bis 3/37).

3.2.3. Sonderzeichen, Symbole

Als typografische Gestaltungsmittel werden, ergänzend zu den Schriftzeichen, verschiedene Elemente, wie Sterne, Rechtecke, Dreiecke, Kreise oder Pfeile, verwendet, die als Sonderzeichen oder Symbole für die Satzherstellung bekannt sind. Sie haben im Gegensatz zu Zeichen bestimmter Fachgebiete (Astronomie, Botanik, Chemie, Elektronik, Geometrie, Mathematik, Meteorologie usw.) keine feststehende Bedeutung, sie kennzeichnen nicht Begriffe. Als geometrische Grundformen stellen sie die einfachsten Formen typografischen Schmuckmaterials dar. Einige Figuren sind als stilisierte

3/34 und 3/35. Beispiele für den richtigen Stand von Initialen (größere Grade der Textschrift) in der Kolumne

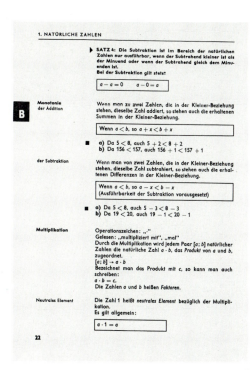

3/38. Seite aus »Kompendium der Mathematik« mit didaktischen Zeichen (im Original grün). Das Rechteck weist auf Beispiele hin, das Dreieck auf Definitionen und Sätze (Gestaltung MANFRED BEHRENDT).

Die Verwendung solcher Elemente ist seit langem bei Werbedrucken als Blickfang oder als hinweisende Figur üblich. In Lehrbüchern finden sie als didaktische Zeichen neuerdings verstärkt Eingang, sie haben sich in verschiedenen Anwendungsmöglichkeiten bewährt. Durch Gliedern der textlichen Aussage und Kennzeichnen von Merksätzen, Fragen und Aufgaben unterstützen sie den Lernprozeß (Bild 3/38). Zu beachten ist, daß innerhalb eines Buches die Sonderzeichen und Symbole einheitlich für bestimmte Zwecke angewendet werden. Soweit sie nicht allgemeinverständlich sind, muß ihre Bedeutung unbedingt erläutert werden. Viele Lehrbuchverlage sind dazu übergegangen, die gleichen didaktischen Zeichen – auch in der Farbe – für die jeweilige Aussage zu benutzen. Neugestaltete Serien solcher Sonderzeichen (Bild 3/39) und ordnende Standards (TGL 37773) weisen auf die wachsende Bedeutung und die vermehrte Anwendung dieser ergänzenden Elemente der Typografie hin.

3.3. Bilder

Die bisher behandelten Gestaltungsmittel können vom Typografen entsprechend der erwähnten Wirkung angewendet werden, das Bild ist in der Regel seinem Einfluß entzogen. Zeichnungen, die einem Buch beigefügt sind, oder Fotos für eine Zeitschrift, Bilder realer Gegenstände geformt und haben den Charakter von Symbolen (zeigende Hand, Schere, Pfeil). Ihr Sinngehalt ergibt sich aus ihrer allgemeinverständlichen mehr oder weniger abstrahierten Form.

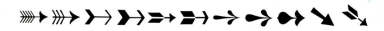

3/39. Beispiele aus einer Blickfangserie (sogenannte Dingbats) der Internationale Typeface Corporation, die 1978 von HERMANN ZAPF entworfen wurden.

einen Prospekt und andere Druckerzeugnisse sind fast ausnahmslos gegebene Elemente, auf die er die Typografie abzustimmen hat.

Bilder gehören seit der Erfindung des Buchdrucks zum Buch; die meisten Frühdrucke waren illustrierte Bücher. Durch die starke Verbreitung audiovisueller Kommunikationsmittel gewinnt das Bild in den gedruckten Medien immer mehr Bedeutung. In vielen Publikationsmitteln (Illustrierten, Modezeitschriften, Bildbänden) dominiert das Bild, der Text ist nur erläuternde Ergänzung. Grundlegende Kenntnisse, wie die beiden im Wesen verschiedenen Elemente Schrift und Bild zueinander in ein gutes Verhältnis gebracht werden können, sind für typografisches Gestalten notwendig und sollen kurz dargestellt werden.

3.3.1. Einheit von Schrift und Bild

In der ostasiatischen Kunst verbinden sich Bild und Schrift, die beide mit dem Pinsel geformt werden, zu einer grafischen Einheit (Bild 3/40). Durch den formbestimmenden Einfluß der Technik sind auch die mittelalterlichen, in Holz geschnittenen Blockbücher formal ein einheitliches Ganzes (Bild 3/41). Mit der Trennung der technischen Herstellung von Schrift (Stahlstich, Bleiguß) und Bildern (Holzschnitt, Kupferstich, Holzstich) nach der Erfindung des Buchdrucks und der Aufspaltung in verschiedene Berufe (Schriftschneider, Holzschneider, Kupferstecher) geht die vollendete Übereinstimmung von Schrift und Bild immer mehr verloren.

Die Erfindung der Lithografie um 1798 brachte neue Möglichkeiten der Bildvervielfältigung. Im Flachdruckverfahren konnten die bisherigen grafischen Techniken kopiert und viele neugeschaffene ausgeführt werden. Federzeichnung, Schabmanier und Kreidezeichnung haben mit der typografischen Letter kaum noch Gemeinsames. Wo die Gestaltung der Druckschriften von den lithografischen Techniken beeinflußt wurde, kam es zum Verfall der Schriftkunst.

Die fotomechanischen Bildverfahren, Strichätzung und Autotypie (1882), ermöglichten es, alle Arten von Zeichnungen sowie Fotos in Druckerzeugnissen wiederzugeben. Damit entstehen neue formale Gegensätze (gerasterte Halbtöne und scharf begrenztes Letternbild). Heute gibt es viele Möglichkeiten, mit dem Bild das gedruckte Wort zu erhellen, den Inhalt zu veranschaulichen, die Typografie zu bereichern.

Um in einem Druckerzeugnis eine geschlossene Wirkung der Bilder zu erzielen, ist ein einheitlicher Formcharakter erforderlich. Bei künstlerischen Illustrationen

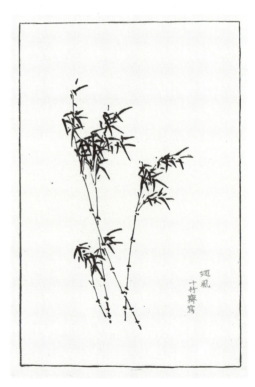

3/40. Chinesischer Holzschnitt nach einer Pinselzeichnung und chinesische Schriftzeichen aus dem Werk »Aufzeichnungen der Zehn-Bambus-Halle«

3/41. Seite aus einem mittelalterlichen Blockbuch (Biblia pauperum); Schrift und Bild in Holz geschnitten

sichert diesen die Darstellungsform des Bildautors, seine durchgehend angewendete Technik. Das gleiche darf von Fotos eines Autors erwartet werden. Technische Zeichnungen und Sachdarstellungen hingegen zeigen in der Strichdicke und der Beschriftung hier oftmals Mängel. Da sie in ihrem Umriß zwangsläufig stark differieren, ist eine gleichbleibende Dichte und Struktur solcher Darstellungen für ein ästhetisch befriedigendes Ergebnis unerläßlich (Bild 3/42).

3.3.2. Übereinstimmung oder Gegensatz

Der Typograf kann zwischen zwei grundverschiedenen Wegen entscheiden, um ein gutes Zusammenspiel von Schrift und Bild zu gewährleisten. Er kann in irgendeiner Form grafische Übereinstimmung anstreben oder den Kontrast zwischen Type und Bild als Wirkungsmittel anwenden. Für die praktische Ausführung gibt es vielerlei Möglichkeiten, die sich nach der Art der Bilder (freie Illustration, technische Zeichnungen oder Fotos) erheblich unterscheiden. Es können nur typische Beispiele hier angeführt und mit Bildern vorgestellt werden, die Wege aufzeigen, um Fehler zu vermeiden. Vier Merkmale sind dabei im wesentlichen zu beachten, die beiden Elementen Bild und Schrift eigen sind.

1) Der **Grauwert** ist als erstes Charakteristikum zu nennen. Er wird vor allem von der Strichdicke der Zeichnungselemente und

3/42. Technische Zeichnungen und Sachdarstellungen erhalten durch einheitliche Strichdicke und Zeichnungsstruktur gleichbleibenden Formcharakter innerhalb eines Werkes.

3/43. Der Grauwert des Schriftbildes und der Federzeichnungen sind gut aufeinander abgestimmt. Doppelseite aus »Voltaire: Candide oder der Optimismus« (Rütten & Loening, Berlin). Illustrationen und Gesamtausstattung WERNER KLEMKE. Schrift Walbaum-Antiqua

3/44. Der Grauwert des Schriftbildes steht im wirkungsvollen Gegensatz zu den kräftigen tiefschwarzen Holzstichillustrationen. Doppelseite aus »Balzac: Der Scharlatan« (Paul List Verlag, Leipzig). Holzstiche GERHARD KURT MÜLLER, Typografie HORST ERICH WOLTER

3. **Ergänzende Gestaltungsmittel**

3/45. Die klare Struktur und der helle Grauwert der Linear-Antiqua stehen im Gegensatz zu den tonreichen Fotos. Die rechtwinkligen Bilder, deren strenge Form die fette Umrandung betont, kontrastieren zur Textanordnung im Flattersatz. Doppelseite aus der Zeitschrift »Fotografie« (VEB Fotokinoverlag, Leipzig). Gestaltung MARTINA SCHNEEWEISS, Schrift Super-Grotesk

der Schrift gebildet. Auch die Dichte der Strichlagen einer Zeichnung sowie der Schriftschnitt und die Zeilenabstände haben auf den Grauwert Einfluß. Hat eine Zeichnung vorwiegend gleiche Strichdicke und gleichmäßige Dichte, ist es ohne Schwierigkeit möglich, eine Schrift in ihrem Grauwert darauf abzustimmen (Bild 3/43). Handelt es sich um stark schattierte, im Grauwert schwankende Illustrationen oder um tonwertreiche Fotos, ist es besser, mit einem ruhigen, hellen Grauwert der Textkolumnen einen Ausgleich zu suchen. Die kontrastierende Schrift hilft dann die Wirkung der Bilder zu steigern (Bilder 3/44, 3/45 und 3/46).

2) Die **Struktur** der Zeichnung oder das **Gestaltungsprinzip** der Schrift sind ein weiteres Merkmal, nach dem eine Übereinstimmung oder eine Kontrastwirkung der beiden Elemente möglich ist (Bild 3/47). Neben der Handschrift des Künstlers sind es die benutzten Werkzeuge, die Gestaltungsprinzipien und Struktur beeinflussen. Schrift mit Breitfederzügen korrespondiert mit den an- und abschwellenden Linien einer Illustra-

3/46. Holzstiche von FRITZ KREDEL nach Zeichnungen des 15. Jh. sind in ihrer stilistischen Haltung der Bembo-Kursiv verwandt; die gegensätzlichen Grauwerte beleben den Gesamteindruck. Seite aus »Boccaccio: Il Ninfale Fiesolano« Officina Bodoni, Verona 1940 (Gestaltung GIOVANNI MARDERSTEIG)

3.3. Bilder 105

tion, die mit weicher Feder oder dem Pinsel gezeichnet wurde (Bild 3/48). Zur weichen, verlaufenden Struktur von Tuschmalereien oder Kreidezeichnungen werden sich kaum in der Gesamtwirkung übereinstimmende Schriften finden lassen. Es ist besser, die präzise, klare Struktur einer sachlichen Schrift als Kontrast dagegenzustellen. Solche Schriften werden häufig auch angewendet, um zu belebenden, ausdrucksvollen fotografischen Bildern einen wirkungsvollen Gegensatz zu bilden (vgl. Bild 3/45).

3) Der **Gesamtcharakter** eines Bildes, den künstlerischer Ausdruck und Stil prägen, findet sich auch bei jeder Schrifttype. Der Formwille des Schriftgestalters und der Stil der Zeit bestimmen den Gesamtausdruck einer Druckschrift. Um zur stilistischen Haltung einer künstlerischen Illustration eine Type gleichen Formniveaus zu finden, bedarf es sorgfältiger Einfühlung (vgl. Bild 3/46). Bei historischen Illustrationen wird die Typografie zumeist einen stilistischen Gegensatz bilden müssen, da nur selten die Möglichkeit besteht, mit Schriften gleicher Stilperiode eine völlige Übereinstimmung zu schaffen. Ist eine solche Schrift nicht vorhanden, ergibt ein starker Kontrast die beste Wirkung (Bild 3/49).

3/47. Die Struktur der kräftigen Holzschnittillustrationen verbindet sich mit der Peter-Jessen-Schrift, die mit Punzen und Feile gestaltet wurde, zu einer grafischen Einheit. Seite aus »Acker Gottes« (Evangelische Verlagsanstalt, Berlin). Holzschnitte PAULA JORDAN

3/48. Mit weicher Feder oder Pinsel gezeichnete Illustration korrespondiert mit einer Schrift in Breitfederzügen (Garamond-Antiqua). Doppelseite aus »Künstlergeschichten der italienischen Renaissance« (Henschelverlag, Berlin). Illustrationen MAX SCHWIMMER, Typografie WERNER ROUVEL

3. Ergänzende Gestaltungsmittel

3/49. Zu den mehrfarbigen, märchenhaften Holzschnitten von HAP GRIESHABER bildet die sachliche, frei angeordnete Univers einen starken Kontrast im Gesamtcharakter und der Komposition. Seitenpaar aus »HAP Grieshaber: Herzauge« (Alfred Holz Verlag, Berlin)

3/50. Die über den Satzspiegel hinausragende getuschte Federzeichnung verleiht der Doppelseite starke Spannung, die durch den Gegensatz im Grauwert von Bild und Schrift noch verstärkt wird. Doppelseite aus »Die Sandelholztruhe« (Verlag Kultur und Fortschritt, Berlin). Gesamtgestaltung HANS BALTZER, Schrift Garamond-Antiqua

4) Der **Bildumriß** und der Satzspiegel, die Anordnung des Textes, können sich schließlich ebenfalls einander angleichen oder kontrastieren. Der Gegensatz zwischen Bild und Schrift wird auf natürliche Weise dadurch betont, daß der gleichbleibende Satzspiegel im Buch vom Bildspiegel abweicht. Stärker belebt wird der Gesamteindruck, wenn im Umriß verschieden geformte Bilder in die gleichförmigen Textkolumnen eingefügt sind, diese nicht ganz füllen oder mit Details über sie hinausragen (beispielsweise freistehende Bilder).

Dagegen stimmen Bilder mit rechtwinkligem Umriß formal gut mit einem Satzgefüge gleicher geometrischer Begrenzung überein. Zu rechtwinklig begrenzten Bildern, vor allem auch Fotos, stehen Flattersatz oder freie Zeilenanordnung in lebhaftem Kontrast (Bilder 3/45, 3/47 und 3/50).

Die aufgeführten vier Merkmale treten praktisch selten einzeln hervor. Es gilt, jeweils das charakteristische Moment zu erkennen, um es bewußt bei der Gestaltung anzuwenden.

3.3. Bilder

4. Gestaltungsprinzipien

Das Schöne
 ist eine Manifestation
geheimer Naturgesetze,
die uns ohne dessen Erscheinung
 ewig wären verborgen geblieben.
Zum Schönen
 wird erfordert ein Gesetz,
das in die Erscheinung tritt.

Johann Wolfgang Goethe

Soll ein Druckerzeugnis gestaltet werden, so bedarf es eines zielgerichteten Arbeitsprozesses, der als Entwerfen bezeichnet wird und vom Inhalt ausgeht. Die gute typografische Form entsteht nicht zwangsläufig aus der Struktur des Textes. Gestalten muß nicht nur ein hohes Maß an Ordnung und Gliederung erzielen, sondern soll neben den Gebrauchsqualitäten auch eine vollkommene formale Organisation, bestimmte ästhetische Ausstrahlung erreichen. Hierzu gibt es Prinzipien, die als aufbauende Momente der Form in den einzelnen Künsten verschiedene Bedeutung haben. Um diese Prinzipien beim Gestalten wirkungsvoll anzuwenden, bedarf es schöpferischer Phantasie. Ein gelungener Entwurf entsteht nicht allein durch rationale Überlegungen. Oft gewinnt er, je nach dem Inhalt, durch spielerisches Zueinanderfügen der Elemente, durch einen spontanen Einfall den erwünschten Formausdruck. Im folgenden sind nur einige für die Typografie wichtige formale Merkmale behandelt, die als elementare Gestaltungsmittel der angewandten Kunst bekannt sind und beachtet werden sollten.

4.1. Fläche und Ausdruckswerte

Das typografische Gestalten geschieht auf der Fläche. Typografie hat in der Seite, dem Blatt einen zweidimensionalen Wirkungsraum. Diese Fläche selbst erhält ästhetischen Wert durch ihre Maßverhältnisse und durch die auf ihr entstehenden Spannungen. Seherfahrungen aus unserer Umwelt übertragen wir assoziativ auf bestimmte Formen, denen dadurch Wesenhaftigkeit und Ausdruck verliehen wird. Der Ausdruckswert der Fläche hat sich in der Geschichte der Kunst vielfach gewandelt. Die europäische Kunst benutzt seit Mitte des 19. Jh. neben der gefüllten, harmonisch bedeckten Fläche auch die leere, Spannung erzeugende als Gestaltungsmittel.

4.1.1. Proportionen

Bereits das Verhältnis der Begrenzungslinien einer Fläche (in der Typografie zumeist ein Rechteck), die Proportionen der Höhe zur Breite, bestimmen ihren Ausdruckswert. Das Quadrat beispielsweise empfinden wir als neutral und spannungslos, weil durch die gleiche Höhe und Breite ein Gleichgewicht der horizontalen und vertikalen Kräfte entsteht (Bild 4/1). Ein Rechteck, das höher als breit ist, hat in der Vertikalen größere Spannungskraft. Es wirkt durch vielfältige Assoziationen (Säule, Turm, Baum, tragend, emporstrebend) dynamischer und leichter als ein Rechteck mit Breitenausdehnung (Assoziationen: Gebälk, liegend, lastend, ruhend). Die Betonung der Grundfläche läßt das liegende Rechteck schwer und passiv erscheinen (Bilder 4/2 und 4/3).

Dieser Ausdruckswert oder Formenklang einer Grundfläche ist grundsätzlich immer vorhanden, er wird durch entgegenwirkende Einzelelemente auf der Grundfläche nicht aufgehoben. Verschiedene Proportionen erzeugen natürlich verschieden starke Spannungsverhältnisse.

Proportionslehren sind uns aus allen Zeiten der Kunstgeschichte von vielen Völkern bekannt. Sie spielen – auch als Modul oder Kanon bezeichnet – in der Antike, der Renaissance und im Klassizismus eine wesentliche Rolle. In der Regel beruhen sie auf mathematischen oder der Natur entlehnten Zahlenverhältnissen. Nach ihnen können vielfältig Formate gebildet und Flächen gegliedert werden.

Kanon spätmittelalterlicher Handschriften ist das Seitenverhältnis 2:3. Im Zusammenhang mit einer Neunteilung des Satzspiegels hat es auch Johannes Gutenberg als Seitenverhältnis des Formates seiner 42zeiligen Bibel verwendet (Bild 4/4).

Der Goldene Schnitt ist eines der ältesten und bekanntesten Maßverhältnisse, das mathematisch durch das irrationale Zahlenverhältnis 1:1,618... ausgedrückt wird. Eine Strecke wird hierbei in zwei

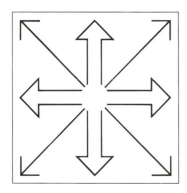
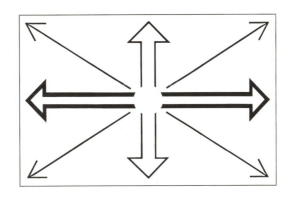
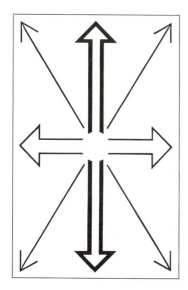

4/1 bis 4/3. Die Proportionen der Höhe zur Breite bestimmen den Ausdruckswert der Fläche. Im Quadrat besteht ein Gleichgewicht der horizontalen und vertikalen Kräfte. Ein Rechteck mit Höhenausdehnung hat in der Vertikalen größere Spannungskraft als ein Rechteck mit Breitenausdehnung, dessen Kräfte horizontal wirken.

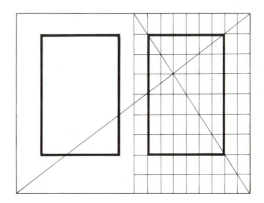

4/4. Als Kanon spätmittelalterlicher Handschriften gilt das Seitenverhältnis 2:3. Mit einer Neunteilung für den Satzspiegel hat es Gutenberg für die 42zeilige Bibel verwendet.

4.1. Fläche und Ausdruckswerte

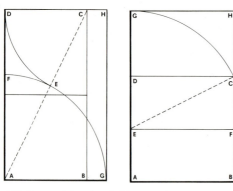

4/5. Konstruktion des Goldenen Schnittes, um von der Strecke **AD** die kleinere **AG** zu erhalten (rechnerisch: Multiplikation mit 0,618). a) Über der gegebenen Strecke **AD** werden zwei Quadrate mit der Seitenlänge 1/2 **AD** errichtet, es entsteht das Rechteck **ABCD**. Mit dem Radius **CD** wird auf der Diagonale **AC** der Schnittpunkt **E** markiert. Der Radius **AE** teilt die Ausgangsstrecke **AD** im Goldenen Schnitt und ergibt im Rechteck die kleinere Seite **AG**.

Konstruktion des Goldenen Schnittes, um von der Strecke **AB** die größere **AG** zu erhalten (rechnerisch: Multiplikation mit 1,618). b) Über der Strecke **AB** wird das Quadrat **ABCD** errichtet und in der Mitte geteilt, so daß zwei Rechtecke (**ABEF** und **CDEF**) entstehen. Der Radius aus der Diagonale **EC** ergibt die größere Strecke **AG**.

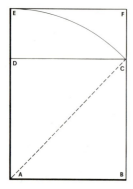

4/6. Dem Standard- bzw. DIN-Format liegt das Zahlenverhältnis $1 : \sqrt{2}$ zugrunde. Konstruktion seiner Proportionen erfolgt, indem über der Strecke **AB** das Quadrat **ABCD** errichtet wird. Aus dem Radius der Diagonale **AC** entsteht die Strecke **AE**.

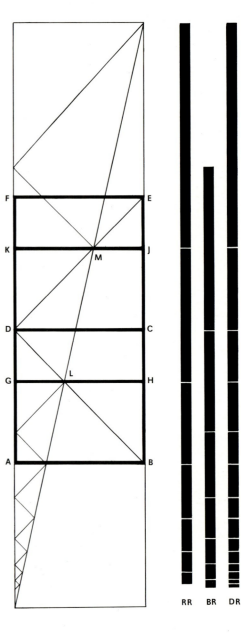

4/7. Die Zahlenverhältnisse des Modulors haben menschliche Maße als Ausgangspunkt. Über zwei Quadrate (**ABCD** und **DCEF**) steht im Goldenen Schnitt ein drittes **(GHJK)**. Durch den rechten Winkel **BDE** entstehen die Schnittpunkte **L** und **M**. Durch diese gezogenen Geraden sind die Maße der drei unendlich fortsetzbaren Reihen zu gewinnen. Rote Reihe: 6, 10, 16, 26, 43, 70, 113, 183 usw. Die Strecke **AK** entspricht hierbei der Durchschnittsgröße eines Menschen (183 cm). Blaue Reihe: 8, 12, 20, 33, 53, 86, 140, 226 usw. Reihe der Differenzen (zwischen roter und blauer): 2, 2, 4, 4, 6, 7, 10, 10, 17 usw. (Reihen des Modulors rechts)

4. Gestaltungsprinzipien

ungleiche Teile gegliedert. Die gesamte Strecke verhält sich zum größeren Teil wie dieser zum kleineren. Das ermöglicht die stetige Teilung nach diesen Proportionen (Bild 4/5). In den vereinfachten Zahlenverhältnissen, wie 3:5:8:13 usw., wurde die Proportion oft in der Architektur und der Typografie benutzt.

Das **Standard-Papierformat** (TGL 0-476 bzw. DIN 476) geht von dem Format A0 (841 mm × 1 189 mm) aus, das 1 m² entspricht. Durch einfaches Falten wird das nächstkleinere Format gewonnen. Der Flächeninhalt beträgt jeweils die Hälfte der vorangegangenen Größe, das Verhältnis von Breite zu Höhe bleibt dabei stets gleich. Das ist möglich, da sich die kürzere Seite zur längeren verhält wie die Seite eines Quadrates zu dessen Diagonale. Diesem Format liegt das Zahlenverhältnis $1:\sqrt{2}$ zugrunde (Bild 4/6).

Der Modulor ist eine Proportionslehre unseres Jahrhunderts, von dem Architekten Le Corbusier 1953 entwickelt. Seine Zahlenverhältnisse haben menschliche Maße als Ausgangspunkt: 226 cm (Mensch mit ausgestrecktem Arm) : 113 cm (Hälfte der Ausgangsgröße). Der Modulor ist in verschiedene Reihen unterteilt (Bild 4/7). Als ein Versuch, durch auf den Menschen bezogene Maßverhältnisse unsere Umwelt zu harmonisieren, fand der Modulor internationale Zustimmung.

Proportionslehren können für den Lernenden eine Richtschnur bei der Lösung einfacher Gestaltungsaufgaben und eine Hilfe bei der Schulung des Proportionsgefühles sein. Er darf sich aber nie blind auf ein System von Verhältniszahlen verlassen, denn dann verbaut er sich das schöpferische Gestalten. Dem Typografen kann nicht durch Verhältniszahlen die Entscheidung abgenommen werden, wie ein Wert zu einem anderen stehen soll. Das Spannungsverhältnis zwischen mehreren Elementen muß bei jeder Aufgabe immer wieder neu beurteilt werden, damit der erstrebte Zusammenklang entsteht.

Das Proportionsgefühl hat sich mit der Geschichte der Kunst gewandelt. In der Antike bewirkten die auf menschlichen Proportionen gegründeten Verhältnisse die Harmonie aller Teile eines Kunstwerkes. Das Proportionsempfinden der Gegenwart wird mehr von Kontrasten und Dynamik geprägt.

4.1.2. Wirkorte der Fläche

Beim Gestalten der Fläche sind Erfahrungen zu beachten, von denen die Gesamtwirkung beeinflußt wird. Bestimmte Erscheinungen begreifen wir unbewußt als Abstraktionen aus der Wirklichkeit und verbinden sie in unserer Vorstellung wieder mit ihr. Es ist eine spezifische Form der ästhetischen Widerspiegelung der Wirklichkeit.

Durch das Anordnen von Elementen auf der Grundfläche entstehen differenzierte Kraftfelder. Ein Element im Zentrum einer

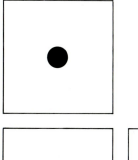
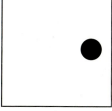
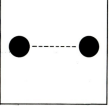

4/8 bis 4/10. Durch das Anordnen von Elementen auf der Fläche entstehen verschiedene Kraftfelder. Ein Element im Zentrum einer quadratischen Fläche vermittelt den Eindruck der Ruhe. Aus der Mitte gerückt, ergeben sich Spannungsverhältnisse zu den verschieden entfernten Rändern. Wird ein zweites Element gleichen Wertes entgegengesetzt, vermindert sich die Spannung.

4.1. Fläche und Ausdruckswerte

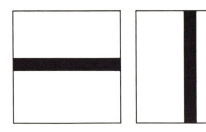

4/11 und 4/12. Je nach ihrer Lage haben Linien bestimmte Wirkungen. Eine waagerechte Linie scheint durch die Kraft getragen, mit der sie zwischen beide Seiten der Fläche gespannt ist. Eine senkrechte Linie dagegen scheint von der Schwerkraft bestimmt.

4/13 und 4/14. Durch unsere Sehgewohnheiten bestimmt, scheint eine schräg von links unten nach rechts oben geführte Linie aufzusteigen, während eine fallende Tendenz empfunden wird, wenn eine Linie von links oben nach rechts unten verläuft.

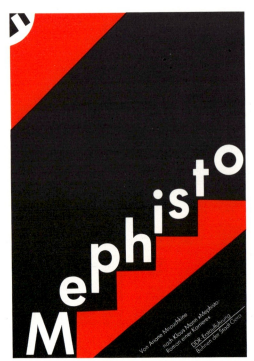

4/15. Beispiel für die Wirkung von Linien in einem Theaterplakat. Die von links unten nach rechts oben verlaufende Titelzeile, unterstützt durch die Treppenform, wird als aufsteigend empfunden. (Gestaltung ROLF F. MÜLLER)

quadratischen Fläche vermittelt den Eindruck der Ruhe. Aus der Mitte gerückt, ergeben sich Spannungsverhältnisse zu den verschieden entfernten Rändern. Wird ein zweites Element gleichen Wertes entgegengesetzt, vermindert sich die Spannung. Die beiden Elemente korrespondieren miteinander und werden optisch verbunden (Bilder 4/8 bis 4/10).

Zwischen oben und unten einer Fläche fühlen wir deutliche Unterschiede. In der Fläche oben angeordnete Elemente wirken leichter und lockerer als die gleichen Elemente unten, die wir dagegen als schwer und verdichtet empfinden.

Die Wertigkeit eines typografischen Elementes wird demzufolge von der Stellung auf der Grundfläche beeinflußt und ist außerdem von der Form und Stellung aller anderen Elemente abhängig.

4.1.3. Wirkungen von Linien

Die Linie wird in der Geometrie als das Ergebnis der fortschreitenden Bewegung eines Punktes definiert. Durch unser

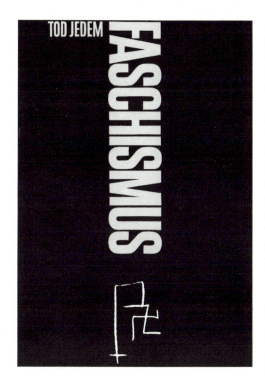

4/16. Die Laufrichtung des Wortes »Faschismus« von oben nach unten assoziiert auf dem Plakat Stürzen und Vernichtung. Original zweifarbig schwarz und gelb (Gestaltung GERT WUNDERLICH)

Abstraktionsvermögen bei der sinnlichen Wahrnehmung werden auch in Reihen angeordnete einzelne Elemente als Linie empfunden.

Eine waagerechte Linie auf der Grundfläche scheint durch die Kraft getragen, mit der sie zwischen beiden Seiten der Fläche gespannt ist (Bild 4/11). Sie erweckt den Eindruck des Ruhenden und wirkt passiv. Eine senkrechte Linie dagegen erscheint von der Schwerkraft bestimmt. Sie wird aber nicht als fallend aufgenommen (Bild 4/12). Da wir in der Natur die Senkrechte an Aufstrebendem wahrnehmen, vermittelt sie auch in abstrakter Form diese Empfindung und wirkt aktiv (vgl. Hoch- und Querformat).

Eine schräg von links unten nach rechts oben geführte Linie scheint aufzusteigen (Bild 4/13); fallende Tendenz verbinden wir in unserer Vorstellung mit einer Linie, die von links oben nach rechts unten verläuft (Bild 4/14). Das hängt mit unseren Sehgewohnheiten zusammen. Da wir von links nach rechts lesen und schreiben, sind auch die Bewegungsabläufe der Augen auf der Fläche danach festgelegt. Sie folgen einem eingeschliffenen Schema, das, links unten beginnend, der Grundbewegung des handschriftlichen Schreibens entspricht (Bilder 4/15 und 4/16). Anders müssen die Völker empfinden, deren Schreib- und Leserichtung der unseren entgegengesetzt oder anders geartet ist, beispielsweise im chinesischen Schriftenkreis.

4.1.4. Figur-Grund-Beziehungen

Das Verhältnis einer Figur, eines Buchstabens oder einer anderen typografischen Form zum Grund, also der Fläche, auf der sie steht, die sie umgibt, ist ein wichtiger ästhetischer Faktor (vgl. Abschnitt 2.2.2.1. Figur-Grund-Gliederung).

In der Renaissance ist die Fläche, der die Figur umgebende Raum, ein bloßer Hintergrund. Er tritt zurück, in ihm ist die Figur harmonisch eingebettet. Die zentrierte Anordnung der Zeilen bei gleichgewichtigen Randverhältnissen ist das Kennzeichen der Typografie dieser Zeit (Bilder 4/17 und 4/18).

Einen völlig anderen Charakter hat die Figur-Grund-Beziehung bei neueren Darstellungsformen. Durch den Einfluß der fernöstlichen Kunst haben sich unsere Seherfahrungen erweitert. Bertolt Brecht beschreibt dies in seinen Bemerkungen »Über die Malerei der Chinesen« treffend: »Einige Teile der Fläche scheinen unbenutzt; diese Teile spielen aber eine große Rolle in der Komposition; sie scheinen ihrem Umfang und ihrer Form nach ebenso sorgfältig entworfen wie die Umrisse der Gegenstände. In diesen Lücken tritt das Papier selber oder die Leinwand als ein

4.1. Fläche und Ausdruckswerte

4/17. In der Renaissance ist die Fläche, der die Figur umgebende Raum, ein bloßer Hintergrund. Er tritt zurück, in ihn ist die Figur harmonisch eingebettet (Selbstbildnis ALBRECHT DÜRERS von 1498).

4/19. Durch den fernöstlichen Einfluß künstlerischer Darstellungsformen haben sich die Sehgewohnheiten erweitert. Die leere Fläche wurde zum gleichwertigen Gestaltungselement (YVETTE GUILBERT, Lithografie von TOULOUSE-LAUTREC, 1893).

4/18. Die zentrierte Anordnung der Zeilen bei gleichgewichtigen Randverhältnissen ist das Kennzeichen der Typografie in der Renaissance (Titel des zweiten Bandes von Dürers »Underweysung der Messung mit zircel und richtscheyt« von 1525).

116   **4. Gestaltungsprinzipien**

ganz bestimmter Wert hervor. Die Grundfläche wird nicht einfach vom Künstler negiert, indem sie ganz zugedeckt wird. Der Spiegel, in dem sich hier etwas spiegelt, behält als Spiegel Geltung.« Die leere Fläche ist zum gleichwertigen Gestaltungselement geworden (Bilder 4/19 und 4/20). Das die Form umgebende Umfeld wird deshalb auch als Gegenform bezeichnet.

In der Typografie werden sowohl die weißen Innenräume der Buchstaben als auch die Buchstabenzwischenräume als Gegenform wirksam. Das Wortbild entsteht aus den Buchstabenformen und den Gegenformen, die im rhythmischen Wechsel von schwarz und weiß hervortreten. Beim Ausgleichen von Versalien wird die Wirkung der Gegenform berücksichtigt, die Abstände zwischen den Buchstaben werden optisch gleich gestaltet. Die Buchstabenformen beeinflussen die weißen Innenräume. Ihre Wirkung intensiviert sich, wenn die Buchstabenabstände sehr eng sind. Sie können so erweitert werden, daß ein Ausgleich zwischen dem Weiß der Innenräume und dem der Buchstabenabstände herbeigeführt wird (Bild 4/21).

Bezogen auf die bedruckte Fläche (Form) ist die Weißwirkung der unbedruckten Fläche (Gegenform) auf die Gesamtkomposition zu berücksichtigen. Eine Zersplitterung der Gegenform ist zu vermeiden. In Abschnitt 4.4. Komposition wird darauf noch näher eingegangen. In den nächsten beiden Abschnitten sollen zuvor zwei Gestaltungsprinzipien behandelt werden, die auch in der Typografie elementare formale Merkmale darstellen.

4/20. In der Typografie haben sich die Erkenntnisse moderner Flächengestaltung erst später bewußt in asymmetrischen Anordnungen durchgesetzt (Buchtitel von PAUL RENNER, dessen Buch 1930 erstmals erschien).

KOMPRESSION
KOMPRESSION

4/21. Als Gegenform werden sowohl die weißen Innenräume der Buchstaben als auch die Buchstabenzwischenräume wirksam. Wenn die Buchstabenabstände eng sind, wird die Wirkung der Innenräume intensiviert. Werden sie stark erweitert, gleicht sich das Weiß der Innenräume mit den Buchstabenabständen aus.

4.1. Fläche und Ausdruckswerte

4.2. Kontrast

Bereits der griechische Philosoph Heraklit wies auf die Einheit von Gegensätzen hin, die jedes schöne Ding darstellen soll. Vieles aus der Natur, das wir als schön empfinden, vereinigt gegensätzliche Dinge.

In der Erscheinung eines Rehes beispielsweise wirkt der Gegensatz von zerbrechlicher Zartheit und vitaler Kraft ästhetisch auf uns. Eine Landschaft, die uns stark beeindruckt, wird typische Gegensätze aufweisen, wie aufragende Berge über einem grünen flachen Land oder einer blauen spiegelnden Wasserfläche.

Das Verhältnis von Gegensatzpaaren wird in der Naturwissenschaft als Polarität bezeichnet. In der Physik gibt es dazu viele Beispiele (Magnetismus, Elementarteilchen, Quantentheorie). Das Polaritätsverhältnis wurde von Friedrich Engels in der »Dialektik der Natur« charakterisiert: »daß alle polaren Gegensätze überhaupt bedingt sind durch das wechselnde Spiel der beiden entgegengesetzten Pole aufeinander, daß die Trennung und Entgegensetzung dieser Pole nur besteht innerhalb ihrer Zusammengehörigkeit und Vereinigung und umgekehrt ihre Vereinigung nur in ihrer Trennung, ihre Zusammengehörigkeit nur in ihrer Entgegensetzung ...«.

Diese dialektisch-widersprüchliche Natur der Dinge spiegelt die ästhetische Erscheinung des Kontrastes wider. Nach dem Prinzip des Kontrastes zusammengefügte Formenwerte steigern sich gegenseitig in ihrer Wirkung. Auch in der Typografie steht Großes zu Kleinem. Das Große ist der ruhende Kern und stützt das Kleine. Das aktive Kleine wirkt belebend auf das Große ein. Es sei auch an die Gestaltungskontraste in der Farbanwendung erinnert (vgl. Abschnitt 3.1.2.). Mit der entsprechenden Gegenfarbe wird die Wirkung eines Farbtones gesteigert und ein harmonischer Zusammenklang erreicht. Werden hingegen gleiche Werte kombiniert, entstehen Einförmigkeit und Gleichgültigkeit.

4.2.1. Gegensätzliche Formen der Schrift

Die Typografie kennt viele gegensätzliche Formenwerte. Die Druckschrift selbst besteht aus kontrastierenden Formen, wie rund und eckig, gebogen und gerade, geschlossen und offen, die durch ihre wechselnde Folge das Wortbild prägen und wesentlich zur Lesbarkeit beitragen (Bild 4/22). Mit den verschiedenen Schnitten einer Schrift lassen sich im allgemeinen die folgenden Kontrastwirkungen erreichen: fett – fein, schmal – breit, gerade – schräg (Bild 4/23). Durch die verschiedenen Ausdruckswerte der einzelnen Schriftarten werden die Möglichkeiten polarer Gegensätze erheblich erweitert. Als Beispiele seien nur genannt: zart zu kräftig, dunkel zu hell, flächig zu linear, dynamisch zu statisch, weich zu hart oder fließend zu ruhend.

4.2.2. Kontrastwirkungen der Komposition

Beim typografischen Gestalten können mehrere Kontrastwirkungen angewendet werden, um den Formausdruck zu erreichen, der nach der Funktion des Druckerzeugnisses angestrebt wird. Der Technik der Typografie entspricht der Gegensatz waagerecht – senkrecht, der sich aus der Leserichtung und der Rechtwinkligkeit des Satzgefüges, auch des Fotosatzes, zwangsläufig ergibt. Beim Anordnen des Satzes auf der Fläche hängt die Wirkung zunächst vom Kontrast des Bedruckten zum Unbedruckten ab. Zwischen beiden kann ein Spannungsverhältnis bestehen oder Harmonie. Bei der Gliederung des Textes ist der Kontrast groß – klein ein wichtiges Wirkungsmittel. Auch die Grauwerte der Satzgruppen, die Strukturen verschiedener Texte können als Gegensätze innerhalb der typografischen Komposition wirksam werden (Bilder 4/24 bis 4/29). Zu heftige Kontraste sind bei

rund	OQ	o
eckig	AKMNVWXYZ	kvwxyz
gebogen	JRS	fjrst
gerade	EFHILT	il
geschlossen	DBP	bdgpg
offen	CGU	acehmnu

4/22. Die Druckschrift besteht aus gegensätzlichen Formen, die das Wortbild prägen. Ordnung der beiden Alphabete nach drei Gegensatzpaaren.

gerade

kursiv

fett

fein

schmal

breit

4/23. Die wichtigsten Kontrastwirkungen, die mit verschiedenen Schriftschnitten zu erreichen sind

4/24. Anzeige für eine Ausstellung als Beispiel für den Gegensatz groß – klein (Gestaltung MASSIMO VIGNELLI)

4.2. Kontrast

4/25. Buchumschlag (Aufbau-Verlag, Berlin) als Beispiel für den Kontrast statisch – dynamisch (Gestaltung Heinz Hellmis)

4/26 und 4/27. Doppelseiten aus »Pablo Neruda: Ode an die Typografie« (Kniga, Moskau) mit dem Wirkungsmittel Kontrast von Juri Markow gestaltet. Gegensatzpaare rund – eckig und negativ – positiv

4. Gestaltungsprinzipien

4/28 und 4/29. Zeitschriftenumschläge (Gestaltung WALTER SCHILLER), Beispiele für die Gestaltungsgegensätze waagerecht – senkrecht und bedruckt – unbedruckt

4.2. Kontrast

Kombinationen gegensätzlicher Werte zu vermeiden. Es besteht die Gefahr, daß die gleichgewichtige Einheit des Ganzen durch das Überwiegen eines Wertes gestört wird oder nicht zustande kommen kann.

4.3. Rhythmus

Der Begriff wurde von der griechischen Philosophie (Sokrates) geprägt und aus der Musik in die Ästhetik übernommen. Es ist darunter der Ablauf einer gegliederten Bewegung zu verstehen. Der Rhythmus unterscheidet sich durch seinen lebendigen, natürlichen Wechsel vom mechanischen Bewegungsablauf des Taktes.

Rhythmische Bewegungsabläufe finden wir vielfältig in der Natur: im Wogen der Wasseroberfläche, im Wolkenbild und in der Silhouette einer Landschaft. Das Leben vollzieht sich im rhythmischen Wechsel der Tage und der Jahreszeiten. Das Pulsen des Blutkreislaufes, das Ein- und Ausatmen sind rhythmische Erscheinungen, die jeder wahrnehmen kann. Auf die Macht des Rhythmus hat Paul Klee überzeugend hingewiesen: »Wir können den Rhythmus mit drei Sinnen zugleich wahrnehmen: erstens ihn hören, zweitens sehen und drittens in uns fühlen. Das gibt seiner Wirkung auf unseren Organismus die Macht.«

In der Musik, dem Tanz und der dichterischen Sprache tritt der Rhythmus als ästhetisches Formprinzip am deutlichsten hervor; hier ist seine mächtige Wirkung besonders spürbar. Aber auch in der Ornamentik, der Schriftkunst und der Typografie hat der Rhythmus seine besondere Bedeutung.

4.3.1. Rhythmus der Schrift

Die Wiederholung bestimmter Formelemente ist kennzeichnend für die Schriftkunst und Typografie. In der geschriebenen Schrift ist die Rhythmisierung durch die

um im mumm nun mimi wozu rennen sie zu max bedacht haben fast alle Das geprägte Wortspiel

4/30. Durch den Wechsel von verschiedenen Buchstabengrundformen, von Ober- und Unterlängen erhält das Schriftbild rhythmischen Ausdruck.

Ausgeprägter Rhythmus

Verhaltener Rhythmus

Betonter Rhythmus

4/31. Der Rhythmus der Schrift, geschriebene Schrift mit ausgeprägtem, individuellem Rhythmus. Verhaltener Rhythmus (Maxima) und betonter Rhythmus (Garamond-Antiqua) in Druckschriften

Friede   auf unserer Erde!
 Friede   auf unserem Feld!
Daß es auch   immer   gehöre
    dem,   der es gut bestellt!

Aus dem «Friedenslied» von Bertolt Brecht

4/32. Bewußtes Anwenden größerer Wortabstände zur Betonung des sprachlichen Rhythmus, der Sprechpausen

Dynamik des Schreibvorganges bedingt. In der natürlichen Bewegung und Gegenbewegung der Hand beim Auf und Ab des fließenden Schreibens entstehen individueller Ausdruck und zufällige Erregungen. Es kommen Abweichungen und Varianten der Buchstabenformen vor, die der Handschrift ihren eigenen Rhythmus verleihen. Er ist ausgeprägter und stärker wirksam als in der Druckschrift, die sich durch völlig identische Buchstabenformen auszeichnet. Trotz vieler maschineller und automatischer Arbeitsgänge beim Herstellen und Setzen der Druckschrift ist sie als rhythmisches Gebilde zu werten. Die geometrisch verschiedenen Grundformen der lateinischen Buchstaben (vgl. Bild 4/22), der Wechsel von Groß- und Kleinbuchstaben, von Ober- und Unterlängen geben jedem Schriftbild eine rhythmische Struktur (Bild 4/30). Vom Formcharakter der Schrift und dem Wortbild der jeweiligen Sprache abhängig, tritt der Rhythmus mehr oder weniger eindrucksvoll hervor. Werden verschiedene Formelemente der geschriebenen Schrift, wie die Wechselwirkung von feinen und fetten Strichen, in die Schriftgestaltung einbezogen, verstärken sich die rhythmischen Werte. Sie erhält betonten Rhythmus und stärkeren Ausdruck (Bild 4/31).

4.3.2. Rhythmische Werte typografischen Gestaltens

In der Typografie gibt es neben diesem unveränderlichen, jeder Schrift eigenem rhythmischen Ausdruck noch andere rhythmische Werte, mit denen das Satzbild beeinflußt werden kann. Durch die Wortabstände, die nach ungleich langen Wörtern in einer Zeile auftreten, entsteht eine rhythmische Gliederung. Sie kann durch sehr enges Ausschließen fast aufgehoben und durch große Wortzwischenräume verstärkt werden. Im fortlaufenden Text wird die Lesbarkeit durch zu weite Wortabstände negativ beeinflußt, die Bindung geht ver-

Alle gute Typographie muß von der Erfahrung ausgehen, daß der Lauf, das heißt die Länge des Wortes oder der Zeile zufällig ist und kaum beeinflußt werden kann. Daher ist Blocksatz wesentlich untypographisch. Daher sind auch Ausgangszeilen etwas Natürliches.

Aber sie allein genügen nicht, einen neuen Absatz zu kennzeichnen, da sie zufällig auch einmal zu vollen Zeilen werden können. Wir benötigen daher Einzüge am Anfang der Absätze!

Zwischen die Absätze stärkeren Durchschuß zu legen, führt zum Verlust des Rhythmus der Zeilenfolge, der ein Prüfstein wohlgeordneter Typographie ist.

Im Buche, wo dies glücklicherweise verpönt ist, verwischt ein Satz ohne Einzüge die Deutlichkeit des Inhaltes und gefährdet die sichere Erhaltung der vom Schriftsteller vorgesehenen Unterbrechungen. Die Kunst des einfachen und doppelten Einzuges ist ein Schlüssel zu gesunder Typographie.

Jan Tschichold

Alle gute Typographie muß von der Erfahrung ausgehen, daß der Lauf, das heißt die Länge des Wortes oder der Zeile zufällig ist und kaum beeinflußt werden kann.
Daher ist Blocksatz wesentlich untypographisch. Daher sind auch Ausgangszeilen etwas Natürliches.

Aber sie allein genügen nicht, einen neuen Absatz zu kennzeichnen, da sie zufällig auch einmal zu vollen Zeilen werden können. Wir benötigen daher Einzüge am Anfang der Absätze!

Zwischen die Absätze stärkeren Durchschuß zu legen, führt zum Verlust des Rhythmus der Zeilenfolge, der ein Prüfstein wohlgeordneter Typographie ist.

Im Buche, wo dies glücklicherweise verpönt ist, verwischt ein Satz ohne Einzüge die Deutlichkeit des Inhaltes und gefährdet die sichere Erhaltung der vom Schriftsteller vorgesehenen Unterbrechungen. Die Kunst des einfachen und doppelten Einzuges ist ein Schlüssel zu gesunder Typographie.

Jan Tschichold

4/33. Satz in verschieden langen Zeilen (Flattersatz, Rauhsatz) kann durch größere oder geringere Differenzen stark oder verhaltener rhythmisiert werden.

loren, und die Zeile löst sich in einzelne Wörter auf (vgl. Bild 5/2). Innerhalb einer Zeile oder Wortgruppe kann diese Möglichkeit zur Akzentuierung einzelner Wörter berechtigt sein (Bild 4/32).

Einzüge und Ausgangszeilen sind ebenfalls rhythmisch wirksame Gliederungsmittel, die nicht willkürlich angewendet werden können. Mit mehr oder weniger betonten Einzügen ist eine Satzspalte im Rhythmus zu verstärken oder zu mildern.

Rhythmischer Textablauf entsteht beim Satz in verschiedenen langen Zeilen (Flattersatz, Rauhsatz). Die Zeilenlängen können durch große Unterschiede sehr stark oder bei geringeren Differenzen verhaltener rhythmisiert werden (Bild 4/33). Ebenso ist es möglich, mit Linien oder Schmuckstücken rhythmische Gliederungen zur Belebung des Gesamteindrucks in das Satzbild zu bringen.

Insbesondere bei der kompositorischen Ordnung einzelner typografischer Elemente auf der Fläche kann der Rhythmus als ausdrucksvolles Gestaltungsprinzip verwendet werden. Das Satzformat, die Textkolumne, kann in einer rhythmischen Beziehung zum Papierformat stehen. Bei der Reihung gleichwertiger Satzgruppen oder Bilder kann diese einfache Nebenordnung durch eine rhythmische Anordnung die gleichförmige Komposition wesentlich beleben. Mehr noch tritt der Rhythmus in der asymmetrischen Gruppierung als Ausdruck von Bewegung und Spannung hervor (Bilder 4/34 bis 4/35).

4.4. Komposition

Der wesentliche Teil der Gestaltung in der Typografie ist das Zusammenfügen der einzelnen Elemente (glatter Satz, Überschriften, schmückendes Beiwerk) zu einem wirksamen Ganzen. Dieser Vorgang und

4/34. Plakat in mehrfach sich überlagernder rhythmischer Komposition des Wortes »Jazz« (Gestaltung RALPH COBURN)

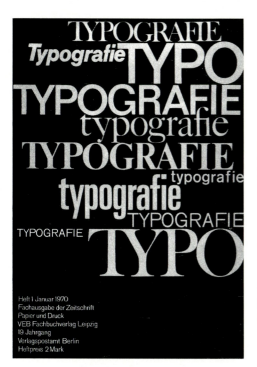

4/35. Zeitschriftenumschlag »Typografie«, der durch die rhythmische Wiederholung der Titelzeile in verschiedenen Schriften belebt wird. Original zweifarbig (Gestaltung Ullrich Hilbert)

sein Resultat werden als Komposition bezeichnet. Sie soll die Struktur eines Textes und dessen Gesamtform in Übereinstimmung bringen.

Die Grundlage der Komposition ist in der Typografie zumeist eine strenge Flächengliederung; gedachte Achsen, nach denen die Elemente geordnet sind, bilden das kompositorische Gerüst. Zwischen bedruckter und unbedruckter Fläche entstehen Figur-Grund-Beziehungen, die verschiedenen Charakter haben (vgl. Abschnitt 4.1.4.).

Werden beispielsweise verschieden lange Zeilen auf Mitte gestellt, so sind sie auf eine senkrechte Achse zentriert, die alle Zeilen und die Fläche in gleiche Hälften teilt. Es entsteht ein Gleichgewicht in der Komposition. Sind die gleichen Zeilen linksbündig angeordnet, so bilden ihre Zeilenanfänge eine Achse, die senkrecht die Fläche ungleich aufteilt. Je nach Zeilenlänge erhält die Komposition mehr oder weniger große Spannung (Bilder 4/36 und 4/37).

In einer Komposition können solche gedachten Achsen senkrecht und auch

> Der Streit
> um Symmetrie
> oder Asymmetrie
> ist müßig.
> Beide haben ihre Gebiete
> und besondern Möglichkeiten.
> Man glaube aber nicht,
> daß die unsymmetrische Satzweise,
> weil jünger,
> unbedingt die moderne
> oder gar die absolut
> bessere sei.
>
> Jan Tschichold
> 1952

4/36. Auf einer Achse zentriert angeordnete Zeilen ergeben ein optisches Gleichgewicht.

Der Streit
um Symmetrie
oder Asymmetrie
ist müßig.
Beide haben ihre Gebiete
und besondern Möglichkeiten.
Man glaube aber nicht,
daß die unsymmetrische Satzweise,
weil jünger,
unbedingt die moderne
oder gar die absolut
bessere sei.

Jan Tschichold
1952

4/37. Linksbündig angeordnete Zeilen bilden eine vertikale Achse, die eine Fläche ungleich aufteilt; es entsteht eine bestimmte Spannung.

4.4. Komposition

waagerecht verlaufen. Ihre Kreuzungspunkte sind besondere Wirkungszentren im kompositorischen Gerüst (vgl. Bild 4/45). Diese Gestaltungsachsen sind in der Typografie vielfach auch funktionell bedingt. Es kann Haupt- und Nebenachsen geben, nach denen Texte verschiedener Bedeutung geordnet werden. Eine Hauptachse, wie der Satzspiegelrand, begrenzt nicht nur die Zeilen, sondern ist Grundlage für die Seitengestaltung, für registerhaltiges Ausschießen und Montage (Bild 4/38).

Die Vielfältigkeit typografischer Gestaltungsaufgaben erfordert verschiedene kompositorische Möglichkeiten. Sie reichen vom

4/38. Buchseite mit Marginalien (Gestaltung ALBERT KAPR). Die Anmerkungen sind links- und rechtsbündig an einer für das gesamte Werk einheitlichen Achse angeordnet.

4/39. Seitenpaar aus einer Ratgeber-Zeitschrift (Verlag für die Frau). Der vierspaltige, dichte Umbruch ist ebenmäßig und horizontal betont, er wirkt sachlich und glaubwürdig. Bemerkenswert sind die ungleich langen, an der kräftigen Kopfleiste orientierten Spalten (Gestaltung SIEGMAR FÖRSTER).

126 **4. Gestaltungsprinzipien**

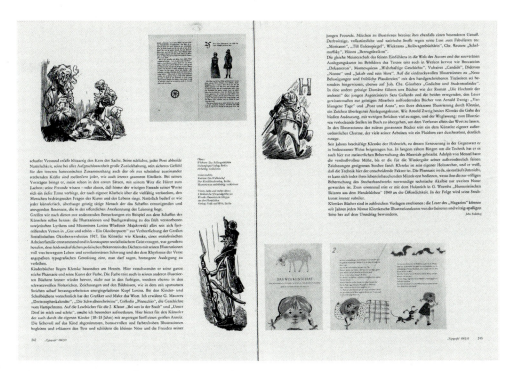

4/40. Seitenpaar einer Zeitschrift für Typografie (VEB Fachbuchverlag). Der lockere, asymmetrische Umbruch ist diagonal betont und ergibt einen spannungsreichen, anregenden Gesamteindruck (Gestaltung WALTER BERGNER).

Tabelle 9. Optischer Eindruck eines Seitengefüges und davon abgeleiteter Formcharakter (Gefühlswert)

Gliederung		Dichte		Richtungslage	
Spalten, Überschriften, Schriftwechsel, Linien und sonstige Elemente		Randverhältnisse, Schriftgröße, Durchschuß und Freiräume		Elemente vertikal oder horizontal gereiht, diagonal verschränkt oder ein Schwerpunkt	
Eindruck	Gefühlswert	Eindruck	Gefühlswert	Eindruck	Gefühlswert
stark gegliedert	lebhaft erregend unruhig	füllig gesättigt	sparsam sachlich eingeengt	horizontal betont	ruhig behaglich gelassen
schwach gegliedert	ebenmäßig geschlossen	licht luftig	großzügig vornehm verschwenderisch	vertikal betont	überzeugend herausfordernd kühn
gerade Spaltenzahl	traditionell ernsthaft geistig			diagonal betont	spannungsreich strebend drängend
ungerade Spaltenzahl	lebendig anregend heiter			Schwerpunkt bildend	signalisierend anziehend fesselnd

4.4. Komposition

strengen, linearen Gefüge bis zur freien, offenen Komposition und spielerischen Einfällen. Sind längere Texte zu einem Ganzen zu vereinen, ist der Satz fast immer in Spalten gegliedert. Das Zusammenfügen der Texte und sonstigen Elemente wird als Umbruch bezeichnet. Von den Ausdruckswerten der Fläche ausgehend (vgl. Abschnitt 4.1.), vermitteln diese Satzgefüge je nach Dichte, Gliederung und Richtungslage sehr differenzierte optische Eindrücke (Bilder 4/39 und 4/40). Den Eindruckstendenzen dieser drei kompositorischen Momente sind in Tabelle 9 jeweils Gefühlswerte zugeordnet, die den Formausdruck charakterisieren sollen.

Bei der Gestaltung von Zeitschriften und Zeitungen unterstützt insbesondere der Formcharakter der Komposition die journalistische Wirkung, aber auch bei anderen Druckerzeugnissen hat er große Bedeutung. Im folgenden werden die wichtigsten Ordnungsprinzipien dargestellt, und es wird auf ihre praktische Anwendung beim typografischen Gestalten eingegangen.

4.4.1. Symmetrie

Im naturwissenschaftlichen Sinne ist Symmetrie die Eigenschaft geometrischer Figuren, sich bei bestimmten Bewegungen zur Deckung zu bringen. Symmetriebewegungen sind: Spiegelung, Translation und Rotation. Sie führen zu den Hauptarten der Symmetrie: bilaterale, translative und Zentralsymmetrie.

In der Typografie wird Symmetrie im allgemeinen in der Form der bilateralen oder **Spiegelsymmetrie** verwendet, bei der sich zwei spiegelgleiche Hälften um eine Achse ordnen. Im strengen Sinne gibt es aber in der Typografie keine völlige Spiegelgleichheit, da der um eine Achse angeordnete Text an keiner Stelle seitenverkehrt erscheint, sondern der Text einfach mit den wechselnden Buchstabenbildern über die Gestaltungsachse geführt wird. Die auf eine vertikale Achse bezogene Symmetrie gehört zu den eindrucksvollsten Gestaltfaktoren, geringe Abweichungen werden deshalb als symmetrisch akzeptiert. Als bewußt gesetzte Akzente können sie sogar die Komposition beleben (vgl. Bild 2/81).

Translative Symmetrie tritt bei abstandsgleicher Reihung von Satzgruppen oder bei fortschreitenden Mustern im typografischen Ornament auf (Bild 4/41).

Zentralsymmetrie kann in der Typografie in punktsymmetrischen Formen von Ornamenten und Signets, aber auch bei Anordnungen, die einen Mittelpunkt betonen, vorkommen (Bild 4/42).

Das Streben nach Symmetrie entspricht einem Urtrieb menschlichen Ordnungs-

4/41. Titelseite eines Faltprospektes, dessen abstandsgleiche Reihung von Elementen ein Beispiel translativer Symmetrie darstellt

4/42. Buchumschlag in punktsymmetrischer Anordnung des Textes, die hier eine ideale Übereinstimmung zum Inhalt ergibt (Gestaltung EGON HUNGER)

sinnes. Sowohl achs- als auch punktsymmetrische Formen haben hohe Prägnanz und hohen Aufmerksamkeitswert. Die Symmetrieachse wird als ordnendes Rückgrat der Komposition empfunden, sie beherrscht das Gesamtbild und zieht die Aufmerksamkeit auf sich. Durch symmetrische Anordnungen lassen sich auf einfache Weise Formenvereinfachungen erreichen, die den Eindruck von Geschlossenheit und Gleichgewicht vermitteln. Die Symmetrie ist ein dekoratives Ordnungsprinzip, das sich vordringlich für repräsentative, würdige und festliche Anlässe eignet, aber auch bei vielen anderen Aufgaben als ebenmäßige, natürliche Ordnung angebracht sein kann (Bild 4/43). In der Typografie ist die Symmetrie seit den Frühdrucken bekannt und wird auch künftig ihre Bedeutung behalten.

4.4.2. Asymmetrie

Als typografische Gestaltungsmöglichkeit trat die Asymmetrie bewußt erst um 1890 auf und konnte sich endgültig in den zwanziger Jahren unseres Jahrhunderts durchsetzen. Asymmetrische Kompositionen gehen von Figur-Grund-Beziehungen aus, in denen die leere Fläche als bewußte Gegenform gewertet wird. Durch Auflokkern und Verdichten der Kompositionsstruktur, durch schrägen Richtungslauf ist mit asymmetrischen Ordnungen der Eindruck von Spannung und Dynamik zu erzeugen. Asymmetrie ist vielgestaltiger und neigt weniger zur Ruhe und Monotonie als Symmetrie. Das Neben- und Unterordnen von Satzteilen ist bei asymmetrischer Gestaltung erleichtert. Sie ist deshalb

BERNARDO BELLOTTO
genannt Canaletto

*DRESDEN
IM 18. JAHRHUNDERT*

Fritz Löffler

Koehler & Amelang
Leipzig

4/43. Titelseite eines Bildbandes in symmetrischer Gestaltung, gliedernde Schmuckstücke (im Original farbig) betonen diese. In einem Schriftgrad gesetzt, Hervorhebungen Kursiv (Gestaltung HORST SCHUSTER)

für komplizierte Textstrukturen als Ordnungsprinzip geeigneter (Bild 4/44).

Bei asymmetrischen Anordnungen ist die Form der leeren Fläche genau in ihrer Wirkung einzukalkulieren. Sie darf, um den Ausgleich zur Form des Bedruckten zu erreichen, nicht zerrissen und willkürlich erscheinen. Im allgemeinen ist es schwieriger, asymmetrische Formgefüge zum optischen Gleichgewicht zu bringen als symmetrische. Zum Gleichgewicht bewegen sich alle dynamischen Systeme in der Natur hin, wie beispielsweise die Wetterentwicklung. Auch das höchste Ziel der Gestaltung ist es, Gleichgewicht zwischen den verschiedenen Kompositionselementen herzustellen (Bild 4/45).

Es ist möglich und kann sehr effektvoll sein, symmetrische und asymmetrische Ordnungen in einer Komposition zu vereinen. Zu beachten ist dabei, daß ein Ordnungsprinzip das Schwergewicht behält. Wird diese Regel verletzt, kann die gute Gesamtwirkung gestört werden, das Ordnungsgefüge sich auflösen (Bild 4/46).

Beide Ordnungsprinzipien, Symmetrie und Asymmetrie, sollten in der Typografie stets nach Funktion und Inhalt der Druckerzeugnisse gewählt werden. Jede Gestaltung ist verfehlt, in der einer vorgefaßten Form willen der Text sinnwidrig angeordnet wird. Vorbehalte gegenüber einem der beiden Prinzipien oder Bevorzugung aus subjektiven Gründen sind unberechtigt.

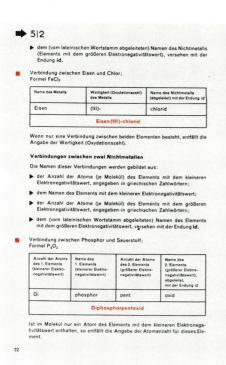

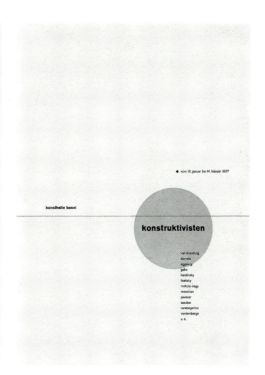

4/44. Seite aus einem Schulbuch, für dessen Textstruktur die asymmetrische Anordnung (auch der Tabellen) am geeignetsten ist (Gestaltung Günter Runschke).

4/45. Das asymmetrisch gestaltete Plakat hat optisches Gleichgewicht. Der Schnittpunkt vertikaler und horizontaler Achsen wird als Blickfang genutzt (Gestaltung Jan Tschichold).

4/46. Zeitschriftenumschlag (Gestaltung Bohuslav Blazej). Beispiel einer gelungenen Kombination von symmetrischem und asymmetrischem Ordnungsprinzip

4.4. Komposition

4.4.3. Typografische Rasternetze

Der Gebrauch des Rasters als Ordnungsprinzip für flächige und plastische Raumprobleme kommt aus dem Bauwesen. In den zwanziger Jahren unseres Jahrhunderts entstanden die ersten Entwürfe mit Rasterlinien für industrielles Bauen. Die moderne Montagebauweise setzt Rastersysteme für die architektonische Projektierung der Gebäudetypen voraus. In der Typografie waren es die Vertreter der sachlichen und funktionellen Gestaltungsweise, die den Raster zuerst anwendeten. Seit den fünfziger Jahren wurden Rastersysteme vor allem in der Schweiz entwickelt und sind dort vorzugsweise im Gebrauch.

Als Ordnungsprinzip dienen Rasterlinien in der Typografie am besten dort, wo der Eindruck von Geschlossenheit, Transparenz und Zweckmäßigkeit erreicht werden soll. Bei der engen Verbindung aller Teile eines mehrseitigen Druckerzeugnisses, wie Büchern, Katalogen und Prospekten oder auch Zeitungen und Zeitschriften, hat sich der Raster als Gliederungsschema des Satzspiegels (vgl. Abschnitt 5.2.2.) bewährt. Es lassen sich aber auch einzelne Elemente, wie Zeilen, Satzgruppen und Bilder, auf Plakaten, Programmen und Anzeigen nach einem Rasternetz zusammenfassen und übersichtlich ordnen.

Der Satzspiegel wird durch die netzartige Aufteilung mit vertikalen und horizontalen Achsen untergliedert. Die horizontale Einteilung sollte immer vom Zeilenabstand der Grundschrift als kleinster Einheit ausgehen. Die vertikale Einteilung wird durch Breite und Anzahl der Satzspalten und die Spaltenzwischenräume bestimmt. Der Satzspiegel ergibt sich aus der Summe der gewählten Einheiten; er bleibt für alle Seiten eines Druckerzeugnisses konstant. Die Ränder sollten in der Regel größer als die Spaltenzwischenräume sein, damit das Seitenbild vom Rand zusammengefaßt wird (Bilder 4/47 und 4/48).

Je nach der Art des Druckerzeugnisses und des angestrebten Formausdruckes können die Rasterproportionen verschieden sein. Sie werden vom Papierformat beeinflußt, müssen aber nicht mit ihm übereinstimmen. Es können sowohl gleichgroße als auch in Höhe und Breite verschiedene

4/47 (links) und 4/48. Zwei Seitenpaare aus dem nach einem Rasternetz gestalteten Bildband »Zwei an der Saale: Halle, Halle-Neustadt« (VEB F. A. Brockhaus Verlag, Leipzig). Das Ordnungsprinzip faßt Einzelbilder thematisch zusammen, tritt aber in dem von ganz- und doppelseitigen Bildern übertönten Gesamteindruck nicht hervor (Gestaltung Sonja und Gert Wunderlich).

Rasterflächen festgelegt werden. Der Raster wird als Gestaltungsmöglichkeit heute sehr vielfältig und frei gehandhabt (Bilder 4/49 bis 4/51).

Im allgemeinen bestimmen die festgelegten Rasterlinien Stand und Größe der Textgruppen sowie der Bilder. Beide haben die Maße eines oder mehrerer Rastereinheiten. Die Textmengen und Bildgrößen lassen sich so innerhalb des Rasternetzes vielfältig verändern. Durch verschieden große Elemente und Freilassen von Rasterflächen wird das Seitenbild variantenreich gestaltet und rhythmisch belebt. Der gleichmäßige Raster faßt die durch Größe und Proportionen differenzierten Werte zu einer formalen Einheit zusammen. Im Gesamteindruck wird der Raster aber nicht hervortreten und von den einzelnen Komponenten überspielt werden.

Es ist allerdings auch möglich, das Rasternetz als Wirkungsmoment bewußt anzuwenden und zu betonen. Damit sind bei bestimmten Gestaltungsaufgaben, wie Plakaten, Prospekten und ähnlichem, eindrucksvolle Effekte zu erreichen (Bilder 4/52 und 4/53).

Typografische Rasternetze sind auch für die wirtschaftliche Produktion ein rationelles Hilfsmittel. Sie müssen deshalb für Setzer und Drucker verständlich vorbereitet sein. Im Hinblick auf Fotosatz, manuelle Montage und Seitengestaltung auf dem Bildschirm sind Rasternetze zukunftsorientiert (Bild 4/54). Es ist gewiß falsch, sie als das universelle Ordnungsprinzip zu erachten, wie dies von Typografen als Ausdruck einer bestimmten Haltung bekundet wird. Der konstruktive, mathematische und rationale Charakter dieser typografischen Gestaltungsmöglichkeit ist allerdings nicht zu verkennen.

4.4. Komposition

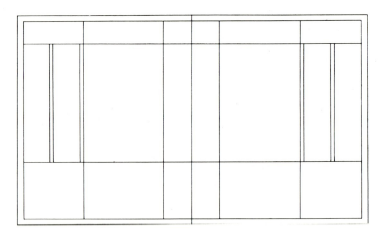

4/49 bis 4/51. Gestaltungsschema und zwei Seitenpaare der Künstlermonographie »Klaus Wittkugel« (VEB Verlag der Kunst, Dresden). Zu dem Text des Werkes sind Anmerkungen, teils zweispaltig, und Bilder verschiedener Größe und Proportionen montiert. Die Rasterlinien gliedern das Format asymmetrisch, sie werden variationsreich gehandhabt und wenn nötig auch überspielt (Gestaltung KLAUS WITTKUGEL).

4.4.4. Freie Komposition

Die freie Anordnung verschiedenartiger typografischer Elemente auf einer Fläche ermöglicht besonders ausdrucksreiche Gestaltungen. Neben den Futuristen waren es vor allem die Konstruktivisten, die von den überlieferten Ordnungsprinzipien bewußt abgingen und neue typografische Ausdrucksformen fanden (Bilder 4/55 und 4/56). Sie setzten die Erkenntnis durch, daß die Elemente der typografischen Komposition an jeder Stelle der Fläche – schräg oder auch gestürzt – angeordnet sein können, um eine gewünschte Gesamtwirkung zu

4/52. Innenraumplakat, auf dem die verstümmelten Menschen in einem Raster eingeordnet sind, der als wichtiges Ausdrucksmittel bewußt betont wird (Gestaltung KLAUS WITTKUGEL).

4/53. Vorderseite eines Faltprospektes »form, Zeitschrift für Gestaltung«. Der Raster ist durch verschieden dicke Linien und eingestreute Bilder rhythmisch belebt, er tritt effektvoll als Symbol vielfältigen Inhaltes hervor.

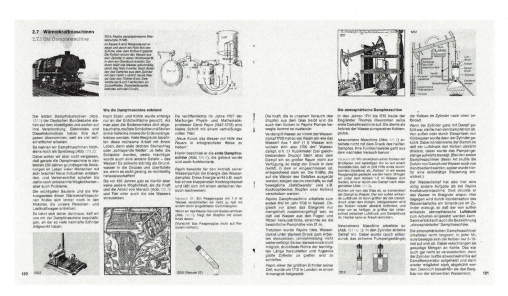

4/54. Doppelseite aus dem Lehrbuch »Natur und Technik, Physik, Gesamtausgabe« (Cornelsen-Velhagen & Klasing GmbH & Co, Berlin). Dem zweifarbig gedruckten Arbeitsbuch liegt ein typografischer Raster zugrunde, der eine konstante Bildleiste am Kopf aufweist, die Bildgrößen innerhalb des Rasters jedoch variiert.

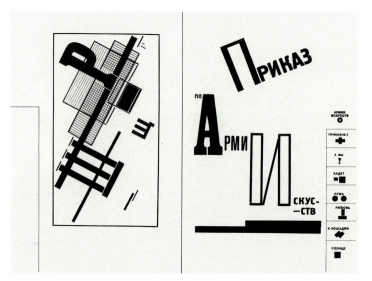

4/55. Seitenpaar aus dem Buch »Majakowski: Für die Stimme«, Gestaltung EL LISSITZKY, 1923, Original zweifarbig

erzeugen. Als Maßstab für das Niveau der Komposition kann dabei nur das optische Gleichgewicht gelten, das mit den einzelnen Komponenten erreicht werden muß.

Die Ordnungsprinzipien Symmetrie und Asymmetrie haben bei freier Komposition nur bedingte Bedeutung; ein kompositorisches Gerüst von vertikalen oder horizontalen Achsen ist ganz selten vorhanden. Größerer Wert wird auf sinnfällige Textgliederung gelegt, die nicht innerhalb eines festen Schemas erfolgt. Die Satzgruppen

4/56. Anzeige für eine Kabelfabrik, Gestaltung
Piet Zwart, 1924

sind selten seitlich begrenzt, sie bestehen zumeist aus nach links und rechts frei auslaufenden Zeilen. Die Interpretation des Textes durch verschiedene Abstufungen, Schriftgrad- und Schriftartenänderungen, wird zur Belebung genutzt und optisch wirkungsvoll angewendet.

Solche typografischen Formen erfordern genügend Freiraum, es sei denn, durch engste Verschachtelung der Satzteile wird versucht, einen bestimmten Ausdruck zu erreichen. Im allgemeinen werden die Komponenten ein lockeres Gefüge bilden, in dem sich ihre Formen ungezwungen entfalten und durch die Gegenform nicht bedruckter Flächen ein überraschendes, neuartiges Bild ergeben.

In freien Anordnungen können sowohl gleichförmige Teile als auch stark differenzierte miteinander verbunden werden. Die Komposition kann in besonderen Fällen bildhaften Charakter haben, wird aber stets individuelle Aussage anstreben. Ihr Formausdruck ist breit gefächert, er reicht vom impressiv flüchtigen und dezenten bis zum würdigen und repräsentativen. Damit sind auch die vielfältigen Anwendungsmöglichkeiten der freien Komposition umrissen: Privatdrucksachen, Anzeigen, Plakate, Buchumschläge, Zeitschriftentitel und Adressen. Die vorgestellten Beispiele sollen die Vielfalt der Formen und des Ausdrucks sowie die Bereicherung durch den Fotosatz aufzeigen (Bilder 4/57 bis 4/62).

Früher mußten mit allerlei Manipulationen die Schwierigkeiten der Setztechnik umgangen werden. Der Fotosatz hat insbesondere für die freie Komposition die Gestaltungsmöglichkeiten erheblich erweitert. Technisch können Wortbilder schräggestellt, perspektivisch dargestellt, durch Raster modifiziert und konturiert werden.

Mit speziellen Objektiven kann der Satz wellenverformt, plastisch angeordnet und als Rundsatz ausgeführt werden. Den Ideen zu bildhaftem Ausdruck in Schriftkompositionen sind nahezu keine Grenzen gesetzt, außer der auch dabei erforderlichen Lesbarkeit. Die schöpferische Phantasie kann sich durch fotografische Verformung der Buchstaben und freie Komposition voll entfalten und alle anderen Gestaltungsprinzipien, wie Rhythmus, Kontrast und Flächenspannung, entsprechend einbeziehen.

4.4. Komposition

Einer, der nur Zeitungen liest und, wenn's hochkommt, Bücher zeitgenössischer Autoren, kommt mir vor wie ein hochgradig Kurzsichtiger, der es verschmäht, Augengläser zu tragen. Er ist völlig abhängig von den Vorurteilen und Moden seiner Zeit, denn er bekommt nichts anderes zu sehen und zu hören. Und was einer selbständig denkt, ohne Anlehnung an das Denken und Erleben anderer, ist auch im besten Falle ziemlich ärmlich und monoton.

Albert Einstein

Der klugen Menschen mit klarem Geist und Stil und mit gutem Geschmack sind gar wenige in einem Jahrhundert. Was von ihnen bewahrt worden ist, gehört zum wertvollsten Gut der Menschheit. Einigen Schriftstellern des Altertums ist es zu verdanken, daß die Menschen im Mittelalter sich langsam aus dem Aberglauben und der Unwissenheit herausarbeiten konnten, die mehr als ein halbes Jahrtausend lang das Dasein verdunkelte. Mehr braucht man nicht, um den Gegenwartshochmut zu überwinden.

4/57. Innenseiten einer Faltkarte, im Original zweifarbig, Gestaltung HERMANN ZAPF

4/58. Neujahrskarte, im Original zweifarbig, Gestaltung WALTER SCHILLER

Bei solchen Erfindungen* wie die eines ganz neuen Abc-Buchs für ganze Länder, die es lesen, sind auch Kleinigkeiten, welche um deren Geburt umher waren gleichsam als Mütter und Wehmütter, in hohem Grade wichtig. Das Schicksal wollte nämlich haben, daß Fibel eines Abends vor der zerbrochenen Fensterscheibe des Schulmeisters vorbeiging, und daß darein statt des Glases der sogenannte Abc-Hahn eingeklebt war, dessen Tierstück die älteren Abc-Bücher mit einem Prügel in der Kralle abschließt. Aber dieser Scheiben-Hahn wird noch viel wichtiger durch einen Traum, womit er Fibels ersten Schlummer schwängerte, und welcher nachher so gewaltig alle Schulbänke und Abc-Schützen erschütterte. Alle Vögel seines Vaters — träumte er — flatterten und stießen gegeneinander, pfropften sich ineinander und wuchsen endlich zu *einem* Hahne ein. Der Hahn fuhr mit dem Kopfe zwischen Fibels Schenkel, und dieser mußte auf dessen Halse davonreiten, mit dem Gesichte gegen den Schwanz gekehrt. Hinter ihm krähete das Tier unaufhörlich zurück, als würd' es von einem Petrus gerritten; und er hatte lange Mühe, das Hahnen-Deutsch in Menschen-Deutsch zu übersetzen, bis er endlich herausbrachte, es klinge HA, HA. Es sollte damit weniger — sah er schon im Schlafe ein — der Name des Hahns ausgesprochen (das N fehlte), noch weniger ein Lachen oder gar jener

* Mit einem, leider nur kleinen, Auschnitt aus dem von Jean Paul beschriebenen Leben Fibels, des Verfassers der Bienrodischen Fibel, die besten Wünsche zum neuen Jahr.
Familia Walter Schiller

a 𝔄 Affe
Der Adam gar possierlich ist, Zumal wenn er vom Apfel frißt.

b 𝔅 Bär

c ℭ Camel

e 𝔈 F f

DAS
𝔄bcedee
efgehaikael
emenopequeres
teuvauweix
ypsilonzet
BUCH

G g
Das Fleisch der Gänse schmecket wohl, Die Gabel es vorlegen soll.

HA-HA
𝔥 HU
HE
HAU   i 𝔍H-IX

Verwunderungs-Ausbruch vor den damals noch unerfundnen Park-Graben angedeutet werden, sondern als bloßes HA des Alphabets, welches H freilich der Hahn eben so gut wie HE betiteln konnte, wie B BE, oder HU, wie Q KU, oder HAU, wie V VAU, oder IH, wie X IX. Fibel hörte hinter sich über fünfzehn Schulbänke das Abc aufsagen, aber jedesmal das H überhüpfen; endlich fuhr der Reithahn unter sie, und sie riefen einhellig: HA, HA pp., ohne zu lachen. Und Helf konnte jetzt sehen, daß jede Bank ein Abc-Buch voll eingeschnitzter Bilder war — zum Beispiel bei A einen Hintern, bei B eine Birkenrute für jenen —, aber nur um H war nichts gemalt, bis der Hahn leibhaftig den Buchstaben vorstellte so wie Hennen die EN. Da rief Helfen eine Stimme mehr aus dem Himmel als aus der Hahn-Gurgel zu: »Sitze ab, Student, und ziehe aus eine Schwanzfeder dem Hahn und setze damit auf das Buch der Bücher, voll aller MATRES ET PATRES LECTIONIS, das Werk, das der größte Geist studieren muß, schon eh' er nur fünf Jahr alt wird, kurz, das tüchtigste Werk mit dem längsten Titel, das so viele Menschen aus Kürze bloß das Abc-Buch nennen, da sie es das Abecedeeefgehaikaelemenopequeresteuvauweixypsilonzet-Buch nennen könnten; schreibe dergleichen, *mein* Fibel, und die Welt liest.«
Darüber wurd' er — was wohl jeder angehende Schriftsteller würde — wach und setzte sich im Bette auf; der Traum war heiß in seine Brust gefahren und

138   **4. Gestaltungsprinzipien**

4/59. Buchumschlag mit Grafiken von ROLF KUHRT, Gestaltung WALTER SCHILLER

4/60. Doppelseite aus dem Buch »Neruda: Glanz und Tod des Jaquin Murieta …«, Gestaltung ANGELIKA KUHRT, Illustration VOLKER WENDT

4.4. Komposition

4/61. Seitenpaar aus dem Buch »Cocteau: Die geliebte Stimme«, Gestaltung BARBARA CAIN

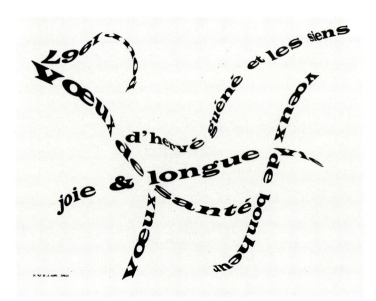

4/62. Neujahrsglückwunsch, Gestaltung HERVÉ GUÉNÉ

5. Funktionen und Formen

*Die Gliederung
ist aber gerade das Wesen der Sprache;
es ist nichts in ihr,
das nicht Theil
und Ganzes seyn könnte,
die Wirkung
ihres beständigen Geschäfts
beruht auf der Leichtigkeit,
Genauigkeit und Übereinstimmung
ihrer Trennungen
und Zusammensetzungen.*

Wilhelm von Humboldt

Die Funktion der Typografie besteht im Vermitteln eines sprachlichen Inhaltes. Er erhält durch die Schrift seine sichtbare Form. Sprache und Schrift sind ursächlich verbunden. Die Sprache ist beim Lesen das primäre Kommunikationsmittel. Typografisches Gestalten hat deshalb von der Sprache auszugehen und diese differenziert darzustellen.

Der Aufbau einer Sprache, ihre Wortarten, Beziehungsmittel und ihr Satzbau sind in der Grammatik geregelt. Davon abgeleitet entstanden Richtlinien für die Typografie, die als Handwerksregeln überliefert oder als eigene Gestaltungsmöglichkeiten bekannt sind. Ein strenges Regelwerk für funktionsgerechte typografische Formen, eine verbindliche Grammatik der Typografie, besteht nicht. Viele sprachliche Situationen können typografisch sehr verschiedenartig ausgeführt werden.

Die Bedeutung einiger typografischer Formen, insbesondere im fortlaufenden Text, sind durch Konvention festgelegt. Erweiterung einzelner Wortzwischenräume und Zeilenabstände, Einzüge, Ausgangszeilen und ähnliches wurden zu nonverbalen Informationen, die nicht willkürlich angewendet werden können. Für allgemeingültige Regeln bestehen Normen oder, wie in der DDR, verbindliche Standards, die jedem Typografen bekannt sein müssen. Im Standard TGL 10-081/01 und 02 sind, unabhängig vom angewendeten Setzverfahren, typografisch-technische Vorschriften für Satzherstellung und Umbruch festgelegt. Die folgenden Abschnitte berücksichtigen sie; wo notwendig, ist darauf verwiesen.

Der Textinhalt, den Typografie zu vermitteln hat, ist so verschieden wie die Sprechsituationen. Es kann behaglich erzählt, sachlich mitgeteilt oder schreiend angepriesen werden. Der Formenschatz der Typografie ermöglicht es, den Text der jeweiligen Funktion gemäß darzustellen. Typografische Formgebung erfolgt nicht allein durch den Ausdruck der Schrift, sondern auch durch ihre Anordnung auf der Fläche, durch die Komposition, wie bereits ausführlich in Abschnitt 4.4. erläutert wurde. Für bestimmte Gestaltungsaufgaben sind, unabhängig von historischen Formeinflüssen, typografische Grundformen entstanden. Das Bilden von Zeilen sowie das Ordnen zu Spalten und Seiten sind die wichtigsten Stufen sinnvoller Aufbereitung fortlaufender Texte. Diese Formen werden am meisten von der Setztechnik beeinflußt und sollen zuerst behandelt werden. Die verschiedenen Reihenanordnungen und funktionsbedingte, individuelle Formen folgen. Dabei ist es erforderlich, die wichtigsten Gestaltungsmöglichkeiten im Zusammenhang mit konkreten Kommunikationsaufgaben darzustellen und technisch zu erläutern. Technik, Funktion und Form sind in der Typografie aufs engste verbunden, es sind drei dialektische Bestandteile eines Ganzen.

5.1. Glatter Satz und Auszeichnungen

Am häufigsten hat Typografie die Sprache in Form des fortlaufenden Textes zu vermitteln, **Mengensatz** für normales Lesen auszuführen. Von der Art des Textes wird bestimmt, welche Schriftart und -größe, welche typografische Form anzuwenden ist. Belletristische Literatur, sachliche Mitteilungen und Berichte verlangen gut lesbare, im Ausdruck auf den Inhalt abgestimmte Schriften. Die Schriftgrade 9 bis 12 p (vgl. Tabelle 1) sind dafür am besten geeignet. Sie werden zumeist ohne Auszeichnungen gesetzt.

Neben dem fortlaufenden Lesen sind hauptsächlich das kurze, informierende Lesen in Lexika und Wörterbüchern sowie das gründliche Lesen ausgewählter Abschnitte in wissenschaftlichen und Fachbüchern zu unterscheiden. Nachschlagewerke können in kleineren Schriftgraden neutralen Charakters gesetzt werden. Für

Lehrbücher sind Schriften mit mehreren Auszeichnungsvarianten erforderlich, um das Lernen aktivierende, didaktische Typografie zu ermöglichen.

Nicht nur in Büchern, sondern auch in Zeitungen, Zeitschriften und vielen anderen Druckerzeugnissen ist glatter Satz ein bedeutender Formbestandteil. Mit dieser einfachsten Satzaufgabe, die Grundlegendes für alle weiteren umfaßt, wollen wir uns zunächst beschäftigen. Danach werden die Auszeichnungen behandelt, die mit den Schriftschnitten einer Schriftfamilie (vgl. Abschnitt 2.1.3.4.) möglich sind.

5.1.1. Vom Wort zur Zeile und Spalte

Das **Wort**, der kleinste sprachliche Satzbestandteil, ist eine Kombination von Buchstaben. Ihre Folge ergibt sich aus der orthografischen Schreibweise des Wortes. Die Buchstaben sind im richtigen Abstand zueinander zum ausgeglichenen Wortbild zusammenzufügen. Beim normalen Satz bis zur Schriftgröße von 12 p reguliert die vom Schrifthersteller zugerichtete Laufweite eine gleichmäßige Wirkung des Wortbildes (vgl. Abschnitt 2.1.1.1.). Bei größeren Schriftgraden können Korrekturen des Buchstabenabstandes notwendig sein, beim Satz in Versalien ist das Ausgleichen der Buchstabenabstände unerläßlich, um ein gut lesbares, gleichmäßiges Schriftbild zu erreichen (Bild 5/1).

Die im Fotosatz möglichen Veränderungen der Laufweite sind im Mengensatz mit Bedacht auszuführen, zu große Plus- oder Minuskorrekturen beeinträchtigen Lesbarkeit und ästhetischen Gesamteindruck des Schriftbildes. Das gleiche trifft auf das automatische Variieren der Grundform einer Schrift, das schmaler oder breiter Aufzeichnen zu. Mögliche Ästhetikprogramme, die bei bestimmten Buchstabenkombinationen den Abstand optisch verbessern, sollten dagegen genutzt werden (vgl. Abschnitt 2.1.1.4., Bild 2/12).

Eine **Zeile** besteht aus mehreren Wörtern, die durch Wortzwischenräume klar getrennt werden müssen. Der Abstand darf nicht zu klein sein, damit die Wörter nicht ineinanderfließen. Ebensowenig dürfen zu große Wortzwischenräume den optischen Zusammenhang der Zeile aufheben und den Lesefluß stören. Grundsätzlich soll mit dem Ausschließen der Zeilen ein optisch gleichmäßiger Wortzwischenraum erreicht werden, der die Zeile rhythmisch in Wörter gliedert (Bild 5/2). Beim normalen Satz sind die Wortzwischenräume das variable Ele-

Typografie
TYPOGRAFIE
Füllwort
FÜLLWORT

Typografie
TYPOGRAFIE
Füllwort
FÜLLWORT

5/1. Beim Satz größerer Schriftgrade kann bei verschiedenen Wortbildern eine Korrektur des Buchstabenabstandes notwendig sein. Satz in Versalien muß stets ausgeglichen werden, um ein gleichmäßiges Wortbild zu gewinnen. Links ohne, rechts mit Ausgleich.

Alle Typographie besteht aus Buchstaben. Diese erscheinen entweder als fortlaufender glatter Satz oder als Anordnungen von Zeilen in verschiedenen Graden und manchmal sogar von kontrastierender Form. Gute Typographie beginnt, und das ist keineswegs etwas Nebensächliches, schon beim Satz der einzelnen Textzeilen eines Buches und selbst einer Tageszeitung. Aus genau der gleichen Schriftart und Größe lassen sich sowohl angenehm und leicht leserliche wie schwer leserliche Zeilen setzen. Zu weiter Ausschluß und kompresser Satz verdirbt fast jede Schrift.

Jan Tschichold

5/2. Eine Zeile darf weder zu enge noch zu weite Wortzwischenräume aufweisen; für eine normallaufende Schrift ist ein Drittelgeviert das Optimum.

ment zum Bilden gleichlanger Zeilen; sie können auf ein Maximum erweitert oder auf ein Minimum verringert werden. Der normale Wortzwischenraum ist von der Größe und der Laufweite einer Schrift abhängig. Für eine normallaufende Schrift von 6 bis 12 p gilt ein Drittelgeviert (33% des Schriftgrades) als Optimum des Wortzwischenraumes. Große Schriftgrade, Titelzeilen und ähnliches benötigen geringeren Abstand, der je nach der Form des letzten oder ersten Buchstabens eines Wortes optisch zu korrigieren ist. Schmallaufende Schriften erfordern geringeren, breitlaufende einen weiteren Wortzwischenraum.

Im Handsatz geschieht das Setzen gleichlanger Zeilen im Winkelhaken (vgl. Abschnitt 2.1.1.2.). Dazu gibt es überlieferte und bewährte Ausschließregeln. Sie schreiben vor, wie im einzelnen Wortzwischenräume verringert und erweitert werden müssen (Technisch-typografische Vorschriften, Standard TGL 10-081/01, 3. Ausschließen).

Die »Vorschriften für den Schriftsatz« im verbindlichen DDR-Wörterbuch »Der Große Duden« und im »Duden, Band 1, Rechtschreibung« der BRD gewährleisten die einheitliche Ausführung der sprachlichen Besonderheiten. Dazu gehören das Setzen bestimmter Buchstaben, von Ligaturen, Zahlen und Zeichen sowie typografisch-rechtschreibliche und -technische Festlegungen. Diese detailreichen Angaben, die Zeichenanwendung, Zwischenräume und Zeilenbildung umfassen, sind unbedingt zu beachten, wenn glatter Satz auf vollkommene, unmißverständliche Weise geformt werden soll.

Im Zeilenguß-Maschinensatz erfolgt das Ausschließen gleichmäßig durch Ausschließkeile (vgl. Abschnitt 2.1.1.3.). Alle Wortzwischenräume werden durch den mechanischen Ausschließvorgang erweitert, wenn sie nicht von Hand mit festen Ausschließmatrizen versehen sind. Die Regeln für das Verringern des Wortzwischenraumes beim Setzen, um optisch übereinstimmende Abstände zu erreichen, wurden deshalb gegenüber dem Handsatz eingeschränkt. Im maschinellen Bleisatz ist die sorgfältige Differenzierung beim Ausschließen gleichlanger Zeilen, die dem Handsatz eigen ist, nicht möglich.

Im rechnergesteuerten Fotosatz, mit dem zumeist Mengensatz hergestellt wird, übernehmen Programme für Ausschließen und Silbentrennung die Zeilenbildung des endlos erfaßten Textes. Dem Ausschließprogramm sind Werte für den minimalen, den normalen und den maximalen Wortzwischenraum vorgegeben sowie die maximale Anzahl der aufeinanderfolgenden Silbentrennungen am Zeilenende. Sind diese Werte sorgfältig der Schriftart und -größe angepaßt, entsteht nur ein sehr geringer Prozentsatz mangelhaft ausgeschlossener Zeilen. Sie werden mit der Bestellerkorrektur beseitigt. Gut programmierter Fotosatz ist in typografischer Qualität, insbesondere mit Ästhetikprogrammen, dem maschinellen Bleisatz überlegen.

Die **Satzbreite** hat sowohl auf korrekte Zeilenbildung als auch auf gute Lesbarkeit bedeutenden Einfluß. Sind die Zeilen zu kurz, entstehen viele Trennungen und ungleiche Wortzwischenräume. Der Lesefluß wird bei zu schmal gesetztem Text zu oft unterbrochen. Jeder Zeilenbeginn wirkt als neuer Impuls zum Lesen. Zu lange Zeilen ermüden den Leser, sie bieten zu wenig Anreiz. Zeilen mit 40 bis 60 Buchstaben sind mühelos lesbar (vgl. Abschnitt 1.5.). In diesem Bereich liegt auch die minimale Buchstabenanzahl je Zeile, die in allen Setzverfahren ein gleichmäßiges Ausschließen sichert.

Bei der funktionsgerechten Formgebung glatten Satzes ist der **Zeilenabstand** zu beachten. Er soll so bemessen sein, daß die Zeilenbänder klar hervortreten, ein geschlossenes Bild des Textes jedoch erhalten bleibt. Kompresser Satz (ohne Durchschuß) ist nicht mit allen Schriften möglich; leichte Schriften erfordern mehr Zeilenzwischenraum. Für lange Zeilen ist reichlicher Durchschuß notwendig, um das Abgleiten des Blickes in der Zeile zu verhindern. Durch Versuche ist am sichersten ein Zeilenabstand zu ermitteln, der Charakter und Größe einer Schrift gemäß ist, den Satzbreite und Gestaltung erfordern (Bild 5/3).

Umfangreiche Texte füllen eine große Anzahl Zeilen, die untereinander angeordnet als **Spalte** bezeichnet werden. Spaltenbreite und Zeilenformierung des glatten Satzes können verschieden sein. Als überlieferte Form haben sich **gleichlange Zeilen** bewährt; durch ihre geraden Satzkanten stützen sie die vertikale Blickführung beim Lesen. Die Spalte erhält eine rechtwinklige, geschlossene Form, sie wirkt als harmonische, graue Fläche. Es ist die Normalform der Satzspalte, die der exakten Setztechnik fortlaufenden Textes entspricht.

Werden die Zeilen nur am Anfang bündig gesetzt und laufen am Ende frei aus, so kann jede Zeile mit gleichbleibenden Wortzwischenräumen ausgeschlossen werden. Diese ungezwungene, der Leserichtung fol-

Alle Typographie besteht aus Buchstaben. Diese erscheinen entweder als fortlaufender glatter Satz oder als Anordnungen von Zeilen in verschiedenen Graden und manchmal sogar von kontrastierender Form. Gute Typographie beginnt, und das ist keineswegs etwas Nebensächliches, schon beim Satz der einzelnen Textzeilen eines Buches und selbst einer Tageszeitung. Aus genau der gleichen Schriftart und Größe lassen sich sowohl angenehm und leicht leserliche wie schwer leserliche Zeilen setzen. Zu weiter Ausschluß und kompresser Satz verdirbt fast jede Schrift.

Jan Tschichold

Alle Typographie besteht aus Buchstaben. Diese erscheinen entweder als fortlaufender glatter Satz oder als Anordnungen von Zeilen in verschiedenen Graden und manchmal sogar von kontrastierender Form. Gute Typographie beginnt, und das ist keineswegs etwas Nebensächliches, schon beim Satz der einzelnen Textzeilen eines Buches und selbst einer Tageszeitung. Aus genau der gleichen Schriftart und Größe lassen sich sowohl angenehm und leicht leserliche wie schwer leserliche Zeilen setzen. Zu weiter Ausschluß und kompresser Satz verdirbt fast jede Schrift.

Jan Tschichold

Alle Typographie besteht aus Buchstaben. Diese erscheinen entweder als fortlaufender glatter Satz oder als Anordnungen von Zeilen in verschiedenen Graden und manchmal sogar von kontrastierender Form. Gute Typographie beginnt, und das ist keineswegs etwas Nebensächliches, schon beim Satz der einzelnen Textzeilen eines Buches und selbst einer Tageszeitung. Aus genau der gleichen Schriftart und Größe lassen sich sowohl angenehm und leicht leserliche wie schwer leserliche Zeilen setzen. Zu weiter Ausschluß und kompresser Satz verdirbt fast jede Schrift.

Jan Tschichold

5/3. Der Zeilenabstand soll so bemessen sein, daß Zeilenbänder klar hervortreten, bei fortlaufendem Text ein geschlossenes Bild aber erhalten bleibt. Erste Gruppe zu wenig, zweite normal und dritte zu weit durchschossen.

5.1. Glatter Satz und Auszeichnungen

Vorbedingung für ein gutes Aussehen der fertigen Arbeit und für eine angenehme Leserlichkeit ist der richtige Satz jeder einzelnen Zeile. Der Satz in Drittelgevierten und noch enger sollte zur unbedingten Richtschnur, nicht nur in Büchern, gemacht werden. Gute Typographie zeigt einen einfachen Aufbau. Die zur Mitte geschlossene Zeile ist eine spezifische und sogar die wichtigste Anordnung guter Typographie. Sie ist noch heute so modern wie je. Allein in der Typographie ist diese Anordnung sinnvoll. Die Kunst steckt zum großen Teil in den Zwischenräumen. Gute Typographie ist sparsam im Zeitaufwand und auch in den Mitteln.

Jan Tschichold

Vorbedingung für ein gutes Aussehen der fertigen Arbeit und für eine angenehme Leserlichkeit ist der richtige Satz jeder einzelnen Zeile. Der Satz in Drittelgevierten und noch enger sollte zur unbedingten Richtschnur, nicht nur in Büchern, gemacht werden. Gute Typographie zeigt einen einfachen Aufbau. Die zur Mitte geschlossene Zeile ist eine spezifische und sogar die wichtigste Anordnung guter Typographie. Sie ist noch heute so modern wie je. Allein in der Typographie ist diese Anordnung sinnvoll. Die Kunst steckt zum großen Teil in den Zwischenräumen. Gute Typographie ist sparsam im Zeitaufwand und auch in den Mitteln.

Jan Tschichold

Vorbedingung für ein gutes Aussehen der fertigen Arbeit und für eine angenehme Leserlichkeit ist der richtige Satz jeder einzelnen Zeile. Der Satz in Drittelgevierten und noch enger sollte zur unbedingten Richtschnur, nicht nur in Büchern, gemacht werden. Gute Typographie zeigt einen einfachen Aufbau. Die zur Mitte geschlossene Zeile ist eine spezifische und sogar die wichtigste Anordnung guter Typographie. Sie ist noch heute so modern wie je. Allein in der Typographie ist diese Anordnung sinnvoll. Die Kunst steckt zum großen Teil in den Zwischenräumen. Gute Typographie ist sparsam im Zeitaufwand und auch in den Mitteln.

Jan Tschichold

Vorbedingung für ein gutes Aussehen
der fertigen Arbeit und für eine angenehme
Leserlichkeit ist der richtige Satz
jeder einzelnen Zeile.
Der Satz in Drittelgevierten und noch enger
sollte zur unbedingten Richtschnur,
nicht nur in Büchern, gemacht werden.
Gute Typographie zeigt einen einfachen Aufbau.
Die zur Mitte geschlossene Zeile
ist eine spezifische und sogar
die wichtigste Anordnung guter Typographie.
Sie ist noch heute so modern wie je.
Allein in der Typographie
ist diese Anordnung sinnvoll.
Die Kunst steckt zum großen Teil
in den Zwischenräumen.
Gute Typographie ist sparsam im Zeitaufwand
und auch in den Mitteln.

Jan Tschichold

5/4 bis 5/7. Vier Grundformen der Zeilenanordnung, des Formierens einer Spalte: gleichlange Zeilen (nicht korrekt oft Blocksatz genannt), rechts- und linksbündiger Rauhsatz sowie zentrierte Anordnung

gende Satzanordnung verändert die Flächenwirkung der Spalte. Das Grau ist gleichmäßiger, die verschieden langen Zeilen lockern die strenge Form und beleben sie rhythmisch. Als **Flattersatz** wird diese Zeilenformierung bezeichnet, wenn Silbentrennungen weitgehend vermieden werden und dadurch die Zeilen größere Längenunterschiede aufweisen. Werden hingegen normale Trennungen ausgeführt, ohne die Zeilen gleichlang auszuschließen, wird vom **Rauhsatz** gesprochen. Bei beiden Satzarten wird die Lesbarkeit nicht gemindert. Sie haben sich auch im Mengensatz für Zeitungen, Zeitschriften und Bücher durchgesetzt. Dagegen wird bei **rechtsbündigem Anordnen** ein flüssiges Lesen durch den von Zeile zu Zeile verschiedenen Anfang erheblich erschwert. Diese Zeilenanordnung sollte nur bei kleineren Textmengen in besonderen Fällen angewendet werden.

Als weitere Spaltenform ist die **zentrierte Anordnung** ungleich langer Zeilen zu nennen. Auch dabei sind die Wortabstände in jeder Zeile einheitlich. Das Fehlen vertikaler Satzkanten behindert die Lesbarkeit. Für längere Texte ist diese Zeilenanordnung ungeeignet. Feierlicher, würdiger oder poesievoller Sprache ist die symmetrische Form oft angemessen. Sie sollte in der Zeilenfolge rhythmisch ausgewogen und genügend durchschossen werden (Bilder 5/4 bis 5/7).

Im Fotosatz sind zentrierte Anordnung und Rauhsatz sowohl mit normalen als auch mit minimalen Wortzwischenräumen möglich. Sie können der Schriftart und dem Durchschuß angepaßt werden. Sinnvolle Worttrennungen sind allerdings nicht zu programmieren. Konsequent ohne Trennungen ausgeführter Flattersatz kann nur bei manueller Steuerung der Zeilenbildung (interaktive Bildschirmarbeitsplätze) verwirklicht werden.

5.1.2. Auszeichnungen in der Grundschrift

Der Sprache wird durch das Heben und Senken der Stimme, durch lautes oder leises Sprechen Ausdruck verliehen. Das Modulieren der Sprache, das Betonen einzelner Worte und Satzteile kann die Typografie durch Auszeichnen und Hervorheben im Text sichtbar machen. Der Inhalt des Textes ist dazu Grundlage. Nur was der Autor akzentuiert oder unterstrichen hat, kann im allgemeinen mit typografischen Mitteln hervorgehoben werden.

Durch Auszeichnen im fortlaufenden Text wird die visuelle Kommunikation gefördert, werden Verständlichkeit und Aufnahme des Textes beim Leser verbessert. Die Mikrostruktur des Textes wird damit geformt und optisch nach gewohnten Bedeutungsgraden abgestuft. Dies muß systematisch und in angemessenen Grenzen geschehen, wenn es wirksam sein soll. Jede Auszeichnung bedarf einer genügenden Menge nicht ausgezeichneten Textes, um überhaupt hervorzutreten. Bei zu vielen Arten und zu häufigen Auszeichnungen wird das Satzbild unübersichtlich und schwer lesbar.

Die Arten der Hervorhebungen haben sehr verschiedene optische Wirkungen. Auch die Anordnung der hervorgehobenen Wörter oder Textteile innerhalb des Satzgefüges beeinflussen Übersicht und Ordnung des gesamten Satzbildes. Sind starke Hervorhebungen an einer vertikalen Achse angeordnet (Satzkante, einheitlicher Einzug), so stützen sie das Ordnungsgefüge. Zu häufige fette Auszeichnungen, die über das Satzbild verstreut sind, können dies erheblich zerstören.

Die verschiedenen Auszeichnungsmöglichkeiten sind deshalb nach der Art des Textes mit Rücksicht auf die Gesamtwirkung des Satzbildes zu wählen. Wissenschaftliche Werke verlangen in der Regel eine reicher gestufte Mikrostruktur als ein belletristisches Buch. Es gehört zu den schwierigsten Aufgaben, die komplizierte Textstruktur eines Lehrbuches bis ins Detail übersichtlich und in befriedigender Gesamtwirkung typografisch zu formen.

Als Auszeichnungen in der Grundschrift können sechs Möglichkeiten genannt werden, die allerdings in ihrem Wert und in der Anwendung sehr verschieden sind (Bilder 5/8 und 5/9).

Kursiv ist die wichtigste und heute geläufigste Auszeichnung im fortlaufenden Text. Sie hebt sich von der Grundschrift durch die veränderte leicht schräge Strichlage gut ab, ohne die Grauwirkung des Textes wesentlich zu verändern. Sie kann auch zur Auszeichnung längerer Texte dienen. Für Texte mit Formelzeichen ist Kursiv unumgänglich, da eine Vielzahl von Formelzeichen standardgerecht in Kursiv gesetzt werden muß.

Technisch ist das Setzen der Kursiv bis auf wenige Ausnahmen ohne weiteres möglich, da die meisten Schriften diese Variante aufweisen. Im Fotosatz sollte allerdings die Kursiv nicht durch automatisches

Geschichtliche Entwicklung des Lasers

Das physikalische Wirkprinzip, das der *angeregten (stimulierten, induzierten) Strahlungsemission,* ist bereits von A. EINSTEIN im Jahre *1917* formuliert worden. Es brauchte jedoch geraume Zeit bis zur direkten Anwendung, die natürlich von eingehenden theoretischen Untersuchungen begleitet war. BASOW und PROKHOROW sowie TOWNES veröffentlichten *1954 bis 1956* die wesentlichen Arbeiten, die die Laserentwicklung veranlaßten. Zunächst wurde das Prinzip der *angeregten Emission im Mikrowellenbereich* (die Begriffsbildung „*Maser*" rührt daher) zur Verstärkung elektromagnetischer Strahlung eingesetzt. Der erste sichtbares Licht ausstrahlende Laser wurde von MAIMANN *1960* vorgestellt. Es war der *Rubinlaser.* Kurz darauf – *1961* – folgte durch JAVAN, BENNET und HERRIOTT der *Helium-Neon-Laser.* Nunmehr setzte eine stürmische Entwicklung ein mit dem Ziel, die zur *Laseranwendung geeigneten Atomübergänge* systematisch zu finden und zu untersuchen.

Geschichtliche Entwicklung des Lasers

Das physikalische Wirkprinzip, das der **angeregten (stimulierten, induzierten) Strahlungsemission,** ist bereits von A. EINSTEIN im Jahre <u>1917</u> formuliert worden. Es brauchte jedoch geraume Zeit bis zur direkten Anwendung, die natürlich von eingehenden theoretischen Untersuchungen begleitet war. BASOW und PROKHOROW sowie TOWNES veröffentlichten <u>1954 bis 1956</u> die wesentlichen Arbeiten, die die Laserentwicklung veranlaßten. Zunächst wurde das Prinzip der **angeregten Emission im Mikrowellenbereich** (die Begriffsbildung „**Maser**" rührt daher) zur Verstärkung elektromagnetischer Strahlung eingesetzt. Der erste sichtbares Licht ausstrahlende Laser wurde von MAIMANN <u>1960</u> vorgestellt. Es war der **Rubinlaser.** Kurz darauf – <u>1961</u> – folgte durch JAVAN, BENNETT und HERRIOTT der **Helium-Neon-Laser.** Nunmehr setzte eine stürmische Entwicklung ein mit dem Ziel, die zur **Laseranwendung geeigneten Atomübergänge** systematisch zu finden und zu untersuchen.

5/8. Wissenschaftlicher Text mit den dafür üblichen zwei Auszeichnungen Kursiv und Kapitälchen für Namen

5/9. Der gleiche Text mit drei verschiedenen Auszeichnungen: Kapitälchen, halbfette Schrift und Unterstreichungen

Schrägstellen der Grundschrift erzeugt werden, es sei denn, die Schriftart erlaubt diese Verfahrensweise.

Kapitälchen seien als nächste Auszeichnungsmöglichkeit genannt. Diese der Grauwirkung ebenfalls gut angepaßten kleinen Versalien in n-Höhe sind etwas schwieriger lesbar als die Kursiv. Sie werden deshalb für kurze Hervorhebungen, vorwiegend für Namen verwendet, aber auch für Spitzmarken und Zwischenüberschriften sind sie geeignet. Groß geschriebene Wörter sollten im Kapitälchensatz mit Versalien der Grundschrift beginnen. Anstelle fehlender Kapitälchen Versalien eines kleineren Schriftgrades zu verwenden, kann nicht empfohlen werden. Im Bleisatz sind sie nur mit Schwierigkeiten auf Schriftlinie zu bringen, ihre Grauwirkung ist schwächer als die der Minuskel, so daß sie optisch im Gesamtbild durchfallen.

Halbfette oder fette Schriftschnitte zeichnen durch die von der Grundschrift abweichende Strichdicke kräftiger aus als die vorher genannten Hervorhebungen. Sie sind notwendig, um Wörter oder Sätze vom übrigen Text markant abzuheben, wie dies im Lehrbuch, Lexikon oder beim Akzidenzsatz angemessen sein kann. Sie bringen durch ihre Kontrastwirkung Unruhe ins Satzbild, vor allem wenn sich die Auszeichnungen häufen. Für Überschriften, Zwischenüberschriften und Stichwörter sind halbfette oder fette Schriften angemessene Hervorhebungen. Es ist widersinnig, sie zu sperren; das Hervorheben wird durch die veränderte Schwarzweißwirkung nahezu aufgehoben.

Versalien sind für Auszeichnung im Text weniger geeignet. Durch ihr andersgeartetes Schriftbild, das größer und weiter als die Grundschrift erscheint, ist zum Ausgleich ein größerer Durchschuß erforderlich. Längere Texte aus Versalien gesetzt sind schwer lesbar. Sie sollten nur für kurze Texte und freigestellte Zeilen verwendet werden. Durch Großbuchstaben der Normalschrift, Kursiv und Halbfette lassen sich im gleichen Schriftgrad wirkungsvolle Schriftgradabstufungen für Zwischenüberschriften erreichen. Der feierliche, monumentale Charakter des Versalsatzes gibt bestimmten Druckerzeugnissen den passenden Ausdruck. Versalien sollten stets sorgfältig ausgeglichen werden.

Unterstreichen mit Linien ist durch den Fotosatz, wo diese Auszeichnung problemlos möglich ist, in Gebrauch gekommen. Wird die Dicke der Linien auf die Schriftzeichnung abgestimmt, ergeben die Linien keine störenden Elemente im Satzbild. Sie treten aber deutlicher hervor als Kursiv und sind eine neuartige Bereicherung der Auszeichnungsmöglichkeiten im Fotosatz. Längere Texte sollten damit nicht hervorgehoben werden. In Lehrbüchern und anderen Studienmaterialien konkurriert das Unterstreichen durch den Lernenden beim Durcharbeiten des Lehrstoffes mit dieser Auszeichnungsart, sie sollte deshalb hier vermieden werden.

Das **Sperren (Spationieren)** steht aus wirtschaftlichen Gründen oft noch an erster Stelle der Auszeichnungsmöglichkeiten. Es wurde aus dem Fraktursatz übernommen, bei dem es andere Auszeichnungen nicht gab. Durch Sperren wird der Rhythmus einer Schrift zerstört, die Lesbarkeit herabgesetzt. Es ist die typografisch minderwertigste Auszeichnungsart, die nur als Notbehelf dienen kann.

Allerdings gibt es im Akzidenz- oder im Titelsatz Fälle, wo der Grauwert einer Zeile verändert, die Laufweite erweitert, die Zeile aufgelockert werden sollen, ohne sie hervorzuheben – dann ist das Sperren das geeignete Mittel.

5.2. Ordnen und Gliedern der Seite

Typografisch zu organisierende Elemente sind die Teile des Textes. Die Sprache bildet aus Wörtern Sätze, die als Sinneinheiten in einem größeren Gedankenzusammenhang stehen. Dieser kann durch Absätze im fortlaufenden Text oder mit größeren Abschnitten sichtbar werden. Vom Inhalt wird die typografische Gliederung und Formierung der Seite bestimmt.

Spalten werden zu Seiten umbrochen. Das Ordnen und Gliedern, das Komplettieren des Textes zu Seiten wird deshalb Umbruch genannt. Im Fotosatz werden die Seiten montiert, wenn nicht bereits komplette Seiten auf dem Gestaltungsbildschirm entstanden sind.

Als typografische Einheiten treten Seiten nicht nur bei Buch, Zeitung und Zeitschrift auf, sondern auch bei Katalogen, Prospekten und anderen Druckerzeugnissen. Die in den Formen vielfältige Seite, auch als Kolumne bezeichnet, wird abhängig von einer Papierfläche geformt. Dabei entstehen bedruckte und unbedruckte Teile, werden Figur-Grund-Beziehungen wirksam (vgl. Abschnitt 4.1.4.). Es ergibt sich eine relativ grobe optische Struktur, die Makrostruktur des Textes. Sie muß in ihrem systematischen Aufbau rasch überschaubar sein, wenn sie gliedernde Lesehilfe sein soll.

5.2.1. Absätze, Einzüge, Zwischenschläge

Die Gliederung des Textes nach Sätzen, Nebensätzen und Satzperioden geschieht durch Satzzeichen. Das Satzende wird im glatten Satz nicht durch größeren Wortzwischenraum markiert, es genügt der satzschließende Punkt. Satzgruppen hingegen, die eine Gedankenfolge zusammenfassen, werden durch **Absätze** kenntlich gemacht. Jede Satzgruppe beginnt allgemein mit einer neuen Zeile und endet mit einem Ausgang. Wird die erste Zeile des Absatzes nicht eingezogen, sondern stumpf begonnen, sollte der vorangehende Ausgang wenigstens ein Geviert betragen. Nicht immer ergibt sich das von selbst, besonders bei geringen Satzbreiten. Um einen deutlichen Ausgang zu erreichen, sind dann Textänderungen oder – wenn dies nicht möglich ist – das neue Ausschließen mehrerer Zeilen notwendig.

Ein Ausgang ist nicht erforderlich, wenn die erste Zeile des Absatzes durch einen **Einzug** markiert wird. Diese Zäsur der Kolumne am Zeilenanfang unterbricht den Text deutlich. Lesen und Verstehen des Textes werden erleichtert, es ist ein rationelles Setzen möglich. Dem Einzug sollte zur Kennzeichnung von Absätzen deshalb der Vorzug gegeben werden. Es besteht nur dann Grund, auf ihn zu verzichten, wenn viele kurze Satzgruppen aufeinanderfolgen oder Absätze – wie oft bei Dialogen – nur aus einzelnen Zeilen bestehen.

Die Größe des Einzuges richtet sich nach Zeilenlänge und Durchschuß. Ein Geviert ist in der Regel ausreichend. Bei sehr großer Satzbreite und reichlichem Durchschuß können auch 1,5 oder 2 Geviert den Einzug bilden. Ihn bis zur Mitte der Zeile oder dar-

5/10. Zum Markieren von Absätzen ist der Einzug am besten geeignet. Bei Rauhsatz, wie in diesem Briefband, ist ein über das Geviert hinausgehender Einzug angebracht (Gestaltung WALTER SCHILLER).

5/11. Der Absatz kann auch durch das Herausstellen der ersten Zeile und Einziehen aller folgenden gekennzeichnet werden. Diese Form ist geeignet, Stichworte hervorzuheben oder, wie hier, kurze Absätze zu gliedern.

über hinaus auszudehnen, um besonderen Effekt zu erreichen, ist nur selten angebracht. Dabei vermehrt sich die Gefahr, daß der vorangehende Ausgang kürzer als der Einzug wird, was als Mangel gilt. Dieser ist stets nur mit viel Korrekturaufwand zu beseitigen.

Es gibt noch vielerlei Möglichkeiten, Absätze zu kennzeichnen. Die Satzgruppen können in der fortlaufenden Zeile aneinandergehängt werden, um ein geschlossenes Seitenbild zu erzielen. Ihr Anfang wird mit angemessenem Zwischenraum oder durch ein Alineazeichen markiert. Auch Schmuckstücke in Schriftbildgröße lassen sich dafür verwenden. Sind sie in der Zeichnung kräftig genug, eignen sie sich auch für farbigen Druck (Bilder 5/10 und 5/11).

Zwischenschläge sind im fortlaufenden Text nur dort angebracht, wo eine Lesepause entstehen soll oder Aufzählungen, Verse oder andere Satzteile freizustellen sind. Zur optischen Trennung dieser zumeist auch eingezogenen Textteile ist eine Blindzeile angemessen, damit bleibt das Zeilenregister gewahrt. Der deckungsgleiche Zeilenabstand von Seite zu Seite im Werksatz verbietet es, einen Absatz durch vergrößerten Zeilenabstand sichtbar zu machen. Zwischenschläge nach Absätzen sind nur dann gerechtfertigt, wenn sie nach jeder Satzgruppe mit einheitlichem Abstand ausgeführt werden, was im Akzidenzsatz zweckmäßig sein kann.

Eine vom Autor gewünschte Textunterbrechung wird durch freien Raum, durch kurze Linien oder kleine Schmuckstücke kenntlich gemacht. Solche nonverbale Informationen müssen stets vom Inhalt her begründet sein; willkürlich angewendet, irritieren sie den Leser. Exakte Typografie, die auch ästhetisch befriedigt, erfordert das konsequente Ausführen einmal aufgegriffener Gestaltungsformen.

5.2.2. Satzspiegel, Kolumnentitel, Fußnoten, Marginalien

Der zur Seite umbrochene Text, die gedruckte Kolumne, erscheint auf der Papierfläche als eine von weißen Rändern umrahmte graue Fläche. Sie wird als **Satzspiegel** bezeichnet. Zeilenlänge und Zeilenanzahl einschließlich Durchschuß sind von der Größe des Satzspiegels abhängig. Neben der Schriftgröße bestimmt der Satzspiegel die Anzahl der Seiten, die ein umfangreicher Text ergibt. Beim Festlegen des Satzspiegels sind auch ästhetische Fragen zu berücksichtigen. Das Verhältnis der Papierfläche zur Kolumne und der Papierränder zueinander kann harmonisch oder spannungsreich, sehr wirkungsvoll oder eher praktisch sein. Die Seitengestaltung hat deshalb gewissenhaft nach dem Gebrauchszweck zu erfolgen. Sie muß sowohl wirtschaftliche als auch ästhetische Gründe beachten, die dabei aufeinandertreffen.

Im **Buch** ist die Doppelseite die optisch wirksame Einheit. Zwei sich im Bund gegenüberstehende Seiten werden zueinander im Verhältnis angeordnet, das vom Buchformat ausgeht. Über Formate und Proportionen wurde in Abschnitt 4.1.1. Wesentliches ausgeführt. Hier sei darauf hingewiesen, daß Formatwahl zuerst nach dem Gebrauchszweck erfolgt. Der Standard TGL 3282 unterscheidet 12 normale und 8 Formate für spezielle Aufgaben. Bücher zum fortlaufenden Lesen sollen handlich und schlank sein, größere wissenschaftliche und Fachbücher dürfen breiter sein. Bei Bildbänden und Spezialausgaben, die auf dem Tisch liegend betrachtet werden, bestimmen die Bilder das Buchformat. Kommen hoch- und querformatige Bilder vor, haben sich quadratnahe Proportionen bewährt.

Der hohe Kostenanteil des Rohstoffes Papier zwingt zu weitgehender Ausnutzung der Papierformate, insbesondere bei Druckerzeugnissen in hohen Auflagen. Im Standard TGL 7293, Satzspiegel für Bücher und Broschüren, ist deshalb festgelegt, daß der Satzspiegel mindestens 60 Prozent des Buchformates betragen soll. Um ein harmonisches Verhältnis der Ränder zu erreichen, die den Satzspiegel umschließen, muß dieser mit dem Buchformat proportionsgleich sein. Die Ränder werden nach überlieferten Regeln so bemessen, daß beim aufgeschlagenen Buch die beiden Innenränder etwa die Breite eines Außenrandes aufweisen. Der untere Rand, als größter und tragender Teil, nimmt maximal die doppelte Breite des oberen ein (vgl. Bild 5/10).

Nicht bei allen Bucharten ist diese auf Harmonie bezogene Seitengestaltung angebracht. Auch asymmetrische, spannungsreich ausgeführte Buchseiten, bei denen Satzspiegel und Buchformat in den Proportionen kontrastieren, können zweckmäßig sein. Bei Lehrbüchern, Bildbänden und Kinderbüchern wurden die überlieferten Formen der Seitengestaltung mit Erfolg verlassen (vgl. Bilder 3/38 und 5/13). Aus technischen Gründen sollte auch bei extremen Satzspiegelanordnungen eine Mindestbreite des Papierrandes von 1 cm auf der beschnittenen Seite eingehalten werden.

Die Beziehung zwischen Satzspiegel und Buchformat bestimmen Bund- und Kopfsteg, wie der Abstand der Seiten auf dem Druckbogen bezeichnet wird. Um den Stand des Satzspiegels auf der beschnittenen Seite eindeutig zu benennen, ist das Maß des oberen und des inneren Papierrandes (ein Teil der eigentlichen Stege) anzugeben.

Die Aufteilung der Seiten in mehrere **Spalten** ist bei größeren Buch- und Zeitschriftenformaten und vor allem bei Zeitungen notwendig. Die Satzbreite hat – wie bereits in Abschnitt 5.1.1. ausgeführt – auf die korrekte Zeilenbildung und die Lesbarkeit erheblichen Einfluß. Im mehrspaltigen Satz sind Bilder, Tabellen und andere Elemente zumeist rationeller in das Seitengefüge einzuordnen als in eine Spalte größerer Satzbreite, wo Leerräume oft unvermeidlich sind.

Zur Trennung der Spalten ist im Buch und in der Zeitschrift ein **Zwischenschlag** ausreichend, der Schriftgröße und Durchschuß angemessen sein muß. **Spaltenlinien** sind im Zeitungssatz angebracht, wo es manchmal nicht zu verhindern ist, daß Überschriften nebeneinander stehen und durch verschränkten Umbruch die Anordnung unklar sein kann. Dabei können auch verschieden dicke Spaltenlinien die Gliederung unterstützen. In der Regel sind stumpffeine Linien die geeignetsten. Durch fette Linienbilder lassen sich, auch bei Flattersatzspalten, besondere Wirkungen erreichen.

Für die Seitengestaltung periodischer Druckerzeugnisse der DDR sind verbindliche Standards aufgestellt. Im Standard TGL 11509 (Zeitungen) und TGL 24467 (Zeitschriften) sind Formate, Satzspiegel, Spaltenbreiten und Anzeigengrößen festgelegt.

Um die Seite in den Druckbogen richtig einzuordnen, bedarf sie der **Seitenzahl**, die dann auch dem Leser als Orientierung dient. Seitenzahlen oder Pagina sollten deshalb nur dort weggelassen werden, wo sie entbehrlich oder nicht unterzubringen sind. Nicht paginiert werden Titelei, Zwischentitel und Vakatseiten eines Buches, die aber im Gesamtumfang mitgezählt werden. Auf einzelnen Seiten, die den Satzspiegel überschreitende Bilder oder Tabellen tragen, kann die Seitenzahl entfallen, bei Ausgangsseiten dagegen fehlt hierzu der Grund.

Der übliche Platz für die Seitenzahl ist in der Mitte oder außen im unteren Rand der Kolumne. Seitenzahlen im Bund erschweren die Orientierungshilfe für den Leser. Es kann gerechtfertigt sein, an ihrer Stelle Stichworte außen anzuordnen und ihnen den Vorrang zu geben. In den meisten Fällen genügt es, die Zahl aus Ziffern der Grundschrift zu setzen (vgl. Bild 5/10). Soll sie in passender Form die Seite schmücken, werden die Ziffern mit Linien oder Zierstücken versehen oder aus einer vom Text abweichenden Schrift gesetzt. Der Stand der Seitenzahl muß auf allen Seiten deckungsgleich sein, nach ihr werden Druck- und Falzregister bestimmt.

5/12. Seite mit lebendem Kolumnentitel und Fußnote. Die Zwischenüberschriften im zweispaltigen Satz sind als Spitzmarken ausgeführt (Gestaltung HORST SCHUSTER).

Dem Leser von wissenschaftlichen und Fachbüchern kann die Benutzung durch **Kolumnentitel** (Seitentitel) erleichtert werden. Im Text können diese sehr verschiedenartig sein. Sie bezeichnen das Kapitel oder den Abschnitt des Werkes, nennen aber auch stichwortartig den jeweiligen Seiteninhalt. Die Zehnernummerung der Abschnitte kann ebenfalls als Kolumnentitel dienen. Bei Wörterbüchern und Lexika bilden die Stichworte am Anfang der linken und am Ende der rechten Seite den Kolumnentitel.

Der als lebender Kolumnentitel benannte Seitentitel wird zumeist am Kopf der Seite angeordnet (Bild 5/12). Einen Grad kleiner als die Grundschrift in Kursiv oder Kapitälchen gesetzt, wird er durch entsprechenden Raum oder eine Linie vom Text abgehoben. Er kann auch am Fuß der Seite Platz finden, wo er dann mit der nach außen gerückten Seitenzahl in einer Zeile steht (vgl. Bild 4/38). Der lebende Kolumnentitel ist Bestandteil des Satzspiegels, die Seitenziffer allein (toter Kolumnentitel genannt) steht immer außerhalb desselben.

Bei Zeitschriften und Zeitungen wird mit dem Seitentitel vorrangig die Ausgabe bibliografisch benannt, auch Rubriken und Stichworte des Seiteninhaltes sind dort zu finden. Sie werden oft durch größere oder fette Schriften hervorgehoben. Neben der vorherrschenden Anordnung am Kopf der Seite hat sich raumsparende Eingliederung in die äußere Spalte bewährt.

In wissenschaftlichen Werken und der Fachliteratur ist es gebräuchlich, den Text mit Anmerkungen (Erläuterungen, Quellennachweisen) zu versehen. Für den Leser ist es vorteilhaft, wenn diese auf der Seite erscheinen, wo sich die angemerkte Textstelle befindet. Dazu gibt es zwei traditionelle typografische Formen: Fußnoten und Marginalien.

Fußnoten werden ein oder zwei Grad kleiner als der laufende Text, aber in der gleichen Schriftart gesetzt. Durchschuß und Einzüge richten sich nach der Grundschrift, mit der die Fußnote im Grauwert übereinstimmen soll. Vom fortlaufenden Text wird die Fußnote durch Leerraum getrennt, auch eine Linie in der Länge der Satzbreite ist üblich. Mit einem Notenzeichen, das dem Wort oder Satz angefügt wird, erfolgt im Text der Hinweis auf Anmerkungen. Als Notenzeichen werden hochgestellte Ziffern bevorzugt. In mathematischen Werken sind diese mit einer Klammer zu setzen, um Verwechseln mit Exponenten zu verhindern. Vor der Fußnote sollen jedoch Normalziffern mit einem Punkt stehen; hochgestellte Ziffern sind in den kleineren Schriftgraden schwer zu erkennen (vgl. Bild 5/12).

Werden Anmerkungen am Schluß eines Abschnitts oder des Werkes zusammengefaßt, was vielfach bei Quellenhinweisen üblich ist, haben sich Normalziffern in eckigen Klammern als Hinweise im Text eingeführt. Die eckigen Klammern bei der fortlaufenden Numerierung der Literatur zu wiederholen ist unnötig. Auch hier genügt die Normalziffer mit Punkt als Ordnungszahl.

Marginalien (Randbemerkungen) werden heute nur noch selten (z. B. als Literatur- oder Bildhinweis) im eigentlichen Sinne angewendet. Zumeist sind es Stichworte zum raschen Erschließen des Inhaltes, die auf dem Außenrand angeordnet werden. Sie sind aus einer kleineren Schrift als der Text oder kursiv zu setzen. Die erste Zeile der Marginalien muß genau mit der Bezugszeile im Text Linie halten. Am besten verbinden sie sich mit der Kolumne rechts- und linksbündig zur Satzkante ausgeschlossen (vgl. Bild 4/38). Der Umbruch wird erleichtert, wenn die Marginalien auf Mitte ausgeschlossen sind. Ihre Satzbreite hängt von der Breite des Außenrandes ab. Beim Festlegen des Satzspiegels ist dies zu berücksichtigen. Der Abstand zur Kolumne kann je nach Schriftgröße und Durchschuß 6 bis 12 p betragen.

Neuerdings werden Marginalien auch für Zwischenüberschriften, Bildlegenden und verschiedene didaktische Hinweise verwendet, die jeweils die Schriftart differenziert. Häufen sich solche umfangreichen Texte am Außenrand, erfordert dieser eine ausreichende Breite. Es entstehen mehrspaltige Satzspiegel, die neben einer oder mehreren Textspalten eine schmalere Spalte aufweisen, in der verschiedene typografische Elemente, auch kleinere Bilder, angeordnet sind. Diese Form der Seitengestaltung hat sich in Fach- und Schulbüchern, bei populärwissenschaftlicher Literatur sowie Bildbänden bewährt und kann auch Werbedrucken in asymmetrischer Gliederung zu guter Wirkung verhelfen (Bild 5/13).

Bei **Prospekten und Katalogen** sollte ebenfalls eine einheitliche Seitengestaltung Grundlage sein. Sie kann um werblicher Effekte willen vom Buch beträchtlich abweichen. Für Formate ist in der DDR der Standard TGL 37774 verbindlich.

Im Fotosatz erfordert die Gestaltung kompletter Seiten auf dem Bildschirm Umbruchmaßnahmen, die der Setzer ohne Rück-

5/13. Doppelseite aus einem Schulbuch in asymmetrischer Seitengestaltung. Die breite Innenspalte nimmt den fortlaufenden Text und größere Bilder auf. Zwischenüberschriften, kleinere Bilder und Bildtext sind in der Außenspalte angeordnet, Tabellen und andere Elemente können über die ganze Satzbreite geführt werden (Gestaltung GÜNTER WOLFF).

5/14. Seite aus einem Katalog. Der dreispaltige Text ist nach dem oberen Seitenrand geordnet, die ungleich langen Spalten, sinnvoll umbrochen, beleben das Seitenbild rhythmisch (Gestaltung FRANK NEUBAUER).

fragen ausführen kann. Kommen beispielsweise Zwischenüberschriften an das Seitenende oder müssen sie gebrochen werden, so ist es notwendig, umfangreiche Korrekturen zu vermeiden. Das gleiche gilt, wenn eine Ausgangszeile am Kopf einer Spalte oder Seite, ein sogenanntes Hurenkind, beim Umbruch verhindert werden muß. Der Satzspiegel ist in der Höhe variabel zu halten und, wenn erforderlich, nicht auszufüllen. Solche Maßnahmen sind im Standard TGL 10-081/02 aufgenommen.

Diese Entwicklung zum technologisch rationellen Umbruch wird voranschreiten und neue Formen der Seitengestaltung ergeben. Als ordnende Achse kann eventuell der obere oder untere Seitenrand dienen, an dem die Satzspalten hängen oder auf dem sie stehen. Der Fotosatz wird die Seitengestaltung vom Zwang des Satzspiegels, den der Bleisatz technologisch bedingte, in manchen Fällen immer mehr lösen (Bild 5/14).

5.2.3. Überschriften, Anfangs- und Ausgangsseiten

Jedes literarische Werk ist nach einer Gliederung gedanklich geordnet. Ein gut organisierter Aufbau von gleich- oder übergeordneten Teilen erleichtert beim Lesen Erfassen und Behalten des Inhaltes. Bücher und andere längere Texte sind deshalb in Teile, Abschnitte oder Kapitel gegliedert, die oft noch Zwischenüberschriften unterteilen. Die Typografie muß durch geeignete Elemente die sinnvoll gestufte Ordnung verdeutlichen. Klar gegliederte typografische Formen wecken nicht nur rationale, sondern auch emotionale Reaktionen, sie fördern den sprachlich-begrifflichen Erkenntnisprozeß.

Umfangreiche **Bücher**, vor allem wissenschaftliche Werke, erfordern oft eine vielstufige Gliederung, die typografisch am besten von unten nach oben erfolgt. Ist die niedrigste Zwischenüberschrift ausgewählt,

5/15. Bei weitreichender Staffelung der Überschriften, wie in diesem Wissensspeicher, wird der Bedeutungsunterschied durch Zehnernumerierung am besten dargestellt. Beginnt der Überschriftentext nach einheitlichem Anschlag, treten die Nummern und die Staffelung deutlich hervor.

können danach systematisch alle bedeutenderen Überschriften (Rubriken) festgelegt werden. Als niedrigste Stufe eignet sich die Grundschrift, die ausreichend hervortritt, wenn sie in genügend freiem Raum steht. Im Werksatz ist der gesamte Raum, den eine Rubrik erfordert, nach Leerzeilen der Grundschrift zu bemessen, damit das Zeilenregister erhalten bleibt. Dabei soll der Abstand zwischen Überschrift und dem ihr zugehörigen Abschnitt etwas kleiner sein als zum vorangehenden. Der Überschrift unmittelbar den zugehörenden Text folgen zu lassen und nur vor ihr einen Zwischenraum einzufügen ist nicht zu empfehlen. Die Überschrift tritt so nicht deutlich genug hervor, insbesondere wenn sie in der

Grundschrift gesetzt ist. Auch kräftige und größere Rubriken bedürfen genügenden Raumes, um als Gliederungsmittel wirken zu können.

Mehrzeilige Überschriften müssen nicht die gesamte Satzbreite füllen. Logische Trennung der einzelnen Zeilen ist erforderlich. Keinesfalls sollen am Zeilenende begleitende Artikel oder verbindende Konjunktionen stehen. Ein rhythmischer Zeilenfall ist dabei erwünscht.

Die typografische Staffelung der Überschriften mit den Varianten einer Schriftfamilie ist anzustreben (vgl. Bild 5/16). Von der Schrift des Textes abweichende Rubriken sind mit Sorgfalt zu wählen, sie können als markante Ordnungsmittel angebracht sein, aber auch Unruhe ins Seitenbild bringen. Der Rang einer Rubrik muß durch die typografische Form für den Leser erkennbar sein. Die Staffelung soll klar hervortreten, jedoch nicht zu umfangreich werden. Bei sehr weitreichender Staffelung wird der Bedeutungsunterschied der Überschriften am besten durch die Zehnernummerung dargestellt (Bild 5/15).

Rubriken höherer Ordnung, wie Abschnitte oder Kapitel eines stark gegliederten Buches, beginnen in der Regel auf einer neuen Seite. Um Vakatseiten zu vermeiden, kann dies auch eine linke Seite sein. Weist ein Werk nur diese Gliederungsstufe auf, werden Kapitel oft nur durch einige Zeilen Raum getrennt, der auch die Kapitelbezeichnung aufnimmt.

Anfangsseiten können typografisch auf vielerlei Weise geformt werden. Den Anfang eines Abschnittes mit einem Initial zu schmücken ist eine schöne Überlieferung, deren reiche Varianten bereits in Abschnitt 3.2.2. vorgestellt wurden. Schmuck- oder Linienkombinationen am Kopf der Seite oder unter der Überschrift können ebenfalls stileigene Akzente setzen (Bild 5/16). Sachlichere Formen sind betonte Kapitelziffern oder -bezeichnungen. Ein Raum, der diese Elemente aufnimmt und als **Vorschlag** vor dem Textanfang steht, ist

5/16. Zwei Seiten aus »Ernst Barlach: Prosa aus vier Jahrzehnten« (Union Verlag, Berlin). Die Anfangsseite ist mit einer Leiste am Kopf und einem Initial geschmückt. Die Überschriften sind in Varianten der Grundschrift gesetzt und durch genügend Leerzeilen freigestellt (Gestaltung HORST ERICH WOLTER).

notwendig. Er kann verschieden groß sein, ist aber für alle Anfangsseiten einheitlich festzulegen. Die Form der Überschriften von Vorwort, Inhaltsverzeichnis, Literatur, Register usw. soll mit den anderen Anfangsseiten eines Buches im Einklang stehen.

Durch **Zwischentitel** werden die Hauptteile eines Buches auffallend getrennt. Sie tragen nur Teilenummer und Überschrift, die zurückhaltend geformt sein können. Die erste Gliederungsstufe wird bereits durch die separate Anordnung auf einer Seite, deren Rückseite nicht vakat bleiben muß, klar gekennzeichnet.

Eine dezente, raumsparende Überschriftsform ist die **Spitzmarke**, die am Anfang der ersten Zeile des Abschnittes steht und zumeist einen Schlußpunkt erhält. Sie eignet sich für stichwortartige Rubriken, die bei mehrstufiger Gliederung als die niedrigsten gelten (vgl. Bild 5/12). Die Schrift hat die Größe der Grundschrift, sie soll sich von der Auszeichnung im Text unterscheiden. In Wörterbüchern und Lexika sind alphabetisch geordnete Stichwörter – als Spitzmarken herausgestellt oder mit Einzug gesetzt – das wichtigste Gliederungsmittel.

Die zentrierte Anordnung der Rubriken oder linksbündiges Ausschließen richten sich allgemein nach dem symmetrischen oder asymmetrischen Ordnungsprinzip des gesamten Buches. Es ist jedoch auch möglich, durch Kombinationen reizvolle Wirkungen zu erreichen, die übersichtlicher Gliederung nicht schaden. Voraussetzung dazu ist das einheitliche Anordnen aller Überschriften der gleichen Stufe. Spitzmarken oder linksbündige Zwischenüberschriften fügen sich gut auch in ein sonst symmetrisch gestaltetes Werk ein (vgl. Abschnitt 4.4.2.).

Bei der **Zehnernummerung** hat es sich bewährt, die Ziffern nach vorn auf die längste Nummer auszuschließen und den folgenden Text der Überschrift unabhängig von der Gliederungsstufe nach einheitlichem Anschlag (z. B. 4c) zu beginnen. Dadurch treten die Nummern hervor, und ihre Staffelung wird übersichtlicher (vgl. Bild 5/15). Die symmetrische Anordnung bedingt, ordnende Ziffern und Buchstaben in einer besonderen Zeile auf Mitte dem Text voranzustellen. Werden sie in die erste Zeile des Überschriftentextes aufgenommen, ist ihre gliedernde Wirkung eingeschränkt.

Die **Ausgangsseite** im Buch, die Schlußkolumne eines größeren Abschnittes, soll mindestens drei Zeilen des Grundtextes umfassen. Steht sie einer Anfangsseite gegenüber, so ergibt sich das beste Bild, wenn deren Vorschlag und Überschriften vom auslaufenden Text überschritten werden. Dies läßt sich nicht immer vorausberechnen und ist dann nur durch Korrekturen zu erreichen. Bei mehrspaltigem Satz ist es möglich, die Ausgangskolumne durch ungleich lange Spalten dahingehend zu verbessern. Die häufig verwendete Bezeichnung Spitzkolumne für die Ausgangsseite ist unkorrekt. Bis ins 17. Jh. war es üblich, Schlußkolumnen so zu setzen, daß die letzten vier bis acht Zeilen die Form einer Spitze bildeten. Nur die historische Form sollte als Spitzkolumne bezeichnet werden. Nicht selten wurden früher noch Ornamente als Seitenabschluß angefügt. Diese Möglichkeit, eine Ausgangsseite zu schmücken, wird heute gelegentlich wieder aufgegriffen.

In **Zeitschriften** ist es üblich, für alle Aufsätze eine einheitliche typografische Gliederung anzuwenden. Sie umfaßt zwei- oder dreistufige Zwischenüberschriften und im allgemeinen gleichartige Titelzeilen für die einzelnen Beiträge. Hauptbeiträge werden durch Autorenangaben und gelegentliche Dachzeilen ergänzt, die über dem Aufsatztitel stehen. Auch Standardrubriken, die grafisch gestaltet sein können, und im kleineren Schriftgrad gesetzte Titelzeilen für kürzere Beiträge sind zur Orientierung des Lesers beliebt.

Die **Zeitungen** hingegen zeigen reiche Abstufung der Überschriften, deren typografische Form Aktualität und Bedeutung der Information bestimmt. Auf Titelseiten, insbesondere der Sensationspresse, herrschen Schlagzeilen vor, die vielfach noch Obertitel (Dachzeilen) und Untertitel oder hervorgehobenen Vorspann aufweisen (vgl. Bilder 5/28 und 5/29). Es ist weitgehend Brauch, die Schriftart der Titel auf einzelnen Seiten zu wechseln, dem inhaltlichen Charakter (Wirtschaft, Sport, Kultur) anzupassen. Nur längere Beiträge sind mit Zwischenüberschriften aufgelockert. Problemseiten wecken durch grafisch oder bildhaft typografisch gestaltete Titel das Leserinteresse. Die Spitzmarke, die im Zeitungssatz ihren Ursprung hat, wird bei Kurzmeldungen, Bildtexten und anderen kurzen Nachrichten als raumsparender Titel mit Informationskern verwendet.

Bei **Werbedrucken** mit systematisch gegliedertem Text hat die Typografie diese Ordnung darzustellen. Die Mittel werden hier sehr differenziert, sie sollen aber gleichfalls klar gestuft und dem Inhalt gemäß sein. Stark kontrastierende Überschriften und originell geformte Anfangs- und auch Schlußseiten können den Werbeeffekt erhöhen.

5.3. Vom Einzelnen zum Ganzen

In den vorangegangenen Abschnitten wurde dargelegt, wie Textteile typografisch zu gliedern und zu Seiten zu ordnen sind. Dieser vom sprachlichen Inhalt ausgehende organische Aufbau ergibt reiche Mannigfaltigkeit typografischer Formen. Sie sind so zu gestalten, daß jedes mehrseitige Druckerzeugnis ein eng verflochtenes Ganzes wird. Unter den Gestaltungsgesetzen ist Einheit das grundlegende. Praktisch notwendige Gliederungsteile folgerichtig und überschaubar aufeinander abzustimmen, damit kein Teil losgelöst erscheint, ist eine wichtige gestalterische Aufgabe bei Büchern und Broschüren, Zeitschriften und Zeitungen sowie auch mehrseitigen Werbedrucken.

Nach den behandelten Faktoren guter Gestalt (vgl. Abschnitt 2.2.2.2.) ergeben einfache, klar hervortretende Formen am sichersten eine Gestalteinheit. In der Typografie und auch anderer Formgebung gilt die aus gleichen Elementen in reihender Anordnung gefügte Gestalt ästhetisch als niedrigster Grad einer Einheit. Durch rhythmische Veränderungen und kontrastierende Elemente kann die gegebene Ordnung belebt und ihr innerer Zusammenhang gefestigt werden. Solche Gestaltungsprinzipien sowie die Kombination und das Durchdringen einzelner Elemente führen zur Einheit höheren Grades. Typografisch lassen sich Gestalteinheiten größter Einfachheit und phantasievoller Bereicherung formen (vgl. Abschnitt 4.). Ausgangspunkt für das Durchformen des Ganzen muß die Struktur des Textes sein, die der Funktion des Druckerzeugnisses entsprechend typografisch darzustellen ist.

5.3.1. Bücher und Broschüren

Bei der Buchgestaltung, die als Ausgangspunkt typografischer Formen anzusehen ist, kennen wir entsprechend den verschiedenen Literaturarten sehr einfache und auch detailreiche Einheit der Typografie. Wissenschaftliche und Fachliteratur ist fast immer stärker gegliedert als Belletristik, Monografien oder Berichte. Bild- und Kunstbände erfordern eigene Ordnungsprinzipien, die in Abschnitt 5.3.3. behandelt werden sollen.

Wichtigste verbindende Elemente der Buchgestaltung sind durchgängige Grundschrift und einheitliche Rubriken, der gleichbleibende Satzspiegel und das gewählte Ordnungsprinzip. Die Wahl der Schrift erfolgt nach dem Inhalt des Buches. Bei der Vielfalt der Literatur kann hier nur auf die allgemeinen Gesichtspunkte verwiesen werden, die in Abschnitt 2.1.3.5. zur Schriftwahl und Anmutungsqualität genannt wurden.

Es gibt wenige Ausnahmefälle, wo hervorzuhebende Textgruppen in einer anderen Schriftart angemessen sind. Beim Satz einer mehrsprachigen Ausgabe können die Sprachen durch abweichende Schriften gekennzeichnet werden, ohne den Zusammenhang zu lockern. Die notwendigen Bestandteile eines Buches, wie Einband, Titelei und Anhang, erfordern, auch bei einfach strukturiertem Text, nach ihrer Funktion geformte, verschiedene Elemente zu einem Ganzen zu fügen.

Zur **Titelei** gehören Schmutztitel (Vortitel), Haupttitel, Impressum, Inhaltsverzeichnis, Vorwort und verschiedentlich Widmung, Motto und Einleitung. Der vor dem Titelblatt stehende Schmutztitel ist sehr

Rechte Seite:
5/17. Schmutztitel, Haupttitel, Zwischentitel und Anfangsseite mit Motto einer dreibändigen Werkausgabe. Die Angabe des Bandes erscheint lediglich auf dem Einband und dem Schmutztitel (Gestaltung Friedbert Jost).

5.3. Vom Einzelnen zum Ganzen

GOETHE
POETISCHE WERKE IN DREI BÄNDEN

2

GOETHE

POETISCHE WERKE IN DREI BÄNDEN

ROMANE

AUFBAU-VERLAG
1970

DIE LEIDEN
DES JUNGEN WERTHER

ERSTES BUCH

Was ich von der Geschichte des armen Werther nur habe auffinden können, habe ich mit Fleiß gesammelt und lege es euch hier vor und weiß, daß ihr mir's danken werdet. Ihr könnt seinem Geiste und seinem Charakter eure Bewunderung und Liebe, seinem Schicksale eure Tränen nicht versagen.

Und du gute Seele, die du ebenden Drang fühlst wie er, schöpfe Trost aus seinem Leiden, und laß das Büchlein deinen Freund sein, wenn du aus Geschick oder eigener Schuld keinen nähern finden kannst.

Am 4. Mai

Wie froh bin ich, daß ich weg bin! Bester Freund, was ist das Herz des Menschen! Dich zu verlassen, den ich so liebe, von dem ich unzertrennlich war, und froh zu sein! Ich weiß, du verzeihst mir's. Waren nicht meine übrigen Verbindungen recht ausgesucht vom Schicksal, um ein Herz wie das meine zu ängstigen? Die arme Leonore! Und doch war ich unschuldig. Konnt ich dafür, daß, während die eigensinnigen Reize ihrer Schwester mir eine angenehme Unterhaltung verschafften, daß eine Leidenschaft in dem armen Herzen sich bildete? Und doch — bin ich ganz unschuldig? Hab ich nicht ihre Empfindungen genährt? hab ich mich nicht an den ganz wahren Ausdrücken der Natur, die uns so oft zu lachen machten, so wenig lächerlich sie waren, selbst ergetzt? hab ich nicht — O was ist der Mensch, daß er über sich klagen darf! Ich will, lieber Freund, ich verspreche dir's, ich will mich bessern, will nicht mehr ein bißchen Übel, das uns das Schicksal vorlegt, wiederkäuen, wie ich's immer getan habe; ich will das Gegenwärtige genießen, und das Vergangene soll mir vergangen sein. Gewiß, du hast recht, Bester, der Schmerzen wären minder unter den Menschen, wenn sie

schlicht, am besten einzeilig am oberen Satzspiegelrand stehend, in der Grundschrift auszuführen. Zur Papierersparnis ihn wegzulassen ist allenfalls bei einfachen Broschüren zu empfehlen. Hin und wieder läßt sich bei großformatigen Werken der auf dieser Seite verbleibende Freiraum anderweit für Inhaltsangaben und ähnliches nutzen.

Der **Haupttitel** wird oft als Portal des Werkes bezeichnet. Seine Aufgabe ist es, das Buch in inhaltsgerechter Form vorzustellen. Er benennt Autorennamen, Titel des Werkes, Verlag, Verlagsort und Erscheinungsjahr. Diese vom Verlag bestimmten bibliografischen Angaben können entsprechende Ergänzungen erhalten. In den meisten Fällen ist der Titel des Werkes durch größeren Schriftgrad hervorzuheben, es sei denn, daß ein bedeutender Autor die gleiche Auszeichnung verdient. Der Zusammenhang zu den folgenden Textseiten wird hergestellt, wenn der Ausgangspunkt für den Titelsatz die Grundschrift des Werkes ist, aus der die weniger wichtigen Angaben gesetzt werden. Zu viele Schriftgradabstufungen verderben eine gute Titelgestaltung. Auch ein kurzer Titeltext vermag die Buchseite ausreichend zu füllen. Orientierung am Satzspiegel, genügend große Schriftgrade oder Versalsatz verhelfen dazu. Feste Regeln sind dazu unangebracht; ausgebildetes Formgefühl ist für eine gute Gestaltung des Titels vonnöten.

Der **Doppeltitel** ist bei Werken üblich, die aus mehreren Bänden bestehen. Der **Sammeltitel** steht auf Seite 2 des Buches und ihm gegenüber der **Bandtitel**. Beide sind in der Form weitgehend anzugleichen; sie beginnen in gleicher Höhe und enden beide mit der Verlagszeile. Auf einen Sammeltitel kann bei Werkausgaben auch verzichtet werden (Bild 5/17). Die notwendigen Angaben stehen dann im Haupttitel oder gesondert auf Seite 2, manchmal am Schluß des Buches.

Die dem Titel gegenüberstehende Seite 2 nimmt vordringlich eventuelle **Titelbilder** auf, deren Größe und Stellung auf die Form des Haupttitels abzustimmen ist. Das Ausschmücken des Titels mit Linienkombinationen, Ornamenten oder mit einer vom Charakter der Grundschrift abweichenden Titelzeile kann der Formverbesserung dienlich sein, sollte aber stets Bezug zum Inhalt des Buches haben. Das gleiche gilt für die farbige oder kalligrafische Gestaltung der Titelseite.

Der Titelsatz kann sich auch auf die Doppelseite erstrecken, wenn der Titeltext durch Zusätze stark erweitert wird und mehrere Textgruppen zu bilden sind. Viel-

5/18. Spannungsreicher Haupttitel mit ganzseitigem Titelbild, das der Blickrichtung nach auf der rechten Seite steht und die Künstlerpersönlichkeit hervorhebt (Gestaltung HORST SCHUSTER).

160   **5. Funktionen und Formen**

5/19. Gut gegliederter Haupttitel in zwei Schriftgraden, der sich auf die Doppelseite erstreckt. Die Inhaltsbeschreibung auf Seite 2 ist in die ausgewogene Anordnung eingefügt (Gestaltung RENATE SCHIWEK).

fach nützen asymmetrisch angeordnete Titel die Doppelseite für spannungsreichen Formausdruck (Bild 5/19). Das typografische Gestaltungsprinzip muß dem Inhalt gemäß sein und mit dem Textteil übereinstimmen, nur dann kann der Titel zum typografischen Höhepunkt des Buchganzen werden (Bild 5/20).

Das **Impressum**, dessen Pflichtangaben in der DDR standardisiert sind (TGL 37108), steht in kleinerem Schriftgrad meist auf Seite 4 nach dem Haupttitel. Ist der Druckvermerk sehr umfangreich, wird er besser am Schluß des Buches angeordnet. Der Schutzrechtshinweis (Copyright) gehört in jedem Falle auf Seite 4, ebenso wie die Internationale Standardbuchnummer. Der zehnstelligen Nummernfolge sind die lateinischen Großbuchstaben ISBN voranzustellen, sie ist als eigenständige Zeile mindestens im 9 p-Schriftgrad zu setzen. Die Standardbuchnummer wird außerdem am Fuße der Rückseite von Einband, Buchumschlag oder Schuber wiederholt.

Das **Inhaltsverzeichnis** soll dem Leser eine rasche Orientierung über die Gliederung des Buches ermöglichen; deshalb gehört es nach dem Titel an den Anfang des Buches. Es am Schluß des Buches anzufügen, was früher oft erfolgte, ist beim heutigen Fertigungsablauf nicht mehr zu begründen. Gute Übersicht gewährt eine Anordnung im Reihensatz (Abschnitt 5.4.2.), der vor allem bei umfangreichen Verzeichnissen zu bevorzugen ist. Sie können einen Grad kleiner als die Grundschrift gesetzt werden. Die Rangordnung der Überschriften wird am besten verdeutlicht, wenn sich hier die typografische Gliederung des Buches wiederholt. Um das Inhaltsverzeichnis dem Gestaltungsprinzip des Buches anzupassen, kann es auch zentriert angeordnet werden. Das führt aber nur dann zu guten Ergebnissen, wenn das Verzeichnis kurz ist und genügend Raum für gliedernden Durchschuß bleibt.

Das **Vorwort** enthält persönliche Aussagen und Hinweise. Der intime Charakter kann durch vom Text abweichenden Satz ausgedrückt werden. Erweiterter Durchschuß verhilft oft zugleich zu besserer Seitengestaltung; Satz in Kursiv der Grundschrift hebt das Vorwort noch stärker vom Text ab. Folgt eine **Einleitung**, so wird diese wie die Textseiten gesetzt.

Hat der Autor sein Werk mit einer **Widmung** (Dedikationstitel) versehen, gebührt dieser eine besondere Seite unmittelbar nach dem Haupttitel. Für den Satz genügt die Grundschrift, allenfalls ist der Name des Zugeeigneten hervorzuheben. Ist dem Buch ein **Motto** vorangestellt, wird es nur dann auf einer Seite für sich stehen, wenn es der Umfang erfordert. In der Regel werden diese Wahlsprüche, die auch Kapitel einleiten können, kurz sein. Sie können im Vorschlag der Anfangsseiten nach den Überschriften stehen, zur rechten Satzspiegelkante gerückt. Ein oder zwei Grade kleinere Schrift als der Text – auch in kursiv – dürfte angemessen sein.

In wissenschaftlichen und Fachbüchern sind im **Anhang** Literaturverzeichnis, Quellennachweis sowie Personen- und Sachwortverzeichnis aufgenommen. Alle Teile des Anhangs werden einheitlich, zumeist –

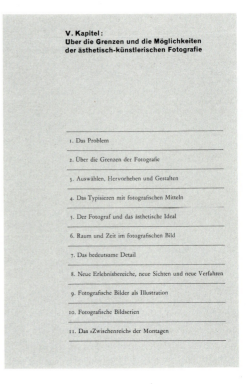

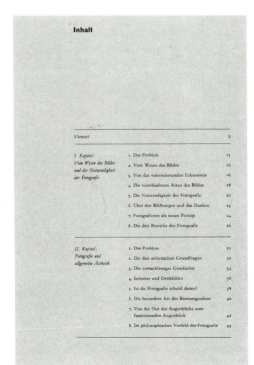

5/20. Asymmetrische Titelgestaltung, die Linien in Satzspiegelbreite stützen. Linien gliedern auch die Inhaltsangaben auf den Zwischentiteln und das der typografischen Gliederung des Werkes folgende Inhaltsverzeichnis (Gestaltung WALTER SCHILLER).

je nach Umfang – in kleinerem Schriftgrad als der Textteil gesetzt. Als Verzeichnisse gehören sie zum Reihensatz, der in Abschnitt 5.4.2. ausführlicher behandelt wird.

Die Überschriften der einzelnen Buchteile, sowohl der Titelei und des Anhanges, müssen den Rubriken im Buch entsprechend gesetzt werden. Differenzierung in der Schriftgröße ist sorgfältig abzuwägen, gleiche Schriftart der Einheit der Buch- oder Broschürengestaltung wegen unerläßlich.

Bucheinband und Broschürenumschlag, die festverbundene Bestandteile dieser literarischen Erzeugnisse sind, müssen in die

Gesamtgestaltung einbezogen werden. Der lose umgelegte Buchumschlag hingegen wird vielmehr als Werbemittel ausgeführt, deshalb soll in Abschnitt 5.3.2. darauf eingegangen werden.

Bucheinbände werden immer häufiger grafisch mehrfarbig gestaltet. Blind- oder mit Farbfolie geprägte sowie gedruckte Schrift, auch mit Linien und Ornamenten bereichert, herrschen jedoch noch vor, insbesondere dort, wo ein Buchumschlag vorgesehen ist. Der Ganzgewebeeinband sowie der Pappeinband werden fertigungstechnisch bevorzugt. Die Beschriftung des Buchrückens ist vorrangig, da nur dieser im Bücherregal sichtbar bleibt. Jedes Buch mit mehr als 5 mm Rückenbreite sollte einen Rückentitel tragen, dessen Schriftart zum Textteil paßt. Der Rücken ist längs zu beschriften, wenn der Band zu groß und liegend aufbewahrt werden muß oder der Rücken für eine Queranordnung zu schmal ist. Zur Kennzeichnung des Vorderdeckels genügt ein geeignetes Symbol oder Ornament (Bilder 5/21 bis 5/24). Den Autorennamen dort zu wiederholen ist bei Werkausgaben üblich. Farbschnitt, Kapitalband und das nutzerfreundliche Leseband sind keine überlebten Zöpfe, sondern vervollkommnen den Verlagseinband. Neuerdings wird häufiger das **Vorsatz** für doppelseitige Illustrationen oder Übersichten genutzt. Es gibt viele Möglichkeiten – auch farbiger Gestaltung –, den Leser vom Einband über das Vorsatz auf den Inhalt einzustimmen und ein vielheitliches Ganzes zu schaffen.

Bei **Broschürenumschlägen** wird vordringlich die Farbe genutzt, um die Typografie, die mit Bildern kombiniert sein kann, wirksam zu unterstützen. Das Ankündigen, das dem Inhalt nach mehr oder weniger laut

5/21. Ganzgewebeeinband für ein Fotobuch, beide Buchdeckel sind farbig im Offsetverfahren bedruckt. Titel als Rückenzeile im Farbfoliendruck (Gestaltung WALTER SCHILLER)

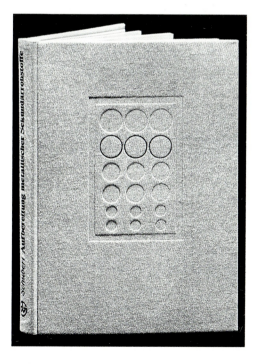

5/22. Ganzgewebeeinband zum Fachbuch (Bild 5/19) mit einem ornamentalen Symbol auf dem Vorderdeckel (blindgeprägt und Farbdruck), Titel und Verlagszeichen auf dem Buchrücken (Gestaltung RENATE SCHIWEK)

5.3. Vom Einzelnen zum Ganzen

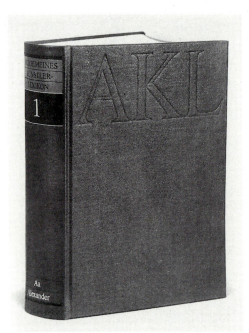

5/23. Ganzeinband eines Lexikons in plastbeschichtetem Einbandstoff mit mehrfarbigem Rückenaufdruck und blindgeprägter Schrift auf dem Vorderdeckel (Gestaltung GERT WUNDERLICH)

auf dem Umschlagtitel erfolgt, ist in der typografischen Form mit dem Textteil abzustimmen, damit aus allen Teilen ein Ganzes entsteht. Wurde der Innenteil zentriert angeordnet, soll auch der Umschlag diesem Ordnungsprinzip folgen. Die Schriftart des Textes läßt sich nicht immer für den Umschlag verwenden. Werden kräftigere, in der Stilart abweichende Schriften gewählt, sind Grundregeln des Schriftmischens (vgl. Abschnitt 2.1.3.6.) zu beachten.

5.3.2. Zeitschriften und Zeitungen

Unter den zahlreichen periodischen Informationsmitteln sind verschiedene Pressetypen zu unterscheiden, die sich international herausgebildet haben. Sie werden durch ihre publizistischen Aufgaben (Wissenschaftliche Zeitschrift, Fachzeitschrift, Unterhaltungsmagazin usw.) und ihre Erscheinungsweise (Tageszeitung, Wochenzeitung, Monatsschrift usw.) sowie den Leserkreis charakterisiert. Die meisten Pressetypen kennzeichnen bestimmte Formate und Herstellungsverfahren. Bei Zeitschriften ist die Vielfalt der Formate und Gattungen größer als bei Zeitungen. Das gleichbleibende Format ist bei allen Presseerzeugnissen Ausgangspunkt für langfristige, einheitliche typografische Gestaltung. Da sich Zeitschriften- und Zeitungssatz grundsätzlich nicht vom Werksatz unterscheiden, gilt das bereits über den Satz fortlaufenden Textes Ausgeführte auch für Presseerzeugnisse. Auf Besonderheiten von Zeitschriften und Zeitungen sowie geltende Standards wurde dort bereits hingewiesen. Im folgenden sollen Kompositionseigenheiten und Formelemente dargestellt

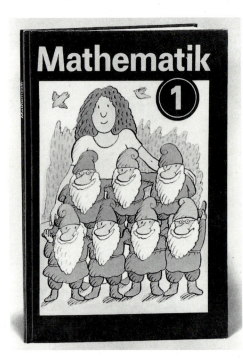

5/24. Grafisch gestalteter Pappeinband für ein Schulbuch ohne Buchumschlag (Zeichnungen MANFRED BOFINGER, Gestaltung KARL-HEINZ WIELAND)

5/25. Seitenpaar einer Fachzeitschrift wissenschaftlich-technischen Charakters, die nach langfristiger Satzanweisung in standardisierten Spaltenbreiten bei vorgegebenem Satzspiegel ausgeführt ist. Die Seiten sind mit lebenden Kolumnentiteln versehen, der in konstanter Schrift gesetzte Text ist durch zweistufige Zwischenüberschriften typografisch gegliedert.

werden, die den typografischen Gesamteindruck bestimmen. Durch ihn wird die journalistische Wirkweise des jeweiligen Pressetyps unterstützt und die ihm angemessene Gestalteinheit mit geprägt.

Zeitschriften sind unabhängig von ihrer Erscheinungsweise grob in zwei Gruppen zu unterteilen, die sich in der Gestaltung erheblich unterscheiden. Bei der ersten Gruppe überwiegt der Textanteil, die Zeitschriften werden nach einer langfristigen Satzanweisung hergestellt. Zu ihnen sind wissenschaftliche Zeitschriften, Fachzeitschriften und Mitteilungsblätter zu rechnen. Für die zweite Gruppe ist ein hoher Bildanteil charakteristisch. Die Zeitschriften werden von Ausgabe zu Ausgabe durch Grafiker entworfen. Zu dieser Gruppe gehören neben den eigentlichen Illustrierten auch Modezeitschriften, Unterhaltungsjournale und Magazine.

Für Zeitschriften der ersten Gruppe sind einheitlicher Schriftcharakter und standardisierter Satzspiegel die wichtigsten verbindenden Elemente. Unverändert in Schriftgröße und Durchschuß werden die meisten Beiträge ausgeführt. Häufig sind lokalisierte Abteilungen oder Rubriken eingerichtet, wie Umschau, Buchbesprechungen usw., die in einem kleineren Schriftgrad und eventuell in anderer Spaltenbreite gesetzt werden. Solche konstante Strukturierung fördert das Auffinden von Informationen und bereichert das Ganze in der Form (vgl. TGL 37107 Fachzeitschriften; Regeln für die Gestaltung).

Die Grundschrift ist vordringlich nach guter Lesbarkeit zu wählen. Für notwendige Auszeichnungen im Text (Kursiv, Halbfett, Kapitälchen) sollen geeignete Schriftschnitte verfügbar sein. Kommen häufig Formeln im Text vor, sollte die Schriftart mit dem Charakter der Formeln übereinstimmen. Der Schriftausdruck, insbesondere bei Überschriften, die auch von der Grundschrift abweichen können, muß zur Gattung der Zeitschrift passen (Bild 5/25).

Wissenschaftliche Zeitschriften mit längeren theoretischen Beiträgen und Mitteilungsblätter finden in einer sachlichen, zumeist symmetrischen Typografie die beste Form. Ein lebhaftes, spannungsreiches typografisches Bild ist bei Zeitschriften gerechtfertigt, deren Inhalt anregend vorgetragen werden soll oder in anderer Weise dazu Beziehung hat (vgl. Bilder 4/39 und 4/40). Das einheitliche Kompositionsprinzip, das alle Teile einschließt, hat vom Inhalt auszugehen. Zeitschriftentypografie ist dann vollkommen, wenn sie Leerräume verträgt, die besonders im Fotosatz zum Ausgleich von Umbruchschwierigkeiten oft unerläßlich sind, um größere Korrekturen zu vermeiden (vgl. Abschnitt 5.2.2., Satzspiegel).

Das **Inhaltsverzeichnis** ist rasch auffindbar und stets an gleicher Stelle anzuordnen, um dem Leser die Orientierung zu erleichtern. Da es zur dokumentarischen Erfassung des Heftinhaltes dient, soll es in nicht zu kleinem Schriftgrad standardgerecht (TGL 37109) gesetzt werden. Konstante Anordnung ist ebenfalls für Impressum und Bestellangaben nützlich.

Der **Umschlag**, den umfangreiche Zeitschriften erhalten, soll als fester Bestandteil des Heftes dessen Ordnungsprinzip zeigen, auch wenn er ein Titelbild trägt oder mit abweichenden Schriftarten und Farbflächen effektvoller gestaltet wurde. Postalische und bibliografische Angaben dürfen nicht vernachlässigt werden. Die Ordnungsleiste (TGL 20177) am Fuß des Umschlagtitels oder der ersten Textseite erleichtert die

5/26. Typografisch gestalteter Umschlagtitel mit einem Signet der Fachzeitschrift (im Original zweifarbig). Am Fuß sind die bibliografischen Daten der Ordnungsleiste zu einer Satzgruppe zusammengefaßt, die sich in das Ganze gut einfügt (Gestaltung WALTER BERGNER).

bibliografische Erfassung (Bild 5/26). Ein Freiraum von mindestens 30 mm am Kopf der 4. Umschlagseite erfordert die Abonnementsadresse des Postzeitungsvertriebes. Kurzlebige Zeitschriften geringen Umfanges begnügen sich oft mit einem Zeitschriftenkopf, den eine markante Titelzeile – die auch gezeichnet sein kann – beherrscht.

In der zweiten Zeitschriftengruppe, in der Fotos und Zeichnungen dominieren, hat es sich trotz häufig angeschnittener Bilder bewährt, einen gleichbleibenden Satzspiegel der Seitenkomposition zugrunde zu legen. Auf Seitenziffern ganz zu verzichten ist auch hier verfehlt. Magazine nützen neben einfallsreicher Überschriftengestaltung das Wechseln der Textschrift zur Belebung und Gliederung der Seiten – teils mit Linien und Farbe – sehr variantenreich.

Wiederkehrende typografische Elemente verhelfen diesen ausdrucksstarken Publikationen weniger zur Einheit der Gestaltung, sondern das ästhetische Niveau der Komposition (vgl. Abschnitt 4.4.). Hierzu ist phantasiereiches Formvermögen vom Gestalter erforderlich (Bild 5/27).

Zeitungen, aufgrund ihres Formates alle mehrspaltig gesetzt, erhalten durch die Seitenkomposition, die Umbruchart, ihre charakteristische Formeinheit. Es gibt seriöse Tageszeitungen, die mit relativ breiten Spalten waagerecht und senkrecht klar gefügt sind. Ihr Umbruch strahlt sicheres Selbstbewußtsein und überzeugende Ruhe aus. Sachliches Informieren und behagliches Unterhalten entsprechen dieser Darbietungsform (Bild 5/28). Ganz anders sind Sensationsblätter für den Straßenverkauf gestaltet. Sie versuchen mit fetten Schlagzeilen Interesse zu wecken und zu erregen. Spannungsreich sind ihre relativ schmalen Spalten diagonal verschränkt, und das Seitengefüge ist mit Details reich variiert (Bild 5/29). Der Umbruch wirkt unruhig, behält aber bei guter Verteilung der Schwerpunkte optisches Gleichgewicht (vgl. Abschnitt 4.4.).

Zwischen diesen extremen Formen des Zeitungsumbruchs gibt es viele Varianten, die auch von der Methode der Vorbereitung (freier Entwurf, Gestaltungsbausteine, Rasterprinzip, Standardseiten) abhängen und innerhalb einer Ausgabe verschieden sein können (Unterhaltungsbeilagen usw.).

Als **Grundschrift** sind spezielle Zeitungsschriften im Gebrauch. Sie haben weitgehend neutralen Charakter, relativ große Mittellängen und zumeist ein weites, offenes Bild. Dadurch sind sie auch in kleineren Graden noch gut lesbar. Für die Zeitung, die unter ungünstigen Bedingungen und oft in Eile gelesen wird, ist dies besonders wichtig. Kleinere Grundschrift als 8 p sollte auch unter dem Zwang der Raumersparnis nicht angewendet werden. Der Fotosatz erlaubt ein sorgfältigeres Abwägen von Schriftgrad und Durchschuß. Verschieden durchschossener Text gleicher Schrift müßte auch in der Zeitung verpönt sein.

Mit den Auszeichnungsschnitten der Grundschrift lassen sich viele Überschriftenvarianten erreichen, die ein harmonisches Seitenbild ergeben. Die meisten Zeitungen bevorzugen jedoch von der Grundschrift abweichende Schriftarten für die Überschriften, um das Seitenbild lebhafter zu gestalten oder den Seiteninhalt zu charakterisieren. Sensationelle, ins Auge springende Überschriftsformen entstehen durch unge-

5/27. Seitenpaar aus einem Modejournal, das einen hohen Anteil verschiedener Bildkombinationen aufweist. Solche Zeitschriften sind in wechselnder Seitengestaltung und verschiedenen Schriften je Heft individuell zu entwerfen (Gestaltung DETLEV SCHÜLER).

5.3. Vom Einzelnen zum Ganzen

5/28. Titelseite einer Tageszeitung im sechsspaltigen Umbruch mit zentriert angeordneten Überschriften. Der Umbruch ist kaum verschränkt und vertikal betont; er wirkt sachlich und überzeugend. Spaltenlinien fassen die zweispaltigen Beiträge zusammen und ergeben eine klare Gliederung. Inhaltshinweise sind im Rahmen unter dem Zeitungskopf angeordnet.

wöhnliche Kontraste in Größe und Schriftschnitt, kräftige Linien und Einrahmungen verstärken diese Effekte. Ein einheitliches Anordnungsprinzip aller Zeitungsrubriken ist dabei unerläßlich.

Der über längere Zeiträume gleichbleibende **Zeitungskopf** kennzeichnet diese Periodika. Die eigentliche Titelzeile wird oft gezeichnet, ist der Typografie angepaßt oder konstrastiert mit ihr. Selbst Zeitungstitel in älteren Schrifttypen (Gotisch, Fraktur) sind beliebt. Von Schlagzeilen beherrschte Titelseiten haben hin und wieder nur ein- oder zweispaltige Zeitungsköpfe, die, farbig gedruckt, signetartig hervortreten (vgl. Bild 5/28).

Viele Zeitungen verzichten auf **Inhaltshinweise**; erfolgen diese auf der Titelseite, werden sie durch Linienrahmen hervorgehoben oder auf andere Weise deutlich vom Text abgetrennt. Es ist üblich, möglichst mehrere Zeitungsartikel auf der Titelseite zu beginnen und auf den folgenden Seiten fortzusetzen. Diese Form entspricht der journalistischen Aufgabe, viele aktuelle Informationen dem Zeitungsleser zur Auswahl nach seinem Interesse anzubieten (vgl. Bild 5/28).

5.3.3. Sonstige Gestaltungseinheiten

Neben den bereits behandelten Medien gibt es noch andere Druckerzeugnisse, die wegen ihres Umfanges und der Textstruktur eine typografische Durchgestaltung erfordern. Besondere Überlegungen sind notwendig, wenn viele Bilder eingeordnet und zahlreiche Einzelteile zusammengefügt werden müssen. Es können hier nur verwandte Aufgaben zusammengefaßt und einige typische Beispiele erläutert werden.

5/29. Zeitungstitelseite einer Sonderausgabe im Stil der Sensationspresse (im Original zweifarbig). Mehrere Schlagzeilen wurden in Schrift und Farbe variiert. Die verschränkt angeordneten vielfältigen Elemente erzeugen Unruhe und Erregung (Gestaltung CARLA und DETLEV MANN).

Bildkataloge und **Tafelwerke** (Kunstbände) richten sich im Format nach den aufgenommenen Bildern. Wenn es die Originale erfordern, sind Bücher im Querformat dem Querstellen von Bildern vorzuziehen. Auch für Reproduktionen großformatiger Bilder sollten normale Bücher nicht breiter als 24 cm sein, da sie sonst kaum in Bücherregalen Platz finden. Die Rückenhöhe ist dabei weniger wichtig, weil sehr große Bände liegend aufbewahrt werden können.

Für das Ordnen zu einem Ganzen bieten sich, unabhängig davon, ob die Bilder in den Text eingeschaltet oder Text und Bilder zu selbständigen Teilen vereint sind, zwei Lösungen an. Satzspiegel und Maximalmaße der Bilder können gleich sein, oder sie weichen erheblich voneinander ab. Beim Festlegen des Satzspiegels ist zu beachten, daß nicht zu lange Zeilen entstehen. Sind diese nicht ausreichend zu durchschießen, ist es besser, mehrspaltig zu setzen. Der gleichgroße Spiegel für Text- und Bildseiten empfiehlt sich bei einzelnen, in den Text eingestreuten Bildern, die auf das Textpapier gedruckt werden. Damit ist am sichersten eine Formeinheit zu erreichen (Bild 5/30). Oft zwingen zu starke Bildverkleinerungen oder andere Gründe dazu, für Bilder einen größeren Spiegel vorzusehen, der das Buchformat bis auf einen schmalen Rand nutzt. Abfallende, angeschnittene Bilder sind in Fotobildbänden eine weitere Möglichkeit, das Buchformat weitgehend zu nutzen. Sie bringen Abwechslung in jede Form der Bildanordnung und können Höhepunkte in der Bildfolge sein (Bild 5/31). Angeschnittene Abbildungen von Kunstwerken entstellen die Originale, sie sind strenggenommen nur bei Ausschnitten von diesen zulässig.

Solche Publikationen können durchaus zwei differenzierte Seitengestaltungen erhalten, die durch gleiche Schriftart und

5/30. Seitenpaar aus dem Bildband »Goethe in Weimar« (Edition Leipzig), in dem Bild und Satzspiegel übereinstimmen. Einzelne angeschnittene und über den Bund geführte Bilder beleben die Abfolge (Gestaltung WALTER SCHILLER).

5/31. Text- und Bildseite aus dem Bildband »Budissin – Bautzen« (VEB Domowina-Verlag, Bautzen). Der Textteil ist auf getöntem Papier gedruckt, der Satzspiegel asymmetrisch. Die Bilder sind vorwiegend angeschnitten ganzseitig auf Kunstdruckpapier wiedergegeben (Gestaltung SONJA und GERT WUNDERLICH).

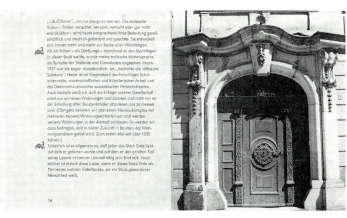

5/32. Doppelseite aus »Illustrierte Geschichte der Deutschen Demokratischen Republik« (Dietz Verlag, Berlin). Die verschiedenen Bilder sind um den Bundsteg komponiert, er bildet die natürliche Gestaltungsachse für das jeweilige Seitenpaar (Gestaltung HANS-JOACHIM SCHAUSS).

Ordnungsprinzipien im Einklang stehen. Aber auch mit anderen Mitteln lassen sich verschiedenartige Teile verknüpfen. Ein durchgehender, gleichmäßiger Freiraum, der auch Bildtexte aufnehmen kann oder den eine Linie begrenzt, kann als vertikale oder horizontale Ordnungsleiste Bildseiten verbinden. Gleichbleibende Ornamente, die Seitentitel oder -ziffern zieren, können ebenso wie rahmende Linien oder Schmuck Text- und Bildseiten verflechten (Bild 5/32).

Sollen mehrere Bilder auf einer Seite vereinigt werden, ist mit einheitlichen, möglichst knappen Zwischenräumen (5 mm) eine geschlossene Wirkung zu erreichen. Zum Bildspiegel füllenden Tableau lassen sich nicht immer Bilder verschiedener Proportionen zusammenfügen. Durch Ausrichten auf eine durchgängige Achse, an der die Bildgruppe hängt, auf der sie steht oder seitlich angeordnet ist, ergibt sich ohne Zwang ein gleichmäßiges Gefüge. Es erscheint klar geordnet und durch die ungleichen Seitenumrisse zugleich rhythmisch belebt. Auch mehrspaltige Textseiten können so zwanglos gefügt und zu dynamischer Einheit verbunden werden (vgl. Bild 5/32).

Auf die Titelei kann weder bei Bildkatalogen noch Tafelwerken verzichtet werden. Bei Katalogen ist sie zumeist auf das Titelblatt beschränkt, seltener sind Inhaltsangaben oder ein Vorwort vorhanden. Tafelbände hingegen, insbesondere wenn der

5.3. Vom Einzelnen zum Ganzen

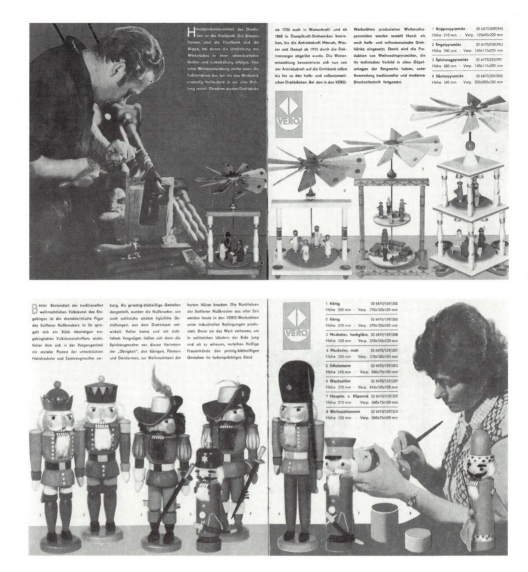

5/33. Doppelseiten aus einem Warenkatalog erzgebirgischer Holzwaren, der mit farbigen Bildern der verschiedenartigsten Erzeugnisse zu einem wirksamen Ganzen gestaltet wurde. Klar geordnete Texte in einheitlichem Schriftgrad und übersichtliche Tabellen treten hinter den Bildern zurück, fördern den einheitlichen Gesamteindruck (Gestaltung HORST MORGENSTERN).

Bildteil dominiert, erfordern eine angemessene Eröffnung. Dem Titeltext kann ein Bild vorangestellt oder unmittelbar mit ihm verbunden sein. Auch mehrseitige Bildprologe können auf den Inhalt einstimmen. Wichtig bleibt, alle Teile der Publikation zur Einheit zu formen und Titel und Rubriken ihrer Bedeutung gemäß in Schriftgröße und -art abzustufen.

Bei allen anderen umfangreichen Druckerzeugnissen, wie **Warenkatalogen**, Bücherverzeichnissen, Veranstaltungs- oder Jahresberichten, entsteht bis auf wenige Ausnahmen durch einheitliche Seitengestaltungen und Schriftarten ein typografisches Ganzes. Sind zur Gliederung oder Ausdruckssteigerung Schriftmischungen notwendig, sollen sie maßvoll erfolgen. Straff geordnet und im leichten Grauwert muß der Text erscheinen, wenn ihm zahlreich Fotos und Zeichnungen beigegeben sind. Er bildet dann den Ausgleich zur Unruhe der Bilder. Vielfach können Linien helfen, ein aufgelockertes Gefüge zu stützen und gleichbleibende Formen zu gewinnen (Bild 5/33).

Die **komplexe Gestaltung** einer Buchserie, Publikationsreihe oder des typografischen Erscheinungsbildes eines Unternehmens erfordert besonders Denken in Zusammenhängen. Zugunsten der Einheit des Komplexes ist es notwendig, auf individuelle Formen einzelner Objekte, auf den Inhalt einer Ausgabe bezogene Formmerkmale zu verzichten. Die Gestaltungsmittel müssen eine einheitliche Anwendung ermöglichen, die Variabilität des Textes darf durch sie nicht behindert werden. Der Formausdruck aller Teile des Komplexes muß unverwechselbar sein und sich deutlich von anderen unterscheiden (Bild 5/34).

Auch dabei wird die einheitliche Schrift mit weitgehend neutralem Charakter und vielen Varianten sowie ihre wiederkehrende Komposition die Grundlage sein. Oft bedarf die Typografie noch weiterer konstanter Elemente, um einen charakteristischen Ausdruck zu erreichen. Bestimmte Linienkombinationen, Signets oder Schriftzüge sowie die Farbgestalt stützen die Einheitlichkeit, wenn sie weitgehend unverändert angewendet werden. Beispiele von Anzeigen, Verpackungen, Geschäfts- und Werbedrucksachen zur Darstellung der komplexen Werbelinie eines Unternehmens, bei der die Typografie eine wichtige Rolle hat, sind in den jeweiligen Abschnitten vorgestellt (vgl. Bilder 5/54, 5/60, 5/67, 5/69 bis 5/71 und 5/73).

5.4. Reihenanordnungen

Nicht immer besteht der Text aus zusammenhängenden Sätzen, die fortlaufend gesetzt werden. Es gibt kurze, selbständige Teile, die der Übersicht wegen jeweils auf einer neuen Zeile beginnen. Dazu gehören Aufzählungen aller Art, Verzeichnisse und in Tabellen geordnete Informationen. Insbesondere die richtige Vermittlung dichteri-

5/34. Typografische Gestaltung einer Taschenbuchreihe, deren Formmerkmale das Signet und die Wortmarke »Reclam« sowie konstante Linienkombination und Schrift in zentrierter Anordnung sind (Gestaltung LOTHAR REHER).

scher Werke, das Setzen von Lyrik und Dramen geschieht nach eigenen typografischen Formen. Grundform ist die nach links ausgeschlossene Zeile, deren Länge allerdings nicht willkürlich bestimmt werden kann, sondern zunächst von der Textaussage, aber auch von der gewählten Gliederung abhängt. Diese Reihenanordnungen betreffen viele typografische Gestaltungsaufgaben, die in drei Gruppen zusammengefaßt mit ihren Besonderheiten in den nächsten Abschnitten behandelt werden.

5.4.1. Gedichte, Dramen

Satztechnisch ist der **Gedichtsatz** die einfachste Form des Reihensatzes. Die rhythmisch und metrisch gestaltete Zeile eines Gedichtes, der Vers, wird mit gleichmäßigen Wortzwischenräumen gesetzt und endet an der vom Dichter bestimmten Stelle. Jeder Vers beginnt auf einer neuen Zeile; ob mit Versalien, entscheidet der Autor. Die Verse können auf sehr verschiedene Weise durch Reime verbunden und in Strophen gegliedert sein. Durch Zwischenschlag einer Blindzeile werden Strophen am besten markiert. Die erste Zeile einzuziehen kann nur Notbehelf sein, denn es gibt verschiedene Gedichtformen. Bei manchen folgt der vorn beginnenden Zeile eine eingezogene, andere haben stufenförmige Versanfänge, und bei manchen sind ganze Strophen eingezogen.

Die Satzbreite für Gedichte sollte, wenn möglich, nach der Verslänge gewählt werden. Außergewöhnlich lange Verszeilen können gebrochen werden und umlaufen (Bild 5/35). Die Versreste dürfen nicht willkürlich zum Zeilenende ausgeschlossen werden, sondern sind gleichmäßig weit einzuziehen. Müssen aus Raummangel Versreste in eine vorhergehende oder nachfolgende Zeile aufgenommen werden, so sind sie durch eine eckige Klammer abzutrennen.

Gedichte sind bei symmetrischer Satzanordnung optisch auf Mitte der Satzspiegelbreite zu stellen. Ihre Überschriften werden dabei ohne Rücksicht auf den Stand des Gedichtes auf Mitte ausgeschlossen. Bei asymmetrischer Gestaltung halten die Überschriften mit dem Verszeilenbeginn Linie, und beide stehen unabhängig von der Länge der Verszeilen am linken Rand des Satzspiegels (Bild 5/36).

Als Kunstform der Sprache erfordern Gedichte besondere Sorgfalt, vor allem beim Umbruch, und eine großzügige Seitengestaltung. Die Satzspiegelhöhe ist nicht immer einzuhalten, wenn Strophen sinnvoll gebrochen werden sollen. Besser ist es, Gedichte nur zwischen den Strophen zu

5/35. Gedichtsatz in symmetrischer Anordnung, Verse auf optischer Mitte der Satzspiegelbreite. Die umlaufenden Versreste (oben) sind einheitlich ausgeschlossen (Gestaltung FRIEDBERT JOST).

> **DER ERDE ZU**
>
> Noch ist der Mund von Erde nicht voll.
> Noch bettet sich stummes Getier nicht im Gaumen.
> Noch bietet meine Haut Platz für Strahlen.
>
> Noch bin ich der Nistplatz,
> wo sich paart, was von innen,
> was von außen kommt.
>
> **DÄCHER UND GÄRTEN**
>
> Das haben die Bäume vom Meer gelernt,
> dies Rauschen in Grün.
> Die Häuser haben's von Inseln gelernt,
> dies Dächerglühn.
>
> **HINAUF**
>
> Ich werf den Kopf in den Nacken.
> Die Kinder steigen.
> Die Dreißigjährigen sind über mir.
> Mein Sprechen
> ist ein Hinaufrufen. Vermindert
> ist oben mein Schall. Dort
> wird laut gesprochen jetzt.

5/36. Gedichte in asymmetrischer Seitengestaltung. Die Verse beginnen einheitlich am Satzspiegelrand, die Überschriften sind ausgleichend mit gleichmäßigem Vorschlag gesetzt (Gestaltung WERNER KLEMKE).

Diese Anforderungen sind am sichersten erfüllt, wenn Grundschrift und Satzbreite so gewählt werden, daß keine Verse gebrochen, Personennamen in Kapitälchen und Bemerkungen in Kursiv der Grundschrift gesetzt sind. Sprechernamen in Versalien oder halbfetter Schrift wirken meist zu schwer. Bemerkungen in kleineren Schriftgraden zu setzen ist nur bei sehr umfangreichen gerechtfertigt.

>   Und folgt – mit Keulen könnte man, mit Händen ihn,
>   Wenn man ihn treffen dürfte, niederreißen –
>   Der Kön'gin unerschrocknen Schritte nach:
>   Als wüßt' er schon, der Rasende, Verwegne,
>   Daß unserm Pfeil sein Leben heilig ist.
> DIE OBERPRIESTERIN: Und wer gab den wahnsinnigen Befehl?
> DIE OBERSTE: Die Königin! Wer sonst?
> DIE OBERPRIESTERIN: Es ist entsetzlich!
> DIE ERSTE PRIESTERIN: Seht, seht! Da wankt, geführt von Prothoe,
>   Sie selbst, das Bild des Jammers, schon heran!
> DIE ZWEITE: Ihr ew'gen Himmelsgötter! Welch ein Anblick!
>
> **NEUNTER AUFTRITT**
> *Penthesilea, geführt von Prothoe und Meroe,*
> *Gefolge treten auf.*
>
> PENTHESILEA *mit schwacher Stimme:*
>   Hetzt alle Hund' auf ihn! Mit Feuerbränden
>   Die Elefanten peitschet auf ihn los!
>   Mit Sichelwagen schmettert auf ihn ein,
>   Und mäht seine üpp'gen Glieder nieder!
> PROTHOE: Geliebte! Wir beschwören dich –
> MEROE: Hör uns!
> PROTHOE: Er folgt dir auf dem Fuße, der Pelide;
>   Wenn dir dein Leben irgend lieb, so flieh!
> PENTHESILEA: Mir diesen Busen zu zerschmettern, Prothoe!
>   – Ist's nicht, als ob ich eine Leier zürnend
>   Zertreten wollte, weil sie still für sich,
>   Im Zug des Nachtwinds, meinen Namen flüstert?
>   Dem Bären kauert' ich zu Füßen mich,

brechen und den Satz jeweils nach unten frei auslaufen zu lassen (vgl. Standard TGL 10–081/02, Abschnitt 2.12.).

Im **Dramensatz** bilden Dialoge und Monologe, zumeist in Versen, aber auch in Prosa geschrieben, die Grundlage des Textes. Die darin eingefügten Namen handelnder Personen und szenischen Bemerkungen müssen sich deutlich abheben, aber sie sollen den Verslauf wenig beeinträchtigen. Die Gliederung des Dramas in Akte, Auftritte oder Szenen ist typografisch durch Abstufen der Ziffern oder Bezeichnungen, durch Anfangsseiten, Initiale und ähnliches darzustellen.

5/37. Dramensatz im asymmetrischen Prinzip. Namen und Verse sind auf eine Achse orientiert; die Bemerkungen kursiv, die Namen in kleineren Versalien gesetzt. Kräftige Linienkombinationen markieren die Auftritte (Gestaltung WALTER SCHILLER). Symmetrisches Prinzip siehe Bild 3/12!

Für die Anordnung haben sich zwei Formen bewährt. Werden die Namen vor den Text gestellt und nach rechts auf eine vertikale Achse ausgeschlossen, auf die auch nach links geschlossene Verse und

5.4. Reihenanordnungen

Bemerkungen ausgerichtet sind, entspricht das dem asymmetrischen Prinzip (Bild 5/37). Raumsparender und für symmetrische Gestaltung geeigneter ist es, die Namen mit dem Text zu beginnen, oder – um Redewechsel zu verdeutlichen – ein Geviert aus der Kolonne herausragen zu lassen (vgl. Bild 3.12).

Beim Dialog innerhalb eines Verses beginnt die Gegenrede in der nächsten Zeile unter dem Ende der vorangegangenen Rede. Der Name des Sprechers steht am besten mit dem Text in gleicher Zeile. Dies ist auch für das gesamte Werk zu empfehlen, wenn nicht dadurch zu lange Verszeilen entstehen, die gebrochen werden müssen. Das früher übliche Anordnen der Namen auf Mitte vor dem folgenden Text reißt, besonders bei Sprecherwechsel im Vers, Lücken in die Kolumne und führt nicht zu einem guten Gesamtbild. Für den Umbruch gilt das gleiche wie für den Gedichtsatz (vgl. Standard TGL 10–081/02, Abschnitt 2.13.).

5/38. Verzeichnisse mit vorangestellten Ordnungsziffern, wie dieses Inhaltsverzeichnis mit Zehnernummerung, werden gleichmäßig durchschossen, die umlaufenden Texte entsprechend eingezogen.

5.4.2. Verzeichnisse, Übersichten, Tabellen

Innerhalb des Buches gibt es Verzeichnisse verschiedener Art, die satztechnisch als Reihensatz auszuführen sind. Werden dabei mehrere Kolonnen gebildet, die untereinander bestimmten Bezug haben, so spricht man von Übersichten. Ihre Gliederung können auch Linien verdeutlichen. Mit Kopfzeile und Überschriften für jede Kolonne versehener Reihensatz wird zur Tabelle. Diese typografischen Formen für Text- und Zahleninformationen kommen nicht nur im Werksatz, sondern auch bei Akzidenzen, Anzeigen, Fahrplänen, Gewinnlisten und vielen anderen vor.

Beim Anordnen des Reihensatzes, sowohl in einer oder mehreren Kolonnen (Spalten), treten zwei Fälle auf. Am günstigsten ist es, wenn die Kolonnenbreite so bemessen ist, daß keine Texte gebrochen werden müssen. Die nach links ausgeschlossenen Zeilen sind dann mit gleichem Abstand untereinander zu reihen. Das ist nicht immer möglich, oft muß auf geringerer Breite gesetzt werden, und es entsteht Textumlauf.

Handelt es sich um Texte, denen ordnende Zahlen vorangehen oder folgen, so wird daraus der Zeilenzusammenhang ersichtlich. Sie können ohne weitere Gliederung gereiht werden. Alle anderen umlaufenden Zeilen sind durch Einzüge oder Zwischenschläge zu kennzeichnen, um Unklarheiten auszuschließen. Zwischenschläge sind auffallender, sie erfordern mehr Raum und beeinträchtigen das Gesamtbild.

Bei **Inhaltsverzeichnissen**, insbesondere stark gegliederten, können angemessene Zwischenschläge neben Einzügen die Gliederungsstufen verdeutlichen. Es ist zu vermeiden, zu viele Abstufungen darzustellen, da das der Übersicht nicht dienlich ist und

Unruhe schafft. Besteht das Verzeichnis vorwiegend aus kurzen Texten, so muß es nicht auf Satzspiegelbreite auspunktiert werden. Die Seitenziffern können auch dem Text vorangestellt werden, eine Reihe bilden oder angehängt werden (vgl. Bild 5/20). Umlaufende Zeilen bleiben hier unbeachtet. Das gleiche gilt für alle **sonstigen Verzeichnisse** (Literatur, Bildquellen, Anmerkungen), bei denen die Ordnungsziffer freigestellt und umlaufender Text entsprechend eingezogen wird (Bild 5/38).

Register für Schlagwörter und Personen werden im mehrspaltigen Reihensatz mit gleichmäßigem Durchschuß ausgeführt. Unterschlagwörter sind nicht mehr als ein Geviert einzuziehen und können einzeln untereinandergestellt oder fortlaufend gesetzt werden. Satz in Auszeichnungs- und Grundschrift erhöht die Übersicht. Markieren der Unterschlagwörter durch vorangestellten Strich ist überflüssig (Bild 5/39). Zwischenschläge kennzeichnen den Beginn eines neuen Buchstabens in der alphabetischen Reihung. Er kann durch fetten Anfangsbuchstaben des ersten Schlagwortes oder freigestellte größere Versalien stärker hervortreten.

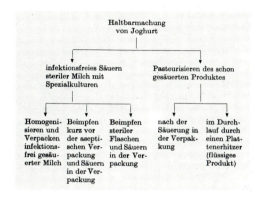

5/40. Ausführung einer Übersicht im Reihensatz. Die horizontale Verbindung ist durch waagerechte Linien dargestellt, die vertikale Zuordnung unterstützen Hinweispfeile.

Es gibt verschiedenartige **Verzeichnisse, die nach Stichwörtern geordnet** sind (Wörterbücher, Kataloge, Preislisten). Die Regel ist, die Stichwörter durch halbfette oder abweichende Schrift hervorzuheben. Um die Orientierung zu verbessern, können die dem Stichwort folgenden Zeilen eingezogen werden, damit das Stichwort aus der Kolumne etwas herausragt. Sind zur Gliederung mehrere abstufende Einzüge vorgesehen, kann das bei schmalen Kolonnen die Reihenordnung gefährden. Mehr als drei vertikale Achsen sollten vermieden werden. Die Gliederung kann auch mit Satzzeichen oder Auszeichnungsschriften erfolgen.

Gliedern über mehrere Kolonnen, wie es für Personenverzeichnisse, Veranstaltungspläne oder Programme geeignet ist, erfordert ausreichenden Durchschuß der Zeilen. Zu große Kolonnenabstände dürfen nicht den Lesefluß in der Zeile behindern; anderenfalls muß auspunktiert werden. Die letzte Kolonne nach rechts, nach dem Wortende auszuschließen ist nicht zu empfehlen. Dadurch wird die Übersicht erschwert, die reihende Ordnung aufgelöst.

Übersichten können sehr verschiedene Zusammenhänge oder Abfolgen darstellen (Organisationsformen, Entwicklungsgänge, Geschlechterfolgen u. a.). Die einzelnen

Devotio moderna 313
Dietrich von Bern
Augsburg: J. Bämler 240–241
Erfurt: H. Sporer II 211
Heidelberg: H. Knoblochtzer 276 II 174–177
Dinckmut, Konrad Drucker
Allgemeines 267–269
Th. Lirer, Schwäbische Chronik II 154–157
Schwäbische Schule 26
Terenz, Eunuchus II 149–153
Dioscurides-Codex 321 I 56–57
Diptychen 132 I 137
Diskus von Phaistos I 6
Dodes dantz s. Totentanz

M. Wenssler 272
G. Zainer 234
Druckstock-Migration 174–175 217
Dürer, Albrecht Maler und Graphiker
Apokalypse
Allgemeines 409–429
Illustriertes Buch 410
Nürnberg: 1498 II 326 II 328–332
Nürnberg: 1511 II 327
Sinngehalt 424
Basel 273
Buchbeschlag-Entwürfe 135
Holzschnitt-Technik 425–426
Ritter vom Turn? 397
Italien 411

5/39. Ausschnitt aus einem Register mit Unterschlagwörtern, die jeweils ein halbes Geviert eingezogen sind. Auf das Markieren der Unterschlagwörter durch vorangestellten Strich kann verzichtet werden.

5.4. Reihenanordnungen

Textgruppen werden im Reihensatz ausgeführt und horizontale Verbindungen durch einfache Linien hergestellt. Auf früher übliche Bindeklammern (Akkoladen) sowie schräge Linien kann verzichtet werden. Vertikale Verbindungen sollten aus der entsprechenden Reihung der Textgruppen hervorgehen, Linien oder Pfeile sind dazu oft nicht zu entbehren (Bild 5/40). Obwohl gerahmte oder unterlegte Texte die Übersicht verbessern können und im Fotosatz einfacher auszuführen sind, sollte ihre Notwendigkeit stets geprüft werden. Bedeutungsunterschiede sind durch Auszeichnungsschriften gut und einfacher darzustellen.

Tabellen bestehen aus mehreren Kolonnen Reihensatz, die jeweils am Kopf bezeichnet sind. Um die Benennungen von der eigentlichen Tabelle zu unterscheiden, wird der Tabellenkopf durch die Kopfabschluß- oder Halslinie getrennt. Eine Kopflinie ist notwendig, wenn die Tabelle eine Bezeichnung trägt, die über dem Tabellenkopf steht. Um die Tabelle deutlich vom laufenden Text abzugrenzen, sind Kopf- und Fußlinie – bei dichter, unruhiger Satzstruktur auch betont – am besten geeignet. Alle weiteren Linien sind in Tabellen eigentlich entbehrlich, wenn sie nicht Unterteilungen des Tabellenkopfes, die Gliederung des Tabellenfußes oder eine bestimmte Gestaltungsabsicht erfordert.

Es gibt nach dem tabellarisch zu ordnenden Material, den Texten und Zahlen, sehr verschiedene Tabellenformen. Eine Grundform und die Bezeichnung ihrer Teile und Linien zeigt Bild 5/41. Diese geschlossene Tabellenform wird heute schon aus satztechnischen Gründen weniger angewendet. Der offenen Tabelle, die nur unbedingt notwendige Querlinien aufweist, gehört der Vorzug. Längslinien, die lediglich die Kolonnen begrenzen, sind fast immer entbehrlich, wenn ausreichender Zwischenraum den Reihensatz trennt. Einige Sonderfälle, wie Fahrpläne, Zahlentafeln u. ä., bei denen Zahlenkolonnen dicht nebeneinanderstehen und oft noch Unterbrechungen vorkommen, erfordern blickführende Längslinien und viele Sonderzeichen.

Kommen Tabellen innerhalb eines Werkes oder Kataloges vor, sollen die Linienformen der Typografie gemäß sein. Stumpffeine Linien passen zu vielen Schriftarten. Im allgemeinen werden Tabellen einen Grad kleiner gesetzt als die Grundschrift. Der Tabellenkopf kann noch kleinere Schrift aufweisen, wenn dies aus Platz-

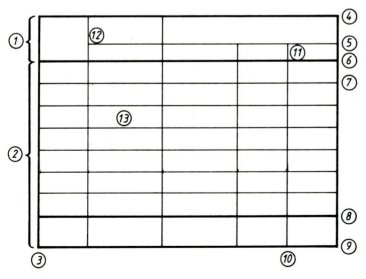

5/41. Grundform einer geschlossenen Tabelle
1 Kopf, **2** Fuß, **3** Randlinie, **4** Kopflinie, **5** Kopfunterteilungslinie, **6** Kopfabschlußlinie (Halslinie), **7** Querlinien, **8** Summenlinie, **9** Fußlinie, **10** Längslinie, **11** Kolonnenunterteilungslinie, **12** Kopflängslinie, **13** Feld

Tabelle 10. Zeilenabstände der Schreibmaschine in Millimeter und Punkt (Didot)

Zeilen-zahl	Schaltung 1 1zeilig		Schaltung 2 1½zeilig		Schaltung 3 2zeilig	
	mm	p	mm	p	mm	p
1	4,25	12	6,38	17	8,30	22
5	21,25	57	31,88	84	42,50	113
10	42,50	113	63,75	169	85,00	226
20	85,00	226	127,50	349	170,00	452
30	127,50	349	191,25	509	255,00	673

Tabelle 10. Zeilenabstände der Schreibmaschine in Millimeter und Punkt (Didot)

Zeilen-zahl	Schaltung 1 1zeilig		Schaltung 2 1½zeilig		Schaltung 3 2zeilig	
	mm	p	mm	p	mm	p
1	4,25	12	6,38	17	8,30	22
5	21,25	57	31,88	84	42,50	113
10	42,50	113	63,75	169	85,00	226
20	85,00	226	127,50	349	170,00	452
30	127,50	349	191,25	509	255,00	673

5/42. Durch fette oder farbige Linien, durch farbig hervorgehobene oder unterlegte Tabellenteile lassen sich didaktische oder werbliche Effekte bei Tabellen erlangen.

gründen notwendig ist. Auch gestürzte Anordnung (von unten nach oben) ist im Tabellenkopf möglich.

Sollen besondere Effekte erzielt werden, können fette oder farbige Linien dazu verhelfen. Mit unterlegten oder farbig hervorgehobenen Tabellenteilen lassen sich bestimmte Informationen betonen, wie das für didaktische oder werbliche Zwecke nützlich sein kann (Bild 5/42). Beim Anwenden von Linien im Tabellensatz ist von Typografen in der DDR der Standard TGL 10–081/01, für den Umbruch von Reihensatz, Inhaltsverzeichnissen und Tabellen die TGL 10–081/02 zu beachten.

5.4.3. Vordrucke

Tabellarisch geordnete Druckerzeugnisse, auf denen Informationen nach einem Schema eingetragen und für das Wiederauffinden gesammelt werden, gibt es verschiedene Arten. Ihre typografische Gestaltung hat vor allem zu berücksichtigen, daß für die Eintragung angemessener Raum bleibt und das Ganze eine übersichtliche Form erhält, die Eintragen und Auffinden der Namen, Daten und sonstiger Fakten erleichtert.

Vordrucke, wie Karteikarten, Quittungen, Rechnungssätze, sowie **Formulare** für Personalien, Anträge und Anmeldungen, um nur einige zu nennen, haben fast ausnahmslos standardisierte Formate (Standard TGL 7444, Druckerzeugnisse für Betriebe, Dienststellen, Institutionen und Handelsorgane; Anwendung der Formate) bzw. DIN-Formate.

Beim Festlegen der Satzbreite ist zu beachten, wie der Vordruck aufbewahrt wird. Karteikarten, die stehend geordnet werden, können bis zum Rand bedruckt sein. Bei Formularen muß ein Heftrand frei

Tabelle 10. Zeilenabstände der Schreibmaschine in Millimeter und Punkt (Didot)

Zeilen-zahl	Schaltung 1 1zeilig		Schaltung 2 1½zeilig		Schaltung 3 2zeilig	
	mm	p	mm	p	mm	p
1	4,25	12	6,38	17	8,30	22
5	21,25	57	31,88	84	42,50	113
10	42,50	113	63,75	169	85,00	226
20	85,00	226	127,50	349	170,00	452
30	127,50	349	191,25	509	255,00	673

Name   Vorname

geboren am   in   Familienstand

Wohnort   Straße

Qualifikation

Beschäftigt bei

Spezialgebiete

Fernsprecher privat   dienstlich

5/43. Beispiel eines Vordruckes für das Ausfüllen mit der Schreibmaschine. Die Linien haben den Abstand für Schaltung 3 (2zeilig), die vorgedruckte Schrift tritt hinter dem Schreibmaschinentext zurück.

bleiben. Heute werden Geschäftsvordrucke meist mit Schreib- oder Buchungsmaschinen ausgefüllt. Handschriftliche Eintragungen erfolgen nur bei bestimmten Formularen. Für das Schreiben sind Hilfslinien gebräuchlich, deren Abstand einheitlich ist. Diese Hilfslinien und eventuell notwendige vertikale Ordnungslinien bilden das Gerüst für die Textanordnung.

Für manuellen Eintrag genügt ein Linienabstand von 16 bis 24 p. Das Ausfüllen mit der Schreibmaschine erfordert einen Zeilenabstand nach den Normen der Schreibmaschinen (Tabelle 10, Bild 5/43). Exaktes Schreiben vorausgesetzt, kann dabei auch auf Schreiblinien verzichtet werden.

Punktierte Linien in Höhe der Schriftlinie als Schreiblinie an die Schrift anzusetzen ist unzweckmäßig. Dadurch kommt Unruhe ins Gesamtbild; das Ansetzen ist satztechnisch im Bleisatz mit viel Aufwand verbunden. Besser ist es, auch im Fotosatz, stumpffeine Linien zu verwenden und unmittelbar unter die Schrift zu setzen. Die Linien werden so nicht durch Texte unterbrochen, sie können über die volle Satzbreite laufen. Mehr Schreibraum ist zu gewinnen, wenn die Schreiblinien über der Schrift mit 1 p Abstand stehen. Die Schrift sollte dann etwas kleiner sein, damit die gesamte Länge des Schreibraumes genutzt werden kann (Bild 5/43). Hierzu ist der 6 p-Grad ausreichend, während 8 oder 9 p angemessen sind, um nicht größer als die Eintragung zu erscheinen. Alle Schriften, die sich mit Schreibmaschinentypen vertragen, eignen sich für Vordrucke. Vorangestellte oder erläuternde Texte sollten auf ihnen zusammengefaßt und nicht verstreut angeordnet werden. Die zweckbedingte, umfangreiche Gliederung ist zu einer einfachen Gesamtform zusammenzuschließen.

Zu Vordrucken sind auch Zeugnisse, Diplome und andere **Urkunden** zu rechnen, die mit Eintragungen vervollständigt werden. Der Charakter solcher Dokumente verlangt eine hohe ästhetische Qualität. Sie ist nur zu erreichen, wenn die Räume für Eintragungen oder Eindruck von Namen, Ort und Datum genau begrenzt und in ihrer Wirkung in die Komposition einbezogen werden. Asymmetrische Anordnung erleichtert das Eintragen an bestimmter Stelle und verhilft zu einem geordneten Gesamtbild. Durch sogenannte Sicherheitslinien, Tonflächen oder entsprechende Rahmen können die Räume für die Eintragungen hervorgehoben und von ihrer Ausführung unabhängig festgelegt werden. Umfaßt der Vordruck nur wenig Text, so soll dies nicht zu größeren Schriftgraden verleiten. Die Gesamtform können auch Linien, Signets oder Ornamente bereichern und verbessern (Bild 5/44). Dabei gilt es zu bedenken, daß gutes Papier und harmonische Farbgestaltung der Repräsentation mehr entsprechen als überladener Schmuck.

5.5. Blickfänge und andere kräftige Hervorhebungen

Ein erheblicher Teil typografischer Aufgaben, die sich schwer abgrenzen lassen, ist mit anderen Maßstäben zu messen als die bisher behandelten. Es gibt Druckerzeugnisse, die durch ihre Gestaltung Aufmerksamkeit wecken und zu den Botschaften, Mitteilungen oder Argumenten hinführen sollen, die sie vermitteln. Der Umfang solcher werblicher und appellierender Aufgaben ist groß, so daß sie nicht umfassend behandelt werden können. Anhand einiger typischer Beispiele werden dazu typografische Gestaltungsmöglichkeiten vorgestellt und ihre Wirkung untersucht.

5.5.1. Plakate, Anzeigen

Zu den charakteristischen Werbemitteln gehören Plakate und Anzeigen. Bei ihrer Gestaltung spielt der Blickfang eine besondere Rolle. Er soll Interesse wecken und die Aufmerksamkeit auf sich lenken. In der modernen Werbung wird diese Aufgabe oft

5/44. Urkunde, die durch Eintragung vervollständigt wird. Dem Vordruck geben das ungewöhnliche Format und der gut plazierte Raum für Eintragungen eine besondere Note (Gestaltung GÜNTER JACOBI).

durch eine Zeichnung oder ein Foto erfüllt. Auch dann trägt die Typografie viel zur Gesamtwirkung bei. Ein beachtlicher Teil von Plakaten und die meisten Anzeigen sind mit Schriften zu gestalten, erhalten ein Wort oder eine Zeile als Blickfang. Sie sollen nachfolgend vordringlich behandelt werden.

Plakate, für die ausschließlich typografische Mittel zur Verfügung stehen, sind vor allem Veranstaltungs- und Ausstellungsplakate. Sie müssen ohne großen Aufwand kurzfristig im Handsatz hergestellt werden. Die Formate aller Plakate sind in der DDR standardisiert (TGL 18 069).

Als Blickfang dient zumeist der Veranstaltungstitel oder das Ausstellungsthema. Hierzu ist eine in Größe und Form geeignete Schrift zu wählen, die als Hauptzeile hervortritt und die gesamte Fläche beherrscht (Bild 5/45). Die Auswahl ist in vielen Fällen zu gering, um ein sicheres Ergebnis zu erzielen. Manchmal können das Freistellen der Hauptzeile, ein kräftiger Rahmen oder Stützen durch fette Linien die Wirkung verbessern. Auch im Plattenschnitt hergestellte, negativ im farbigen Fond stehende individuelle Schriften sind dazu geeignet (Bild 5/46). Das hervorgehobene Element können aber auch ein Datum oder andere Zahlenangaben, ein Zeichen oder Ornament sein (Bild 5/47). Am wirksamsten ist der Blickfang, wenn alles übrige klar geordnet wird und deutlich zurücktritt. Eine kräftige, nicht zu große Grundschrift, die im Charakter von der Hauptzeile verschieden sein kann, ist für alle anderen Angaben die geeignete.

Leichter ist es, im Fotosatz eine ins Auge springende Hauptzeile durch Vergrößerung zu gestalten. Dabei sind verschiedene Manipulationen des Schriftbildes möglich. Diese reicheren Ausdrucksformen haben dazu geführt, auch anspruchsvolle politische und Wirtschaftsplakate als Schriftkomposition auszuführen. Mit phantasiereichen Einfällen, wie dem Integrieren textlicher Veränderungen und grafischer Effekte, dem

5/46. Die Hauptzeile eines Plakates kann durch einen Rahmen gestützt werden oder negativ im farbigen Fond stehen, der auch im Plattenschnitt herzustellen ist (Gestaltung Hans-Jürgen Kessler).

5/45. Veranstaltungsplakat mit dem Titel der Veranstaltung als Schlagzeile. Der übrige Text ist in einem Schriftgrad in drei Satzgruppen übersichtlich gegliedert (Gestaltung Hans-Jürgen Kessler).

5. Funktionen und Formen

Zerstören formaler Ganzheit von Wörtern, werden bildhafter Ausdruck und optische Belebung der Schriftplakate erreicht. Schrägstellen oder perspektivisches Verformen von Wörtern oder Wortgruppen kann als außerordentliche Wirkungsmöglichkeit ohne Schwierigkeiten ausgeführt werden. Das Erfassen durch Passanten mit einem Blick muß allerdings dabei gewährleistet sein (Bild 5/48 bis 5/50).

Das eindrucksvollste Mittel, Aufmerksamkeit zu gewinnen, die Farbe, kann im Plakat sowohl für farbige Schrift, Umrandungen oder Flächenunterdruck angewendet werden. Mit farbigen Papieren sind weitere Effekte zu erzielen.

Wird im Plakat das dominierende Bild durch Text ergänzt, so soll der Schriftcharakter mit der Bildaussage übereinstimmen oder sie assoziativ unterstützen. Eine bruchlose Verbindung beider Gestaltungselemente ist durch die Typografie herzustellen. Die reiche Schriftauswahl des Fotosatzes bietet dazu gute Voraussetzungen.

Anzeigen mit verschiedenen Zielstellungen erscheinen in Zeitungen und Zeitschriften. In der DDR sind die Anzeigengrößen für Zeitungen nach Standard TGL 11 509/04 für alle Zeitungsformate einheitlich festgelegt. Für Zeitschriften umfaßt der Standard TGL 24 467/03 die verbindlichen Anzeigengrößen nach vier Formatgruppen.

Für alle Arten von Anzeigen hat der Fotosatz die Gestaltungsmöglichkeiten erweitert. Bei Anzeigen mit Bildern als Blickfang erleichtert die reichere Schriftauswahl das Abstimmen der Typografie auf den Bildaus-

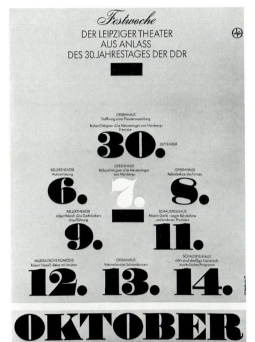

5/47. Daten der Veranstaltungstage bilden den ungewöhnlichen Blickfang und Grundlage der Komposition dieses zweifarbigen Plakates (Gestaltung GERT WUNDERLICH).

5/48. Starke Kontraste (negativ – positiv und groß – klein) artikulieren lebhaft die textliche Aussage dieses typografischen Plakates (Gestaltung KARL-HEINZ DRESCHER).

5.5. Blickfänge und andere kräftige Hervorhebungen

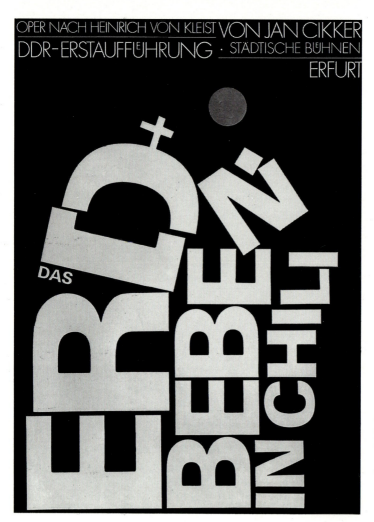

5/49. Phantasievoll ist die formale Ganzheit der Schriftkomposition zerstört, um die Titelzeile des Theaterplakates begrifflich zu visualisieren (Gestaltung LOTHAR FREUND).

druck. Der Fotosatz unterstützt das freie Layout der vom Einfall geprägten Anzeigen. Bilder füllen bei diesen zumeist das ganze Format, der einkopierte Text fügt sich in den Bildteil vollkommen ein, Bild und Schrift sind zu ausdrucksstarker Einheit verbunden (Bild 5/51).

Reine Textanzeigen sind fast immer mit Randlinien versehen. Bestimmte Anzeigen haben charakteristische Merkmale (schwarze Umrandung der Traueranzeigen), die dabei zu beachten sind. Privatanzeigen erfordern eine dezentere Typografie als die Angebote von Warenhäusern und anderen Handelsunternehmen. Ankündigungen von Theatern, Lichtspiel- und Konzerthäusern werden oft in konstanter typografischer Form ausgeführt. Individuelle typografische Gestaltung weisen Verlagsanzeigen sowie Produkt- und Dienstleistungsangebote auf (Bilder 5/52 und 5/54).

Es ist üblich, für alle Anzeigen eines Presseerzeugnisses eine Schriftart als Grundschrift zu verwenden. Dazu sind alle Zeitungsschriften, insbesondere serifenlose Schriften geeignet. Werden einzelne, größere Anzeigen in einem abweichenden Schriftcharakter gesetzt, treten sie allein dadurch schon hervor. Solche Anzeigen liefern Inserenten auch als fertige Satzprodukte, um durch die Typografie ein konstantes Erscheinungsbild darzustellen (vgl. Bild 5/52).

Allen Textanzeigen sind Schlagzeilen eigen, durch die der flüchtige Leser mit einem Blick über das Angezeigte orientiert wird. Dieser Blickfang muß frei genug stehen und das übrige gut geordnet sein, um zum Weiterlesen anzuregen. Schlagzeilen können vom Charakter der Grundschrift abweichen, wenn ihr Formausdruck starke Kontraste oder bestimmte Gedankenverbindungen erzeugen soll. Auch Signets oder gezeichnete Schriftzüge sind dazu gut geeignet (Bild 5/53). Wo die Möglichkeit zum Druck einer zweiten Farbe besteht, ist diese für Schlagzeilen, aber auch für Signets und Linien wirksam anzuwenden.

Weitere Auszeichnungen im Anzeigentext sind mit Überlegung vorzunehmen.

5/50. Die alles beherrschende Titelzeile des dreifarbigen Theaterplakates assoziiert durch ihren runenhaften Charakter die altgermanischen Stilmittel Wagners und transponiert gleichzeitig seine Sagenwelt in das Zeitgeschehen, was der Inszenierung entspricht (Gestaltung Gert Wunderlich).

5.5. Blickfänge und andere kräftige Hervorhebungen

5/51. Anzeige im freien Layout; die Schlagzeile »go out« (ausgehen) ist mit dem Bild zu einer unlösbaren Einheit verknüpft [8].

5/52. Diese Zeitschriftenanzeige in asymmetrischer Anordnung erhält durch die ungewöhnliche Schrift und den Linienrahmen eine eigene Note (Gestaltung HORST ERICH WOLTER).

5/53. Symmetrisch gestaltete Verlagsanzeige, in der das Verlagszeichen den Blickfang bildet (Gestaltung HORST ERICH WOLTER)

186 5. Funktionen und Formen

5/54. Nach der komplexen Werbelinie des Kombinates gestaltete mehrfarbige Zeitschriftenanzeige. Ein blauer verlaufender Fond, die zentriert angeordnete Schlagzeile in der fetten Univers sowie die Anordnung des übrigen Textes sind konstant (Gestaltung Dewag Leipzig, Kollektiv WINKLER).

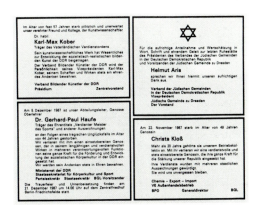

5/55. Nach verbindlichem Schema gesetzte Todesanzeigen einer Tageszeitung

5.5. Blickfänge und andere kräftige Hervorhebungen

5/56. Zeitungsanzeige, die ein mit dem Verlagsnamen verknüpfter Rahmen zusammenfaßt und als Konstante heraushebt. Linien gliedern den in einem Schriftgrad gesetzten Text übersichtlich.

Für Aufzählungen können fette Kreise, Quadrate oder Sterne sowie negative Ziffern als ordnende Elemente nützlich sein. Von kräftigen Linien gestützte Satzteile treten stärker hervor als Satz in fetter Schrift (Bild 5/56). Unruhige Umrisse werden damit zusammengeschlossen. Auch bei starker Gliederung sind zu viele Schriftgrößen zu vermeiden, eine klare Ordnung aller Teile ist unerläßlich. Sie kann sowohl mit linksbündigem als auch mit zentriertem Satz, der allerdings mehr Freiraum beansprucht, gewonnen werden.

Rationelle Satzanfertigung fördert die nach einem Schema angeordneten Anzeigen. Vor allem bei Privatanzeigen in Zeitungen ist damit ein ruhiges Seitenbild zu erlangen (Bild 5/55). Werden Spaltenlinien verwendet, genügen einheitliche Querlinien zur Begrenzung der Anzeigen. Diese Form hat sich bei Kleinanzeigen bewährt. Anzeigen im Fließsatz haben einheitlichen Schriftgrad (6 oder 7 p). Sie beginnen mit einem halbfetten Stichwort, das durch Einziehen des folgenden Textes noch herausgestellt werden kann.

5.5.2. Verpackungen, Buchumschläge

Die **Verpackung** hat eine Ware nicht nur umfassend zu schützen, sondern auch über das verpackte Produkt zu informieren und für dieses einprägsam zu werben. Bei vielen Verpackungen, die als Druckerzeugnis hergestellt werden, ist die Typografie wichtiger Bestandteil der Verpackungsgestaltung. Es gibt eine erhebliche Anzahl von Konsumgütern und Markenartikeln, deren Erscheinungsbild allein mit typografischen Mitteln geformt wurde.

Steht der werbende Charakter einer Verpackung im Vordergrund, so sind kräftige Elemente, wie Flächen und Linien oder auch Ornamente, in Verbindung mit markanten Schriften für Warenbezeichnung oder Wortmarke angebracht. Auch auf größere Entfernung soll das Gesamtbild unverwechselbar sein und sich von anderen abheben. Nicht immer ist eine plakative Form geeignet. Es gibt Waren, wie Geschenkartikel, Kosmetik, Parfümerien u.ä., bei denen die Verpackung bestimmte Empfindungen weckt, Stimmungen reflektieren soll. Das ist mit entsprechenden Schriftarten möglich; die farbige Ausführung hat hierbei besonderes Gewicht. Psychologische Wirkungen von

Farben verdienen deshalb in der Verpackungsgestaltung große Aufmerksamkeit.

Bei pharmazeutischen Produkten und verschiedenen Industriegütern sind Informationen über die Ware und ihre Anwendung wichtig; sie sind auf der Verpackung gut lesbar anzubringen. Bei allen Verpackungsformen, vom Etikett bis zur Versandschachtel, ist ein gleichbleibendes Erscheinungsbild mit hohem Merkwert erwünscht. Kennfarben können als optische Unterscheidungsmerkmale einzelner Produkte notwendig sein. Einheitliche Flächengliederungen und Schriftformen sind verbindende Elemente, mit denen Verpackungen als Bestandteil komplexer Gestaltungen zu erfassen sind (vgl. Abschnitt 5.3.3.3.).

Damit die Verpackung unabhängig von der Stapelung auf jeder Seite erkennbar ist, sollen möglichst alle Seiten eines Verpackungskörpers in die Gestaltung einbezogen werden. Wiederholung oder rhythmische Reihung gleicher Elemente, Namen oder Zeichen können Formen vielfältig variieren, das Dreidimensionale nützen, um besondere Effekte zu erzielen (Bilder 5/57 bis 5/60).

Buchumschläge sind Werbemittel für die umhüllten Bücher in den Auslagen der Buchhändler. Auf den Klappen oder der Rückseite des lose umgelegten Schutzumschlages finden sich Informationen über Buchinhalt und Autor. Wenn es möglich ist, wird der Buchumschlag mit Bildern

5/57. Verpackung für ein Legespiel, die neben der farbigen Warendarstellung durch die Typografie charakteristisch geformt wurde (Gestaltung Waldemar Reinicke)

5/58. Der kräftige, nicht gleichmäßig gedeckte Warenname assoziiert bei dieser Verpackungsserie treffend die Ware. Typografisch wirkungsvoll variiert sind die Sortenbezeichnungen gut zu unterscheiden (Gestaltung Willfried Klink).

5.5. Blickfänge und andere kräftige Hervorhebungen

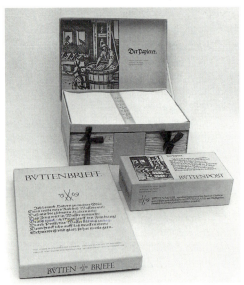

5/59. Eine Geschenkpackung, die ihren dezenten, auf den Inhalt abgestimmten Charakter durch die historischen Schriftformen in angemessener Anordnung erhält (Gestaltung Renate Wenzel).

5/61. Umschlag für ein populärwissenschaftliches Buch, mit Bildbeispielen aus dem Inhalt gestaltet. Die Schriften der Titelzeilen stimmen mit der Buchtypografie überein (Gestaltung Helmut Selle).

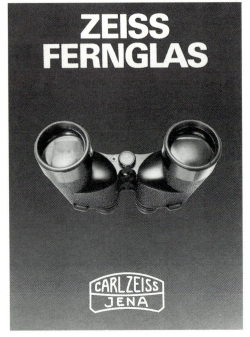

5/60. Stirnseite der Verpackung eines optischen Gerätes, die der komplexen Werbelinie des Herstellers folgt. Die plakative typografische Form unterstützt der verlaufende blaue Fond ausgezeichnet (Gestaltung Dewag Leipzig, Kollektiv Winkler).

5. Funktionen und Formen

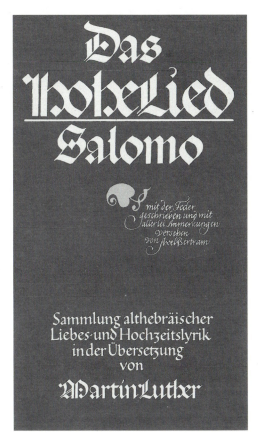

5/62. Kalligrafisch gestalteter Buchumschlag für eine geschriebene, bibliophile Ausgabe in rundgotischer Schrift (Gestaltung AXEL BERTRAM)

gemäße, zur Typografie gegensätzliche oder mit ihr harmonierende originäre Schriftformen schaffen kann (Bild 5/62).

Auch bei vorwiegend typografisch gestalteten, mit der Typografie des Werkes übereinstimmenden Buchumschlägen wird die werbende Wirkung primär sein. Nur selten ist dies mit großen Graden der Grundschrift des Buches zu erreichen. Kräftige Varianten, Versalien oder zusätzliche, schmückende Elemente sind meist unerläßlich (Bild 5/63). Farbige Gestaltung durch Flächendruck, negative Schrift oder farbige Umschlagpapiere können den werbenden Effekt erhöhen (Bild 5/64). Mit Reihenornamenten,

5/63. Die zwischen kräftigen Linien stehende Titelzeile in der konstruierten Grotesk entspricht dem provozierenden Mozart-Bild des Autors, der ein überliefertes Ideal mit dieser Biografie in Frage stellt (Gestaltung KARL-HEINZ DRESCHER).

gestaltet, um seinen Aufmerksamkeitswert zu erhöhen und Bildbeispiele aus dem Buch, Illustrationen, Fotos oder Gemäldereproduktionen vorzustellen. Doch auch reine Textausgaben erhalten oft einen mit Grafik, Foto oder Fotomontage entworfenen mehrfarbigen Umschlag. Bei diesem sollten nicht nur das Sujet des Bildes, sondern auch der Titeltext (Autor und Buchtitel, Verlag) mit der Typografie des Buches durch die Schrift, eine passende Variante derselben oder anderen Formmerkmalen korrespondieren (Bild 5/61).

Der Buchumschlag ist ein geeignetes Gebiet für die Schreibkunst, die dem Inhalt

5.5. Blickfänge und andere kräftige Hervorhebungen

5/64. In der asymmetrischen Komposition des Umschlages für ein Fachbuch dienen Buchstaben einer Schablonenschrift als dekorative Elemente, die plastisch hervortreten (Gestaltung Gert Wunderlich).

5/65. Mit dem ornamentalen Rahmen im Jugendstil stimmt der Buchumschlag auf das um die Jahrhundertwende geschaffene dichterische Werk ein (Gestaltung Helmut Tschörtner).

5/66. Bildhaftes Umsetzen des Buchtitels mit Hilfe des Fotosatzes bei einem Buchumschlag für Gegenwartsliteratur (Gestaltung Hans-Joachim Schauss)

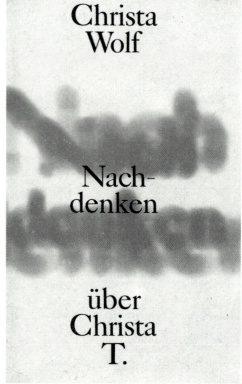

Vignetten oder Linienkombinationen kann der Blick des Betrachters angezogen und auf den Inhalt eingestimmt werden (Bild 5/65). Neben den traditionellen Formen, die mit Harmonie oder Flächenspannung ihre Wirkung erreichen, gibt es vom Fotosatz befruchtete bildhafte Typografie. Es werden Begriffe visualisiert, mit Verformen des Schriftbildes bestimmte Atmosphäre erzeugt oder Zeitgeist ausgedrückt, um mit dem Buchumschlag das Leserinteresse zu wecken (Bild 5/66).

5.5.3. Geschäfts- und sonstige Werbedrucksachen

Für den Schriftverkehr von Betrieben und Institutionen sind Briefblätter, Postkarten und verschiedene Vordrucke notwendig, die als Geschäftsausstattung einheitlichen Charakter haben sollten. Sie gehören zu den wirksamsten Werbeträgern eines Unternehmens. Ihre wiederkehrenden Formmerkmale, konstante farbige Ausführung und Kennzeichnung mit Firmensignet oder Markenzeichen verhelfen zu einem einprägsamen Erscheinungsbild. Auch alle anderen Werbedrucke, wie Prospekte und Handzettel, sollen sich an die Typografie der Geschäftsausstattung anschließen, trotz differenzierter Funktionen in ihrem Gesamteindruck das allgemeine Erscheinungsbild des Unternehmens mitformen.

Briefblätter gehören zur einfachsten Geschäftsausstattung, sie sind oft die Grundlage für die Typografie anderer Geschäftsdrucksachen. Um das Schreiben mit der Maschine, das Versenden und das Bearbeiten beim Empfänger zu erleichtern, sind Briefblätter im Format und in der Textanordnung standardisiert. Es wurden Räume für Briefkopf, Anschrift des Empfängers, Bearbeitungsvermerke und Geschäftsangaben festgelegt, die genau einzuhalten sind. Sowohl für Briefblätter im Format A 4 als auch im Format A 5 gilt in der DDR der Standard TGL 6 699, in der BRD DIN 676.

5/67. Im großzügigen Briefkopf des Kombinates dominiert das weltbekannte Firmenzeichen. Die axiale Gruppierung der Kombinatsbezeichnung und der Zweigbetriebe sowie die Farbe Blau sind konstant in der Geschäftsausstattung.
Der Briefkopf des Hotels wirkt dezenter (Farben: Signet altgold, Schrift grau). Das Anschriftsfeld ist in die horizontale Linienanordnung eingebettet.

Die typografische Gestaltung hat von dem Bild auszugehen, das der mit der Maschine geschriebene Brief vermittelt, und sollte die zum Versand in Fensterumschlägen notwendige Längsfaltung berücksichtigen. Das Anschriftenfeld kann in die durchgehende horizontale Linien- oder Textanordnung eingebettet oder als eigenständiges Element in die Komposition einbezogen werden. Hervorzuheben sind Name und Bezeichnung des Absenders. Für die Kopfzeile kann eine das Unternehmen charakterisierende Schrift gewählt werden, die eine entsprechende Farbe unterstützt. Größe und Stellung des Briefkopftextes sind mit dem aufzunehmenden Firmenzeichen abzustimmen. Alle anderen Angaben werden am besten so gesetzt, daß sie hinter der Schreibmaschinenschrift zurück-

5/68. Die linksbündige Anordnung der Elemente an der vertikalen Schreib- und Falzlinie formen den Verlagsbriefkopf, auf dem das grün gedruckte Verlagszeichen negativ hervortritt.

Die beiden Ausführungen sind Beispiele für das Variieren einer Grundform entsprechend der Funktion.

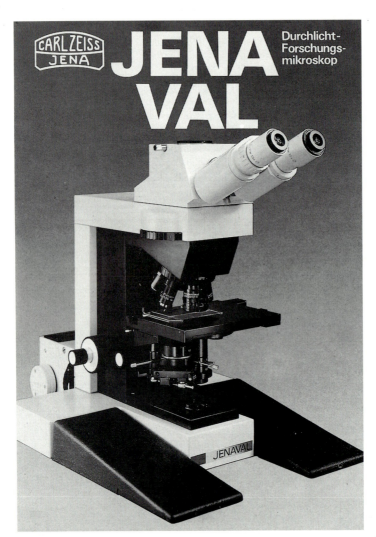

5/69. Vorderseite eines Prospektblattes, das durch verschiedene Konstanten mit anderen Werbemitteln verkettet ist (vgl. Bild 5/54). Die fetten Linear-Antiqua-Versalien stehen mit dem Design des Erzeugnisses in gutem Einklang. Schrift und typografische Anordnung sind für alle Werbemittel einheitlich festgelegt (Gestaltung Dewag Leipzig, Kollektiv WINKLER).

treten. Ist Farbdruck vorgesehen, dürfen sie nicht zu klein sein, damit sie gut lesbar bleiben (Bilder 5/67 und 5/68).

Werbedrucksachen, die typografisch zu gestalten sind, gibt es neben den bereits behandelten mehrseitigen (Abschnitt 5.3.3.) noch andere zahlreiche Arten. Unter dem Begriff **Prospekt** (Vorschau, Ankündigung) werden Handzettel, Faltblätter und sonstige Druckerzeugnisse zusammengefaßt, mit denen für Produkte, Dienstleistungen und Fremdenverkehr geworben wird. Es sind mit anderen verkettete Werbemittel und durch ihre technischen und kommerziellen Informationen auch unentbehrliche Arbeitsmittel (Bilder 5/69 bis 5/71). Ihre branchengebundenen Eigenheiten bedingen große Formenvielfalt, die sich, von Standardformaten ausgehend, in verschiedenen Falzungen und differenzierter Typografie zeigt. Ihnen gemeinsam ist der Blickfang, das Streben nach Überraschungen, Besonderheiten und Anderssein, mit denen sie Aufmerksamkeit und Beachtung gewinnen wollen. In der Werbung ist vieles gestattet, was bei anderen Gestaltungsaufgaben unangebracht ist.

Hier ist es nicht möglich, die Gestaltung spezieller Werbemittel einzeln darzustellen. Es sollen vielmehr die typischen Mittel des Hervorhebens, die sich für viele Aufgaben nützlich erweisen, zusammengefaßt und Grundsätzliches dazu ausgeführt werden. Neben den Auszeichnungen in der Grundschrift, die bereits ausführlich in Abschnitt 5.1.2. erläutert wurden und die bei Werbemitteln verstärkt angewendet werden, sind die nachstehenden Möglichkeiten zu nennen.

Satz in Großbuchstaben ist für kurze Schlagzeilen und feierlichen, monumentalen Text geeignet, der allerdings nicht zu umfangreich sein darf und gut durchschossen sein soll.

Abweichende Schriftgröße kann sowohl bei Überschriften und längeren Texten angebracht sein. Die Schriftgrade sind so zu wählen, daß der Unterschied zur Grundschrift deutlich sichtbar ist. Oft sind veränderte Satzbreite oder Flattersatz erforderlich; genügend Freiraum zuvor und danach ist stets notwendig.

Andere Schriftarten für das Hervorheben von Titel- und Schlagzeilen zu verwenden ist sehr wirkungsvoll. Dabei bedarf es sicheren Gefühls für Schriftmischungen (vgl. Abschnitt 2.1.3.6.), um zufriedenstellende Effekte zu erlangen.

Freistellen von Textteilen kann auf verschiedene Arten geschehen. Das Hervorheben mit Hilfe des Raumes hat sich als auffallender erwiesen als Mittel, die nicht so unmittelbar wahrgenommen werden. Freistellen einer Zeile durch Zwischenschlag zuvor und danach ist als erstes zu nennen.

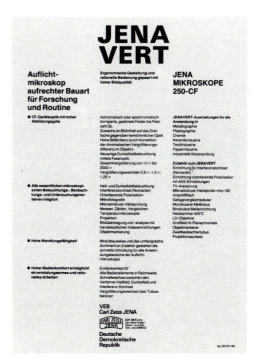

5/70. Rückseite eines Prospektblattes mit technischen Erläuterungen. Die dreispaltige Gliederung ist in der Werbelinie festgelegt, die asymmetrische Anordnung unterstützt die Übersicht. Der Erzeugnisname ist wie auf der Vorderseite stets axial angeordnet.

5.5. Blickfänge und andere kräftige Hervorhebungen

Der Einzug hebt Zeilen oder Textgruppen durch Freiraum am Zeilenanfang hervor. Das Einziehen erfordert ebenso Zwischenschläge vor und nach dem eingezogenen Text. Freistellen kann noch weitergehen: Einzelne Wörter oder Sätze werden wie Überschriften angeordnet.

Schrägstellen von Wörtern oder auch Textgruppen ist die gewagteste, aber auch wirksamste Form des Freistellens. Es ist viel Freiraum dazu notwendig und darauf zu achten, daß bei dieser Anordnung das optische Gleichgewicht gewahrt bleibt.

Gestürzte Zeilen, die trotz der vertikalen Leserichtung auf einen Blick zu erfassen sind, erreichen in Ausnahmefällen als Schlagzeilen bei geeigneter Komposition außerordentliche Wirkung.

Linien können in vielfacher Weise zum Hervorheben angewendet werden. Unterstreichen mit balkenartigen Linien ist für Schlagzeilen geeignet. Schöner ist es, Linien so zu verwenden, daß sie Texte stützen oder umrahmen. In dieser Form verbessern sie oft den Umriß einer Satzgruppe. Solche Hervorhebungen lassen sich durch die Linienart differenzieren und dem Schriftbild anpassen (vgl. Abschnitt 3.2.1.).

Negative Schrift, Zahlen oder Zeichen sind ein sehr wirksames Mittel, das im Fotosatz mit weniger technischem Aufwand herzustellen ist als im Bleisatz. Es sollte sparsam und für kurze Texte verwendet werden, da weiße Schrift auf schwarzem Grund schwerer lesbar ist als normal gedruckter Text.

Spezielle Zeichen, wie Quadrate, Kreise, Sterne, Hinweispfeile usw., die als Markierung an den Anfang eines Textes gesetzt oder vor ihm freistehend auf den Text hinweisen, werden besonders bei Werbedrucken angewendet. Farbiger Druck erhöht ihre Wirkung.

Farbe ist das wirksamste Mittel, Textteile hervorzuheben. Es kann prinzipiell auf dreierlei Arten angewendet werden: 1) Die Schrift wird farbig gedruckt, dazu soll sie kräftig genug sein; 2) die Schrift wird durch farbigen Flächenunterdruck hervorgehoben; 3) die Schrift betonen farbig gedruckte, umrahmende Linien oder hinweisende Zeichen. Über die Anwendung der Farben und Gestaltungskontraste wurde in Abschnitt 3.1.2. Grundlegendes ausgeführt.

Die meisten der hier angeführten typografischen Mittel sind kombinierfähig, können miteinander verbunden werden, um eine erwünschte Wirkung zu gewinnen. Mit Häufung von Elementen ist jedoch kaum ein gutes Ergebnis zu erzielen.

5/71. Sind Prospekte auch in fremden Sprachen notwendig, so erfordert das einheitliche typografische Bild übereinstimmende kyrillische Schriftschnitte. Klare Gliederung technischer Daten und Übersichten, wie hier mit Querlinien, unterstützen die Werbewirkung.

5.6. Individuelle Ausdrucksformen

Zum Schluß sind noch Gestaltungsaufgaben zu behandeln, bei denen alle typografischen Grundformen und Kompositionsprinzipe vorkommen. Es sind Karten oder Einzelblätter in kleinen Auflagen, die kurze persönliche Mitteilungen oder Informationen für begrenzte Personenkreise aufnehmen. Obwohl für viele dieser privaten oder gesellschaftlichen Anzeigen, Einladungen und Adressen gewisse Konventionen bestehen, ist der selbständige, persönliche Ausdruck bestimmend. Die sich im Laufe der Zeit herausgebildeten Gestaltungsformen für diese Druckerzeugnisse wandeln sich unter dem Einfluß des Zeitgeschmacks, sie eignen sich mehr als andere für individuellen Ausdruck.

5/72. Visitenkarte mit dem Namen in lateinischer Schreibschrift

5/73. Besuchskarte mit Geschäftsangaben in der Anordnung der komplexen Werbelinie des Kombinates

5.6.1. Privatdrucksachen

Die persönlichen Druckerzeugnisse sind nicht an Standardformate gebunden. Häufig werden sie aus Zweckmäßigkeit in Formaten der A-Reihe hergestellt, die auch zu handelsüblichen Briefumschlägen passen. Als Doppelkarte mit speziellen Falzungen oder Beschnitten lassen sich Formate gewinnen, die für eigenwillige Gestaltungen Ausgangspunkt sein können.

Besuchskarten sind in Größe und Textumfang die bescheidensten Druckerzeugnisse. Private Besuchskarten tragen neben Vor- und Nachnamen im 10 p- bis 14 p-Grad lediglich Titel und Anschrift in kleineren Schriftgraden. Den Namen in einer Auszeichnungsschrift zu setzen ist unangebracht, es sei denn, mit lateinischer Schreibschrift wird die herkömmliche Form der Kupferstichkarte aufgegriffen. Die Textanordnung kann durchaus persönliche Note zeigen. Besuchskarten mit Werbetexten sind für kommerzielle Zwecke üblich. Sie lassen in Typografie und Farbe individuelle Ausführungen zu. Bei umfangreicherem Text dürfen sie bis zum Format A 6 groß sein (Bilder 5/72 und 5/73).

Geburtsanzeigen können die Freude über das angezeigte Ereignis in lustigen Einfällen ausdrücken oder betont sachlich bekanntmachen. Sie sind am wenigsten Überlieferungen verpflichtet. Die Ausführung richtet sich nach dem gewählten Text. Nicht nur symmetrische und asymmetrische Textanordnung ist möglich, sondern auch freie Komposition. Eine unaufdringliche, splendide Typografie und zarte Farben sind hier das Geeignete.

Verlobungs- und Vermählungsanzeigen sind oft durch die üblichen Texte an bestimmte Formen gebunden, bei denen allein die Namen hervorgehoben werden können. Wird die Anzeige durch Sinnsprüche, Tierkreiszeichen und anderen geeigneten Schmuck ergänzt, ergeben sich mehr Möglichkeiten zu persönlichem Ausdruck. Vor Überladungen ist zu warnen;

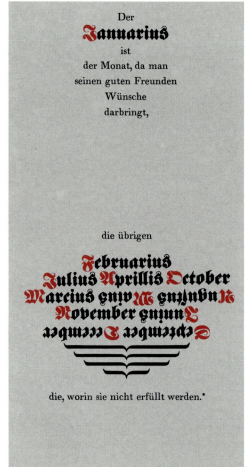

5/74. Der gebräuchliche Trauerrand und das Kreuzzeichen sind bei dieser Todesanzeige gut auf das Schriftbild abgestimmt. Der linksbündig auf eine Achse geordnete Satz in der Post-Antiqua vermittelt individuellen Ausdruck (Gestaltung Heinz Gärtner).

5/75. Klappkarte, offen, mit originellem Neujahrsglückwunsch in rot und schwarz (Gestaltung Walter Schiller)

eine schöne Schrift, auch mit eigenwilligen Formen, auf gutem Material wirkt stets nobel.

Todesanzeigen sind in strenger, der Überlieferung folgender Form (schwarzer Druck, Randlinie) auszuführen. Die Typografie soll schlicht sein, auffälliger Schmuck und alles Originelle ist zu meiden. Durch Anordnung und Schriftwahl läßt sich auch hier individueller Ausdruck anstreben (Bild 5/74).

Neujahrswünsche nehmen eine besondere Stellung ein. Sie werden nicht nur von Privatpersonen, sondern auch von Unternehmen versandt. Ist der Text einfallsreich gewählt und mit heiteren Aussprüchen oder poesievollen Versen bereichert, bieten sich mancherlei Gelegenheiten für typografische Ideen. Verschiedene Schriftarten und spielerische Elemente haben hier ihre Berechtigung. In der Komposition und Farbgestalt kann vielerlei dem Text gemäß sein. Durch geschickte Falzungen lassen sich besondere Effekte erreichen. Auch phantasievolle Einfälle erfordern maßvolle Beschränkung in den Mitteln (Bilder 5/75 und 5/76).

Pandit Jawaharlal Nehru	Denke immer daran, daß zwischen
	den verschiedenen Völkern
	gar nicht so große Unterschiede bestehen,
	wie man im allgemeinen annimmt.
	Auf Landkarten
	und in Atlanten sind die einzelnen Länder
	in verschiedenen Farben dargestellt.
	Zweifellos unterscheiden sich
	die Völker untereinander, aber es gibt auch vieles,
	was sie miteinander gemein haben,
	und es ist gut,
	sich diese Tatsache immer wieder ins Gedächtnis
	zurückzurufen und sich nicht durch die
	Farben auf der Landkarte oder durch
	Ländergrenzen verwirren zu lassen.

(right column annotation: Aus dem Neujahrsbrief 1931 an seine Tochter Indira)

5/76. Neujahrskarte, dreimal gefalzt, in rot und schwarz. Das Anordnen des Textes nach den Falzlinien und das Darüberführen geben der Karte die besondere Note (Gestaltung HERMANN ZAPF).

5.6.2. Gesellschaftliche Drucksachen

Gesellschaftliche Organisationen benötigen für Veranstaltungen aller Art Einladungen und Programme, die dem Charakter des jeweiligen Festes, Konzertes oder der Feierstunde gemäß sein sollen. Von Instituten und Bildungsstätten werden Ehrenurkunden und Diplome verliehen, mit denen abgelegte Prüfungen dokumentiert, erbrachte Leistungen gewürdigt werden. Die Anlässe sind vielfältig und im Charakter sehr differenziert. Es ist deshalb nur möglich, auf Allgemeines zur Gestaltung einzugehen und einige Hinweise zu geben.

Einladungen, die zu einem bestimmten Anlaß gedruckt und versandt werden, können typografisch ganz darauf abgestimmt sein. Sie sind vorgedruckten Einladungskarten vorzuziehen. Je nach Inhalt und Textumfang sind ein-, zwei- und mehrseitige Ausführungen möglich. Besteht keine Veranlassung, den Text auf mehrere Seiten zu verteilen, sollte eine einseitige Anordnung gewählt werden. Grundlage der Typografie ist auch hier eine dem Inhalt angemessene, nicht zu große Grundschrift (Bilder 5/77, 5/79, 5/80). Namen und Bezeichnungen der Einladenden können kleiner gesetzt werden. Faksimile der Unterschriften vermitteln eine persönliche Note. Oft enthält die Einladung bereits die Veranstaltungsfolge. Dann empfiehlt sich eine entsprechende Gliederung, gegebenenfalls auch der Satz in kleinerer Schrift.

Programme oder Veranstaltungsfolgen sind am übersichtlichsten im Reihensatz auszuführen, der auch den geringsten

5/77. Eine sehr sachliche Einladung für eine Schulausstellung, die durch Format und Typografie repräsentativ wirkt.

5/78. Innenseite eines Programmes, bei dem der axial geordnete Text typografisch ausgewogen und verständlich abgestuft ist (Gestaltung MANFRED KAHLERT).

5/79. Einladung zur Ausstellung eines Schriftkünstlers, die mit zwei seiner charakteristischen Druckschriften in verschiedenen Grundformen und Farben gedruckt wurde.

5. Funktionen und Formen

5/80. Sehr eigenwillige typografische Form einer Einladung, die Stilmittel des ausstellenden Künstlers aufgreift und mit dem Ausstellungsplakat abgestimmt ist (vgl. Bild 3/20, Gestaltung DIETER WEISE).

5/81. Komplett gedruckte Urkunde, die nur durch Unterschriften vervollständigt wird. Die englische Linie spielt auf ein Signet der Vorderseite an und bildet in der axialen Anordnung einen besonderen Akzent (Gestaltung DIETER WEISE).

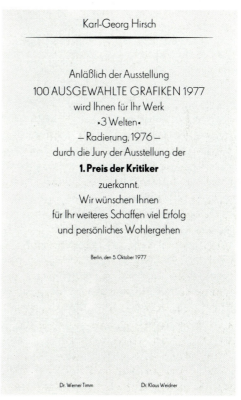

Raum beansprucht. Dekorativer ist die zentrierte Anordnung, die allerdings eine klare Trennung der einzelnen Programmpunkte erfordert. Autoren und Interpreten von musikalischen oder literarischen Vorträgen sollen deutlich typografisch unterschieden werden, wenn dies nicht orthografisch erfolgt (Bild 5/78). Auf fehlerfreien Satz von Eigennamen und Fachbezeichnungen ist hier zu achten. Theaterprogramme mit Besetzungslisten erfordern Reihensatz, der, links- und rechtsbündig kombiniert oder auspunktiert, verschiedene Formen erlaubt. Mit wenigen Schriftgraden ist in der Regel ein ansprechenderes Gesamtbild zu errei-

5.6. Individuelle Ausdrucksformen

5/82. In dem symmetrisch gestalteten Konzertprogramm sind die Ausführenden im Reihensatz übersichtlich angeordnet (Gestaltung Heinz Gärtner).

chen als mit zu reicher Abstufung oder Auszeichnung (Bild 5/82). Mit Schriftart und Komposition lassen sich mancherlei Bezüge zum Veranstaltungscharakter herstellen. Farbe und ausgewählte Bedruckstoffe können die beabsichtigte Wirkung fördern.

Diplome und Adressen sowie Ehrenurkunden, die ohne spätere Eintragungen typografisch komplett gestaltet werden, gehören zu den anspruchsvollsten Aufgaben (Bild 5/81). Hier wird durch das Format und das verwendete Material ein repräsentativer Charakter angestrebt, den die Typografie in geeigneter Form unterstützen muß. Eine ausreichend große Grundschrift, Auszeichnung in Versalien oder kompletter Satz in diesen kann angebracht sein. Die Wirkung, die von einer schönen Schrifttype ausgeht, sollte nicht durch unnötige Schmuckelemente oder Ornamentrahmen vergangener Stilperioden beeinträchtigt werden. Der gewählte Text kann allein in einer festlichen Typografie seine adäquate Form erhalten. Es ist darauf zu achten, daß der zumeist farbig betonte Schwerpunkt, die Hauptzeile der Komposition, im oberen Teil des Blattes steht. Um das zu erreichen, sind manchmal Textänderungen nötig oder ist mit anderen Elementen (Signets oder Ornamenten) ein Ausgleich zu schaffen. Symmetrische Gestaltung eignet sich insbesondere für solche würdigen Dokumente, aber auch asymmetrische oder freie Anordnung kann zu schönen Ergebnissen führen. Auf die Gestaltung von Urkunden in Form von Vordrucken wurde in Abschnitt 5.4.3. eingegangen.

6. Manuskript und Entwurf

Nach einer guten Skizze,
 die nicht einmal immer sauber
  und für Laien verständlich zu sein braucht,
muß selbst ein durchschnittlicher Setzer
  mühelos und schnell setzen können.
 Ein Meister könnte wohl
  auch ohne Skizze setzen,
wenn's sein muß, aber er wird in der Regel
  vor dem Satz eine Skizze machen,
schon um den Neusatz
 eines Wortes zu vermeiden.

Jan Tschichold

Das typografische Gestalten gehört zur Arbeitsvorbereitung der Satzherstellung. Beim gegenwärtigen Stand der Setztechnik ist in den meisten Fällen von der Gliederung in drei Arbeitsprozesse auszugehen: Texterfassung, Textverarbeitung und Textausgabe. Technologisches Ziel aller Formen der Texterfassung ist es, wie in Abschnitt 2.1.1.4. dargelegt, frühzeitig den Text auf maschinenlesbaren Datenträgern zu erfassen, die vor Textausgabe korrigiert und typografisch bearbeitet werden können. Die bereits vorhandene Arbeitsteilung zwischen grafischer Industrie und ihren Auftraggebern (Verlag, Werbeagenturen, Industriebetriebe) wird vertieft, um eine wirtschaftliche und rationelle Produktion zu erreichen. Neben der Texterfassung erfolgt immer mehr auch die Textverarbeitung außerhalb des grafischen Betriebes.

Die Gestaltung eines Druckerzeugnisses besorgt heute bis auf wenige Ausnahmen im Akzidenzdruck der Auftraggeber. Der Entwerfer eines Buches oder Werbedruckes muß das spezielle Setzsystem und die technologische Variante der Produktion kennen, in der sein Entwurf ausgeführt werden wird. Von ihnen hängen in erheblichem Maße die typografische Konzeption, die Beschaffenheit von Manuskript und Entwurf ab. Die Satzherstellung von Büchern, Broschüren, Zeitschriften und Werbedrucken erfolgt unabhängig vom Setzverfahren in der DDR nach standardisierten Technologien (TGL 29451). Es sind dies **Sofortumbruch-** und **Fahnenmethoden**. Der Sofortumbruch kann mit Imprimatur der Bogen oder mit imprimiertem Manuskript ausgeführt werden, die Fahnenmethoden unterscheiden sich im Imprimatur der Fahnen oder der Bogen. Die jeweiligen Arbeitsfolgen beim Auftraggeber und dem grafischen Betrieb sind im Standard übersichtlich dargestellt. Für die geeignete Methode, die in Abstimmung mit dem Auftraggeber vom Druckereibetrieb gewählt wird, nennt der Standard drei Kriterien: Schwierigkeit der Satzmaterie, des Umbruchs oder der Korrektur. Informationen über das angewendete Satzsystem und dessen Besonderheiten erhält der Auftraggeber von der Druckerei.

Der Entwurf eines Druckerzeugnisses kann entsprechend der Vielfalt typografischer Gestaltungsaufgaben verschiedenartigen Charakter haben. Umfangreiche, aufwendige Entwürfe, die mehrere Personen begutachten, sind zumeist als komplettes farbiges Modell auszuführen oder in den wichtigsten Teilen zu skizzieren. Für andere Aufträge sind sorgfältiges Layout oder genaue Maßskizzen erforderlich. Bei einfachen Arbeiten genügt es, das Manuskript ausreichend vorzubereiten und Skizzen beizufügen.

In jedem Falle muß aber der Gestalter des Druckerzeugnisses den technologischen Fertigungsablauf vorausschauend übersehen und bei seinen vorbereitenden Arbeiten berücksichtigen. Ohne Kenntnis der gültigen Standards bzw. DIN-Vorschriften und der technischen Voraussetzungen des jeweiligen grafischen Betriebes, mit dem er zusammenarbeiten muß, kann der entwerfende Typograf oder Grafiker seine produktionsvorbereitenden Aufgaben nicht erfüllen. Die vom Autor oder dem Auftraggeber verfaßte Textvorlage, das Manuskript, ist die verbindliche Grundlage des Setzens. Sie soll in ihren wichtigsten Ausführungsarten zuerst behandelt werden.

6.1. Manuskript

Der Begriff Manuskript (von lateinisch manus = Hand, scriptum = das Geschriebene) umfaßt alle Textvorlagen, sowohl maschinengeschriebene als auch gedruckte. Selbst die verschiedenen Datenträger (Lochbänder, Disketten) können als maschinenlesbare Manuskripte dienen. Handschriftliche Manuskripte kommen heute kaum noch vor. Auch bei einfachen Akzidenzarbeiten wird eine mit der

Maschine angefertigte Textvorlage bevorzugt, um Unklarheiten zu vermeiden, die handschriftliche Namen und Fachbegriffe verursachen können. Müssen maschinengeschriebene Manuskripte handschriftlich korrigiert oder ergänzt werden (Formeln, Zeichen), so ist dies in Blockschrift eindeutig lesbar auszuführen.

6.1.1. Formen des Manuskriptes

Die folgenden Ausführungen beziehen sich auf die DDR, sie können aber auch Autoren und Auftraggebern in anderen Ländern als Empfehlung dienen.

Maschinengeschriebene Manuskripte im Format A 4 sind die häufigsten und die eigentliche Form. Sie werden einseitig mit je 30 Zeilen (2zeilig) oder je 40 Zeilen (1½zeilig) einheitlich ausgeführt. Die Zeilen haben durchschnittlich 60 Anschläge und beginnen nach einem Papierrand von etwa 35 mm. Die Hinweise für das Maschinenschreiben im »Großen Duden« nach den standardisierten Regeln (TGL 32364) sind zu beachten. Abweichend davon werden Absätze durch Einzüge (3 Anschläge) sowie Überschriften, Zitate und Fußnoten durch doppelten Zeilenabstand kenntlich gemacht, unabhängig von der vorgesehenen Satzausführung.

Manuskripte für Wörterbücher und bibliografische Verzeichnisse können das Format A5 haben, das im Querformat beschrieben wird. Für Lexika und Register sind die Formate A6 oder A7 oft günstiger, wenn sie jeweils ein Stichwort aufnehmen. Die Manuskriptausführung in dieser Form bedarf der Zustimmung der Druckerei.

Gedruckte Manuskripte sind auf Papierblätter im Format A4 aufzukleben, auf denen die meist notwendigen Korrekturen für Text und Auszeichnungen besser angebracht werden können. Sind keine oder nur geringe Korrekturen erforderlich, kann das Aufkleben entfallen. Die Blätter müssen aber zweimal vorhanden sein, ihre Rückseiten sind als ungültig zu durchstreichen.

Satzidentische Manuskripte entsprechen in der Anschlagzahl der Schreibmaschinenzeile der durchschnittlichen Buchstabenanzahl der Satzzeile. Sie können also nur angefertigt werden, wenn die Laufweite der späteren Satzschrift bekannt ist. Das ist beim Zeitschriften- und Zeitungssatz der Fall, bei dem diese Manuskripte vorwiegend vorkommen. Sie werden auf Vordrucke geschrieben (Bild 6/1), die zumeist für verschiedene Zeilenlängen eingerichtet und mit Zeilenzählern versehen sind. Manuskriptzeile und spätere Satzzeile sind weitgehend identisch; geringe Differenzen durch ungenaues Schreiben und das Ausschließen der Satzzeilen treten bei längeren Texten auf.

6/1. Beispiel eines zeilenidentischen Manuskriptes. Auf entsprechenden Vordrucken geschrieben, entspricht die Anschlagzahl der durchschnittlichen Buchstabenanzahl der Satzzeile.

6.1. Manuskript

Beim Anfertigen des Layouts für Sofortumbruch und bei der Seitengestaltung auf Bildschirmen sind diese Manuskripte eine wesentliche Hilfe. Der Textumfang ist leicht ablesbar, der Stand von Textunterbrechungen, wie Zwischenüberschriften, Formeln, Bildern u. ä., rasch zu erkennen. Absolut satzidentisch sind Klarschriften und Druckerbelege im Zeilenfall der Druckschrift. Sie sind notwendig, wenn die Texterfassung auf Datenträger erfolgt.

Maschinenlesbare Manuskripte sind Datenträger, wie Lochband, Magnetband oder Diskette. Damit sie weiter bearbeitet werden können, bedürfen sie sogenannter **Klarschriften**, die den verschlüsselt gespeicherten Text in Schreibmaschinenschrift zeigen. Sie sind für das Korrekturlesen erforderlich und können danach als Grundlage für das Gestalten dienen. Nach der Texterfassung an Bildschirmarbeitsplätzen werden für die Korrektur und gegebenenfalls für den Umbruch Belege in Schreibmaschinenschrift, z. B. auf Typenrad- oder Matrixdruckern, angefertigt. Diese Druckerbelege können verschiedene Ausgabeformen haben. Entspricht der Zeilenlauf des Textausdrucks dem Bildschirmtext, so sind die typografischen Befehle rot dargestellt. Erfolgt der Textausdruck ohne Befehle in gleichlangen Zeilen, so entspricht der Zei-

6/2. Druckerbeleg im Zeilenfall der späteren Druckschrift. Die Zeilenenden sind durch ein Symbol gekennzeichnet, Zeilenzähler dem Text vorangestellt.

6/3. Die maschinell lesbare OCR-B-Schrift, in der die Manuskripte geschrieben sein müssen, um von der optischen Zeichenerkennungsanlage zweifelsfrei erkannt zu werden.

lenfall nicht der Druckschrift. Hat der ausgegebene Schreibmaschinentext den Zeilenfall der Druckschrift, so ist das Ende seiner ungleich langen Zeilen durch ein Symbol gekennzeichnet (Bild 6/2).

Eine spezielle Form maschinenlesbarer Manuskripte sind die in **OCR-B-Schrift** geschriebenen. Diese Schreibmaschinentype ist sowohl visuell als auch maschinell lesbar (Bild 6/3). Damit die Manuskripte in dieser Schrift von der optischen Zeichenerkennungsanlage (Lesemaschine) fehlerfrei auf Datenträger übertragen werden können, müssen bestimmte Bedingungen eingehalten werden. Es ist ein glattes, hochweißes Schreibpapier zu verwenden. Alle Zeichen müssen ein gut geschwärztes, randscharfes Bild aufweisen, wozu Einmal-Farbbänder verhelfen. Es darf nicht radiert oder übertippt werden. Das Manuskript ist

2,5zeilig zu schreiben, damit Raum für spätere Korrekturen bleibt. Die Blätter dürfen weder beschmutzt, geknickt noch eingerissen sein. Neuere Lesemaschinen erfassen auch Manuskripte in gewöhnlicher Schreibmaschinenschrift. Vor dem Erfassen muß allerdings der gesamte Zeichenvorrat dieser Schrift abgetastet und für die Zeichenerkennung gespeichert werden.

Für die Rechtschreibung ist bei allen Manuskripten die neueste Ausgabe des »Dudens« verbindlich. Sind Abweichungen notwendig (Gedicht- und Dramensatz, mundartliche Schreibweise, wissenschaftliche Fachausdrücke), so ist auf dem Manuskript und der Satzanweisung zu vermerken: »Rechtschreibung nach Manuskript«. Alle Seiten des Manuskriptes sind am oberen Rand zu numerieren.

Von der Grundschrift abweichende Satzteile, wie Überschriften, Fußnoten, Bildunterschriften, Tabellen, Marginalien, lebende Kolumnentitel, Inhaltsverzeichnis und Register, sind als gesonderte, aus dem maschinengeschriebenen Manuskript herausgelöste Teile anzufertigen. Sie werden getrennt numeriert; der Seitenzahl ist eine Kennzeichnung des jeweiligen Teiles voranzustellen.

Alle technischen Bedingungen maschinengeschriebener Manuskripte für Bücher, Broschüren und Zeitschriften sind in der DDR standardisiert. Sehr detaillierte Angaben enthält der Standard TGL 6710/01, der unter Berücksichtigung der Empfehlungen der Ständigen Kommission des RGW für Leichtindustrie entstand und für alle Setzverfahren verbindlich ist.

6.1.2. Manuskriptberechnen

Das Berechnen des Manuskriptumfangs ist sowohl fertigungstechnisch als auch gestalterisch bedeutsam. Mit der Manuskriptberechnung werden der Umfang des Druckerzeugnisses sowie Kosten und Zeit der Herstellung ermittelt. Die Wahl der Schrift, des Durchschusses und der Satzanordnung stehen mit dem Manuskriptumfang in wechselseitigem Einfluß.

In der Regel ist zu berechnen, welchen Umfang ein maschinengeschriebenes Manuskript in einer bestimmten Druckschrift und Satzspiegelgröße erreicht. Zunächst ist die Gesamtzeichenzahl des Manuskriptes zu ermitteln. Dies geschieht, indem die Anschlagzahl je Zeile (Wortzwischenräume zählen als Anschläge) mit der Zeilenzahl je Seite und der Gesamtseitenzahl multipliziert wird. Es genügt, Durchschnittswerte zu verwenden, wobei sogenannte Zeilenmesser für Schreibmaschinen die Arbeit erleichtern. Dabei treten Toleranzen auf, die ausgeglichen werden.

Um die gesuchte Anzahl der Druckseiten zu erhalten, ist die Gesamtzeichenzahl des Manuskriptes durch die Buchstabenzahl der Druckzeile und die Druckzeilenzahl je Seite zu dividieren. Hierzu müssen die Laufweiten der Druckschriften in den gewählten Schriftgrößen bekannt sein. Die Schrifthersteller liefern zu ihren Schriften Laufweitentabellen, aus denen für die geläufigsten Schriftgrade und Satzbreiten die jeweilige Buchstabenzahl abgelesen werden kann. Bei Fotosatzschriften werden auch Laufweitenkennzahlen verwendet, anhand derer für alle Grade eines Schnittes die Buchstaben je Zeile ermittelt werden. Die Angaben der Schrifthersteller zur Laufweite sind Durchschnittswerte, die die Anzahl der Wortzwischenräume und der Trennungen beeinflussen. Bei geringeren Satzbreiten sind die Werte etwas zu reduzieren, bei Fremdsprachen (Englisch, Französisch) etwa um 1,5 Prozent zu erhöhen.

Die Berechnung des Umfanges eines Manuskriptes in Druckseiten soll hier in einer Formel zusammengefaßt werden:

$$\text{Umfang der Seiten} = \frac{\text{Gesamtzeichenzahl des Manuskriptes}}{\text{Buchstabenzahl je Druckseite}} = \frac{\text{Anschlagszahl} \cdot \text{Zeilenzahl} \cdot \text{Seitenzahl}}{\text{Buchstabenzahl} \cdot \text{Zeilenzahl}}$$

Für das Manuskriptberechnen sind Taschenrechner, Rechenstab oder Rechenscheibe praktische Hilfen. Der leicht handhabbare und genaue Ergebnisse anzeigende elektronische Rechner wird heute bevorzugt. Er übertrifft die Vorteile logarithmischer Rechenhilfen, die mehrere Ablesungen bei einer Einstellung ermöglichen.

Soll eine genaue Umfangsberechnung des Manuskriptes erfolgen, so empfiehlt es sich, das Manuskript absatzweise zu berechnen. Das einmal ermittelte Verhältnis der Anschlagszahl je Manuskriptzeile zur Buchstabenzahl je Druckzeile ist dafür die Grundlage. Diese Verfahrensweise ist auch bei der Berechnung des Umfanges kleinerer Textgruppen möglich, wie das beim Entwerfen notwendig sein kann.

Vom Zahlenverhältnis Anschlagszahl zur Buchstabenzahl ist auch auszugehen, wenn festgestellt werden soll, welchen Umfang ein Manuskript haben muß, um einen festgelegten Raum in der vorgesehenen Druckschrift zu füllen.

Ist die Laufweite einer Druckschrift nicht bekannt, ist der sicherste Weg zur Manuskriptberechnung, so viele Manuskriptzeilen in der vorgesehenen Schrift abzusetzen, bis sich Zeilendeckung ergibt. Anhand des Verhältnisses von Manuskriptzeilenzahl zu Satzzeilenzahl läßt sich der Umfang verläßlich errechnen.

Es gibt gelegentlich Aufträge, bei denen eine bestimmte Seitenanzahl vorgegeben wird (Prospekte, Berichte), die für den Text zur Verfügung steht. Auch dann gehen die Berechnungen von der Gesamtzeichenzahl des Manuskriptes aus, die durch die vorgegebene Seitenzahl dividiert wird. Durch Versuche mit verschiedenen Schriftgrößen muß eine annähernde Buchstabenzahl je Seite ermittelt werden. Durchschuß und Satzbreite dienen dabei als weitere Variable zur Annäherung.

Das Manuskriptberechnen entfällt bei absolut satzidentischen Manuskripten, wie sie Druckerbelege von Texten darstellen, die am Bildschirmarbeitsplatz erfaßt und zu Zeilen ausgeschlossen wurden. Sie sind zumeist mit Zeilenzählern versehen, der sich ergebende Zeilenumfang ist zuverlässig abzulesen.

6.1.3. Manuskriptauszeichnen, Satzanweisung

Bei der heute vorherrschenden Form der Zusammenarbeit von Druckereien und ihren Auftraggebern ist davon auszugehen, daß jedes Manuskript stilistisch und orthografisch endgültig vom Auftraggeber bearbeitet und satzfertig gelesen sein muß. Unabhängig von dieser Manuskriptbearbeitung, die vielfach als Vorauskorrektur bezeichnet wird und hier nicht behandelt werden soll, ist ein technisches Redigieren, das Auszeichnen des Manuskriptes, notwendig. Diese Vorbereitung der Textvorlage dient insbesondere der Formgebung des Druckerzeugnisses. Es ist die sicherste Verständigung über die gewünschte Typografie aller Textteile. Nur durch die gewissenhafte, vollständige und standardgerechte Auszeichnung des Manuskriptes ist ein rationeller Fertigungsablauf bei der Satzherstellung möglich.

Die Grundschrift (Schriftgrad und -art) und der Durchschuß werden auf der ersten Seite des Manuskriptes vermerkt und auf weiteren Seiten nicht wiederholt. Alle anderen Teile der Textvorlage, die von der Grundschrift abweichen sollen, sind jeweils wiederholt zu kennzeichnen. Dazu gehören vor allem Überschriften sowie Fußnoten, Formeln und alle anderen Kleindruckteile, die im Manuskript eine senkrechte Linie neben dem Text markieren. Zum Auszeichnen der verschiedenen Schriftvarianten, Exponenten, Indizes, Zwischenräume, Über- und Unterschläge gelten bestimmte Symbole. Hinsichtlich der Schriften ist das Kennzeichnen bereits beim maschinellen Schreiben als auch durch späteres manuelles Ergänzen möglich. Das sorgfältige Auszeichnen der Über- und

Unterschläge sowie größerer Zwischenräume ist vor allem im Fotosatz wichtig, da nachträgliche Korrekturen Neusatz bedingen, oder, bei der Filmmontage ausgeführt, lästige Schnittkanten ergeben. Besondere Aufmerksamkeit verlangen alle Überschriften, die nicht nur nach ihrer Ordnungsstufe, sondern auch im Zeilenfall eindeutig gekennzeichnet sein müssen (vgl. Abschnitt 5.2.3.).

Tabellen sollen bereits so geschrieben sein, daß sie in Gliederung und Textanordnung dem Satzbild entsprechen. Der gewünschte Zeilenfall und die Gestaltung des Tabellenkopfes sowie alle Linien müssen ersichtlich sein. Die Spaltenbreiten sind genau nach metrischen oder typografischen Maßen zu berechnen und in Millimeter oder Cicero anzugeben. Für komplizierte Tabellen, insbesondere im Fotosatz, sind Maßskizzen erforderlich, die mit dem Manuskript übereinstimmen (vgl. Abschnitt 6.2.1.2.).

Zum technischen Redigieren gehören auch Korrekturen, mit denen unklare maschinengeschriebene Zeichen zu verbessern sind. Handschriftlich nachgetragene Zeichen, wie zweifelhafte griechische Buchstaben, werden am Rand namentlich erläutert. Alle Korrekturen und Ergänzungen von Hand sind nicht mit Bleistift, sondern mit Tinte oder Kugelschreiber schwarz oder dunkelblau auszuführen.

In der DDR ist das Auszeichnen der Manuskripte verbindlich festgelegt; in den übrigen deutschsprachigen Ländern gibt es keine Festlegungen, was mitunter bei den Beteiligten zu Mißverständnissen führen kann. Die Maßangaben für Schriftgrößen und Zwischenschläge erfolgen in typografischen Punkten. Der bereits genannte Standard TGL 6710/01 enthält genaue Angaben über die einzelnen Kennzeichen und ihre farbige Ausführung.

Nicht für jedes Druckerzeugnis ist das Manuskript typografisch auszuzeichnen. Kleinere Akzidenzaufträge, wie private und gesellschaftliche Drucksachen, werden oft anhand vorgelegter Muster bestellt oder dem Setzer zur Gestaltung anvertraut. Umfangreiche Aufträge, wie sie vor allem Bücher, Broschüren und Kataloge darstellen, bedürfen neben dem technisch redigierten Manuskript noch einer zusammenfassenden **schriftlichen Satzanweisung**. In dieser Übersicht zur typografischen Ausführung des Auftrages sind alle Besonderheiten vermerkt, die nicht einzeln im Manuskript ausgezeichnet werden können (Form der Anführungen, Gedankenstriche, Ziffern u. ä.). Es werden die Seitengestaltung, Kolumnentitel, Marginalien, Zwischentitel, Fußnoten und andere Teile des Werkes genau festgelegt. Die Satzanweisung ist ein wichtiges Dokument für die Zusammenarbeit zwischen Auftraggeber und grafischem Betrieb. Für alle am Satzherstellungsprozeß beteiligten Personen sind die dort getroffenen Festlegungen verbindlich. Deshalb müssen sie mit dem technisch redigierten Manuskript, den Skizzen und dem Layout völlig übereinstimmen (Bild 6/4).

Bei reich gegliederten Werken bedarf es genauer Überlegungen zur typografischen Abstufung der Überschriften und der Auszeichnungen im Text. Dabei kann eine zur **Matrix** geordnete Gegenüberstellung von Textstruktur und typografischen Mitteln hilfreich sein. Anhand sogenannter Checklisten, auf denen in Stichworten alle satztechnischen Angaben verzeichnet sind, lassen sich Fehler durch nicht bedachte Fakten vermeiden.

Um die Satzherstellung zu rationalisieren und Korrekturen am Satzprodukt weitgehend zu vermeiden, werden technologische Varianten bevorzugt, die den Umbruch von Werken und Zeitschriften nach Anweisung vorsehen. Da sich der Umbruch auch bei satzidentischen Manuskripten nicht in allen Einzelheiten vorbereiten läßt, sind neben

Folgende Seiten:
6/4. Satzanweisung für das vorliegende Handbuch entsprechend Standard TGL 28 997

Satzanweisung für Bücher und Broschüren
Vordruck nach TGL 28 997 (Nichtzutreffendes streichen)

symmetrisch / asymmetrisch

Auftr.-Nr. der Druckerei:

Besteller: *VEB Fachbuchverlag Leipzig*
Verlags-Nr.:   Ausstellungsdatum:
Autor, Titel: *Walter Bergner — Grundlagen der Typografie*
Erstdruck / Nachauflage, Bearbeiter:
Format: *170* mm × *240* mm beschnittener Buchblock
Umfang etwa *14* Satzbogen zu *16* Seiten

Einzelbuchstaben-Maschinensatz, Zeilenguß-Maschinensatz (konventionell-Lochbänder), Handsatz, Stehsatz, <u>Lichtsatz</u>, gelagerte Filme

Vom Satz herzustellen sind: Matrizen / Bleistereos, vernickelt, Plastmatrizen, Plaststereos / Galvanos verchromt, Schlußdiapositive / Schlußnegative

Druck von: *Offset*

Satz nach Druck ablegen / stehenlassen
Seitenmontagen / Filme nach Druck vernichten / lagern / an Verlag
Datenträger vernichten / lagern / an Verlag

Manuskripte (Aufstellung): Kennzeichnung, Ms.-Seiten, Ms.-Art
Mskpt. = S. 1 – 320
Tab.   = S. 321 – 332
Bu   = S. 333 – 342

Noch ausstehende Manuskripte:

Skizzen: *3 Doppelseiten*
Probeseiten vorlegen: ja / <u>nein</u> / anbei

Grundschrift: *9/11 p Maxima zart, Rauhsatz*
Kleindruck: *8/9 p Maxima zart*

Satzbreite: *29* c, *2* Spalten je *14* c breit
Zwischenraum: *1* c, mit / <u>ohne</u> Spaltenlinie
Zeilenanzahl: je Seite (ohne Kolumnentitel): *48/11 p Zeilen*
Kopfsteg: *2½* c, Bundsteg: *3* c, je beschnittene Seite
Rechtschreibung: Duden / <u>Manuskript</u>   Abkürzungen: Duden / <u>Mskr.</u>
Besonderheiten:
Einzug: *12 p* Geviert, Anführungen im / nicht im Einzug
nach Überschriften, nach Blindzeilen mit / ohne Einzug

Auszeichnungen im Text:
~~~~~ = kursiv   ▭ = Kapitälchen
──── = halbfett   = Griechisch
· · · · = sperren   = Fraktur
≡≡≡ = *fett*

Initialen: p, zeilig, 1. Wort / 1. Zeile: Vers. / Kapitälchen
Anführungen: „" (deutsch)   '' (englisch)   «» (französisch)
Gedankenstriche: kurz / lang   Klammern: () , []
Ziffern: Normal / Mediäval
Akzente: Ligaturen: ja / nein
Sonderzeichen: s. Anlage
Aufzählungen:
Gedankenstriche / Ziffern / Buchstaben: frei / nicht freistellen

Überschriften: (Kennzeichnung, Schrift, Stand, Über- u. Unterschlag):
1.   = *14 p fette Max.*
1.1.   = *9/11 p fette Max., 3 Zln. Über-, 1 Zl. Unterschl.*
1.1.1.   = *9/11 p hf. Max., 2 Zln. Über-, 1 Zl. Unterschlag*
1.1.1.1.   = *K 3c 1*

Spitzmarken: *9/11 p hf. Maxima*
Zwischentitel: *p siehe Mskr* Vorschlag   c
Rückseite bedruckt / vakat
Mottos: p   Breite: c
ausschließen nach:
Fußnoten: p (Schrift)
fortlaufend / kapitelweise / seitenweise numerieren
höchst. / normale Ziffer / Buchstabe / Stern, mit / ohne Klammer
Trennungen vom Text: Linie   c: Blindzeile /   p
Einzug: Geviert der Grundschrift
ohne Einzug, Zeichen frei / nicht freistellen / Fußnoten anhängen

Tabellen: *Maxima zart* (Schrift)
Überschriften: *8 p hf. Maxima*
Tab.-Nr.: über / in 1. Zeile mit *3* p Abstand, frei / nicht freistellen
Setze: Tab. / Tabelle   mit / <u>ohne</u> Satzzeichen
Kopf: *8/9* p, Fuß: *8/9* p, Auspunktieren: ja / nein
Linien: *2 p ht.*   Kopf-, Hals-, Abschlußlinie
Längslinien, Querlinien, Umrandung *2 p st. fein*
Fußnoten zur Tabelle: *8/9* p, Zeichen *ohne* frei / nicht freistellen
Stand der Fußnoten: *½ Blz* unter die Tabelle / <u>am Fuß der Seite</u>

6. Manuskript und Entwurf

Illustrationen: 232 Strich. 84 Raster/Halbton	Impressum: 8/9 p Max. zart (nach TGL 37 108)
abfallend/nicht abfallend Stand: links-/rechtsbündig/auf Mitte	Flattersatz links-/rechtsbündig/axial/Blocksatz c
Setze: Abb./Bild/Fig./Abbildung/Figur	Klappentexte: 10/13 p Rauhsatz , Breite 13 c
Bildunterschriften: 8/9 p Breite c	Rauh-/Flattersatz links-/rechtsbündig/axial/Blocksatz
Flattersatz bis 14 c, Blocksatz ab / c	Inhaltsverzeichnis: 8/9 p Max. zart , Breite 14 c
Bild-Nr.: über/in 1. Zeile mit 3 p Abstand frei/nicht freistellen	auspunktieren: nein Halbgeviert/Geviert
mit/ohne Satzzeichen	Stand und Abstand der Seitenzahlen: 8/9 p hf. mit 1☐
Stand: links-/rechtsbündig/auf Mitte/letzte Zeile links/Mitte	Einleitung: / p Abstand anhängen
Legenden: 8/9 p Maxima zart	Vorwort: 9/13 p Max. zart Rauhsatz
Stand: unter die Bildunterschrift	Nachwort: p
Bildtafeln: abfallend/nicht abfallend	Register: 8/9 p 3 spaltig, je 9 c breit
Stand: links-/rechtsbündig/auf Mitte	umlaufende Zeilen mit 1 Geviert Einzug
Umfang des Bildteils:	Literaturverzeichnis: 8/9 p
Größe des Satzspiegels: c x c	mit Ziffer in (), mit/ohne Punkt, frei/nicht freistellen
Kopfsteg: c, Bundsteg: c/nach Klebespiegel	ohne Ziffer, umlaufende Zeilen mit Geviert Einzug
Bildunterschriften: p Breite c	Anmerkungen: p
Setze: Abb./Bild/Fig./Figur/Tafel/Abbildung	mit Ziffer in ()/[], mit/ohne Punkt, frei/nicht freistellen
Bild-Nr.: über/in 1. Zeile mit p Abstand frei/nicht freistellen	ohne Ziffer, umlaufende Zeilen mit Geviert Einzug
mit/ohne Satzzeichen Abstand zum Bild p	Marginalien: p. Breite c. Abstand p
Formelsatz: Einzug	Zeilenzähler:
Formelbuchst., Exp. und Indiz. kursiv/gerade	Umbruch: Sofortumbruch/nach Klebespiegel/nach Fahnenriß
Formelzähler:	Titelei (Reihenfolge)
Gedichtsatz: p	Seite 1: Schmutztitel Seite 2: Haupttitel
auf Mitte/auf opt. Mitte/nach vorn/nach hinten	3: Haupttitel 4: Impressum
ausschließen mit Geviert Einzug Anführung freistehend: ja/nein	5: Inhalt 6: Inhalt
umlaufende Zeilen ausschließen nach	7: Vorwort Textbeginn rechte Seite
Trennung der Strophen: Trennung vom Text:	Kapitel anhängen/neue Seite/rechte Seite
Dramensatz: p	Vorschlag bis zur 1. Textzeile / Zeilen
Sprechernamen:	Überschriften 1., 2. und weiterer Ordnung im/nicht im Vorschlag
Regieanweisungen:	Einordnung der Illustrationen:
Kolumnentitel, toter: p	lt. Klebeumbruch
Stand: p Zwischenschlag	
Ausgangsseiten mit/ohne Seitenzahl	in Farbe stellen: siehe besondere Anweisungen
Kolumnentitel, lebender: 8/9 p Max. fett	Korrekturabzüge: (von der Druckerei auszufüllen)
Seitenzahl: 16 p Max. zart p	Fahnen 5 fach vom bis
Stand: unten außen 33 p Zwischenschlag	Bogen 5 fach vom bis
mit/ohne Linie. Zwischenschlag zur Linie p	fach vom bis
linke Seite: 1. Wort	Ergänzungen siehe Anlage
rechte Seite: 2. Wort	
mit/ohne Kapitelzahl	
Bogensignatur (nach TGL 3677): Im Unterschlag/im Beschnitt	Markus / Hunger
Bergner, Grundlagen der Typografie	Bearbeiter des Bestellers Bearbeiter der Druckerei

den prinzipiellen Umbruchanweisungen auch Umbruchvariablen zu benennen, die der Satzhersteller benutzen kann, um Umbruchkonflikte zu lösen. Es sind Maßnahmen zur Variation des Überschlages bei Überschriften, des Durchschusses vor oder nach eingeschalteten Satzteilen oder der Zeilenzahl je Seite. Außerdem muß die Reihenfolge der Anwendung festgelegt sein. Im neuen Regelwerk zum Umbruch von Büchern und Broschüren, dem Standard TGL 10-081/02, sind neben den Umbruchregeln jeweils auch bezifferte Umbruchmaßnahmen und für die damit nicht lösbaren Konflikte Abbruchmaßnahmen aufgeführt, die in der Umbruchanweisung zu nennen sind. Bei Sofortumbruch in der Druckerei gehören dazu auch Regeln für das Bilden der lebenden Kolumnentitel und anderer Entscheidungen, die dem Satzhersteller übertragen werden.

Die Satzanweisung für Bücher und Broschüren ist in der DDR auf Vordrucken im Format A4, zweiseitig, auszuführen, die im Standard TGL 28997 verbindlich festgelegt sind (vgl. Bild 6/4). Reichen die dort angeführten Rubriken für einzelne Angaben (z. B. Überschriften, Umbruch) nicht aus, so müssen sie als Anlage beigefügt werden. In Ausnahmefällen ist eine formlose Satzanweisung in der Reihenfolge des Vordruckes möglich. Die Gliederung dieses Vordrucks ersetzt eine Checkliste und kann auch für langfristige, generelle Satzanweisungen wie für Zeitschriften als Grundlage dienen.

6.2. Entwurf

Die Aufgaben, die typografische Entwürfe erfüllen sollen, können erhebliche Unterschiede aufweisen. Das lassen schon die verschiedenen Bezeichnungen erkennen, die dafür verwendet werden. Eine rasch angefertigte Faustskizze (Ideen-, Schmierskizze) unterscheidet sich von der millimetergenauen Maßskizze und dem bis ins Detail ausgearbeiteten Layout oder gar dem Kundenentwurf, der in Farbe und Form das spätere Druckerzeugnis vorstellen soll. Hier können nur die wichtigsten Formen behandelt und die verschiedenen Techniken der Ausführung kurz erläutert werden. Eine ausführliche Anleitung zum Erlernen einzelner Entwurfsmethoden überschreitet das Ziel des Handbuches.

Als Grundsatz der Entwurfsarbeit muß gelten: Die angewendete Methode soll dem jeweiligen Zweck angepaßt sein. Entwurf und Satz eines Druckerzeugnisses sind selten deckungsgleich. Ohne vorheriges Skizzieren der Texte, ganz gleich in welcher Technik, soll keine Satzarbeit begonnen werden. Nur ein gut ausgearbeiteter, technisch realisierbarer Entwurf hilft dem Satzhersteller, rationell ein gutes Druckerzeugnis zu formen.

6.2.1. Skizze

Durch flüchtiges Aufzeichnen eines Einfalles entsteht der erste Entwurf einer typografischen Gestaltung. Er wird Skizze genannt, unabhängig von der Darstellungsform der Schrift. Um sich über Anordnung und Größe von Zeilen und Textgruppen Klarheit zu verschaffen, bedarf der erfahrene Typograf zumeist nur einer rasch gefertigten **Ideenskizze**, die mit Bleistift oder Kugelschreiber ausgeführt wird. Geschultes Schriftgefühl hilft dabei, Laufweite und grafische Wirkung der vorgesehenen Schrift richtig einzuschätzen, so daß einfacher Handsatz oft schon danach ausgeführt werden kann (Bild 6/5). Wer weniger erfahren ist, sollte anhand von Schriftmustern die Zeilenlänge durch Auszählen der Buchstaben ermitteln und, wenn nötig, mit einer zweiten, genaueren **Satzskizze** Fehler der Darstellung korrigieren. Ist eine **Kundenskizze** anzufertigen, so müssen die größeren Schriftgrade sorgfältig skizziert sein; Textgruppen in kleineren Schriftgraden können in Strichmanier dargestellt werden (Bild 6/6).

6/5. Ideenskizze zur nebenstehenden Einladungskarte. Beispiel für die Technik des schreibenden Skizzierens

6/6. Kundenskizze zu der Einladungskarte. Beispiel für die Darstellung kleiner Schriftgrade als Linienbänder und die Strich-neben-Strich-Technik (größere Schriftgrade)

6/7. Textunabhängige Klebeskizze zu der Einladungskarte. Die Schriftzeilen sind aus geeigneten Vorlagen ausgeschnitten. Schriftart und -größe müssen dem späteren Satz entsprechen.

Ein anderer Weg, sich von der vorgestellten typografischen Form einen Eindruck zu verschaffen, ist die **Klebeskizze**. Sie ist aufwendiger, kommt aber dem Satzbild näher. Die aus Schriftmustern und anderen Vorlagen ausgeschnittenen Zeilen oder Textgruppen haben den vorgesehenen Schriftcharakter (Bild 6/7). Sie können bei fehlenden Vorlagen auch sorgfältig skizziert sein. Außerdem hat diese Methode den Vorteil, daß die einzelnen Elemente veränderlich sind und so lange innerhalb des Formates verschoben werden können, bis die beste Anordnung gefunden ist. Wird eine Klebeskizze weitgehend textgerecht ausgeführt, ist sie als Kundenskizze gut geeignet.

Die als Anlage zum Manuskript an die Druckerei zu liefernden Satzskizzen müssen vor allem genaue Maßangaben für Schriftgrößen und Zwischenräume enthalten. Die Darstellung des Schriftbildes ist bei ihnen unwichtig. Sie werden allgemein nach dem ersten Entwurf als **Maßskizze** angefertigt und sollen im Abschnitt 6.2.1.2. gesondert behandelt werden (vgl. auch die Bilder 6/8 und 6/9).

6.2. Entwurf

6.2.1.1. Skizziertechniken

Beim Skizzieren typografischer Schriften sind in der Darstellung der **Schriftgrößen** verschiedene Methoden angebracht. Längere Texte in den Schriftgrößen 6 bis 12 p werden als Linienbänder ausgeführt, die mit dem Bleistift aus freier Hand (Faustskizze) oder dem Lineal gezogen (Satzskizze) werden. Der Bleistift ist in seinem Härtegrad dem Grauwert der jeweiligen Schrift anzupassen (HB = half-black = mittelhart für zarte Schriften, B = black = schwarz, also weich 2 bis 3 für kräftigere Schriften). Die keilförmig geschliffene Bleistiftmine hat die Breite der Mittellängen der skizzierten Schrift (vgl. Bild 6/6). Durch Unterbrechungen in den Linienbändern können Wortzwischenräume angedeutet werden. Kursivschriften kennzeichnen schräge Ansätze und Endungen der Linienbänder.

Kürzere Texte in Tabellen und anderen Akzidenzen werden besser **schreibend skizziert.** Hierzu sind Kugel- und Faserschreiber, die gleichbleibende Strichstärke und größere Farbtiefe haben, geeigneter als Bleistifte, die nachgeschliffen werden müssen. Es bedarf einiger Übung, damit Schriftbreite und Mittellänge mit der Druckschrift übereinstimmen. Die Buchstaben werden in einem Zug geschrieben und nicht nachgebessert. Die Vorteile des schreibenden Skizzierens gegenüber der Linienmethode sind: Die Schrift ist lesbar, der Textumfang sicherer ermittelt und der Gesamteindruck dem Satzbild ähnlicher (vgl. Bilder 6/5 und 6/6).

Das Skizzieren mittlerer und großer Schriftgrade kann zufriedenstellend und im Detail mit den Schriftformen genau stimmend nur in der **Strich-neben-Strich-Technik** ausgeführt werden (vgl. Bild 6/6). Diese seit Jahrzehnten in Skizzierlehrgängen gelehrte Methode ist sehr mühsam. Allerdings werden beim Üben dieser Technik sichere Schriftkenntnisse erworben, die nur dieses konzentrierte Nachformen der Buchstaben vermitteln kann.

In der Praxis konnte sich diese Methode kaum durchsetzen, da sie auch bei Geübten zu viel Zeit beansprucht. Lediglich mit spitzem Pinsel ausgeführt, hat sich die Strich-neben-Strich-Technik bei mehrfarbigen Entwürfen bewährt, die diesen Aufwand rechtfertigen.

Im Fotosatz können heute auf Handsetzgeräten Titelzeilen schneller angefertigt werden, die das Schriftbild korrekt darstellen. Auch mit Anreibebuchstaben lassen sich in besonderen Fällen größere Schriften in Skizzen einfügen.

Für einfache Faust- oder Ideenskizzen ist **schreibendes Skizzieren größerer Schriftgrade** ebenfalls ausreichend. Mit dem Kugelschreiber können allerdings nur wenige Schriftarten ausgeführt werden. Kräftigere und fette Schriften lassen sich mit dem Faserschreiber besser wiedergeben. Die Strichstärke des Faserschreibers ist dem Schriftbild gemäß zu wählen; wird es nicht in einem Zug dargestellt, so ist in mehreren Phasen zu skizzieren. Zunächst wird die Skelettform in der notwendigen Buchstabenbreite geschrieben und in weiteren Phasen Buchstabe für Buchstabe auf die richtige Strichstärke gebracht. Am besten lassen sich so Linearschriften wiedergeben. Mit einiger Übung gelingt es auch, andere Schriftarten schreibend zu skizzieren. Auf Feinheiten der Schriftformen muß bei dieser Methode zugunsten einer rationellen, praxisnahen Skizziertechnik verzichtet werden.

Die Technik der **Klebeskizze** ist relativ einfach. Aus geeigneten Vorlagen gedruckter Texte (Schriftmusterblätter, gesammelte Druckbogen) werden die gewählten Schriftarten und -größen mit der Papierschere ausgeschnitten. Kleinere Schriftgrade bleiben als Textgruppe erhalten, die den vorgesehenen Durchschuß haben sollte; mittlere und größere Schriftgrade werden als Zeilen verwendet. Die Räume zwischen Ober- und Unterlängen bei großen Schriftgraden sind ebenfalls auszuschneiden. Das Schneiden ist sorgfältg auszuführen, möglichst knappe, rechtwinklige Papierränder sind erforderlich.

Zum Aufkleben werden wasserfreie Klebstoffe verwendet, am besten solche, mit denen sich die Vorlage wieder ablösen und neu ankleben läßt (Gummilösung u. ä.). Damit sind Veränderungen, die sich kaum vermeiden lassen, leichter auszuführen. Vorzeichnen einer Grundlinie bei größeren, aus mehreren Teilen zu klebenden Zeilen ist für das exakte rechtwinklige Aufkleben angebracht. Fast immer wird die Klebeskizze textunabhängig ausgeführt werden müssen. Die ausgeschnittenen Zeilen und Textgruppen vermitteln in Schriftart und -größe sowie der Zeilenlänge, also der Textanordnung, das Satzbild. Der Text selbst wird beliebig gewählt. Das ist ein Nachteil der **textunabhängigen Klebeskizze**, durch den sie als Kundenskizze zumeist unbrauchbar bleibt (vgl. Bild 6/7). Um einen besseren Eindruck des Satzbildes zu erreichen, können Titelzeilen oder Überschriften textgenau als Satzabzüge oder Fotokopien, aber auch als gut skizzierte Zeilen eingeklebt werden. Eine in allen Teilen **textgerechte Klebeskizze**, die als Kundenskizze ideal wäre, wird selten möglich sein. Sie kann nur aus bereits gesetztem Text als Stand- oder Anordnungsmuster angefertigt werden.

sondern den Satzhersteller über Maße für Größe und Anordnung der einzelnen Gestaltungselemente genau informieren.

Solche Satzskizzen fördern die rationelle Herstellung in allen Setzverfahren. Für den Fotosatz sind sie unerläßlich, wenn Montagezeit reduziert und Korrekturen vermieden werden sollen. Tabellen und vielgliedrige Satzanordnungen werden am besten auf Millimeterpapier ausgeführt. Alle diese Skizzen sind mit Bleistift einseitig im Maßstab 1:1 anzufertigen. Der Text kann durch Linienbänder angedeutet sein.

Um alle Elemente im Koordinatensystem genau zu positionieren, müssen die vertikalen und horizontalen Bezugspunkte (Zeilenvorschub, Zeilensprung) deutlich erkennbar sein. Maßangaben von Bezugspunkt zu Bezugspunkt sind dabei am sichersten. Bei Zeilen und Satzgruppen wird der Bezugspunkt am Zeilenbeginn festgelegt, bei Linien sowohl der Anfangs- als auch der Endwert (Bild 6/8).

Skizzen für Titelseiten, Anfangskolumnen und Musterdoppelseiten von Werken können sehr einfach ausgeführt werden. Bei Satzspiegel, Titelzeilen oder Textgruppen markieren Konturlinien lediglich Größe und Stand. Für die DDR gilt, daß zur Kennzeichnung von Tabellen, Bildern und anderen

6.2.1.2. Maßskizzen

Vom Auftraggeber gefertigte Skizzen, die für besonders gestaltete Satzteile, wie Haupttitel, Zwischentitel, Tabellen und Übersichten, dem Manuskript beizufügen sind, haben den Charakter von technischen und Werkzeichnungen. Sie sollen keinen bestimmten optischen Eindruck vermitteln,

6/8. Maßskizze auf Millimeterpapier für eine Tabelle. Maßangaben entsprechend Standard TGL 6 710/01 in typografischen Punkten

Rohstoff	Erläuterung	Verwendung
Fette	Gemische von Glyzerinestern bestimmter kettenförmiger Karbonsäuren	Nahrungsmittel; Ausgangsstoff für die Herstellung von Seifen, Anstrichmitteln, Kosmetika, Glyzerin
Holz	pflanzliches Zellgewebe; wasserfreies Holz enthält Zellulose (bis 50%), Polysaccharide und andere Substanzen	Ausgangsstoff für die Herstellung von Holzkohle, Zellstoff, Äthanol, Klebstoffen, Appreturmitteln, Pech

6.2. Entwurf

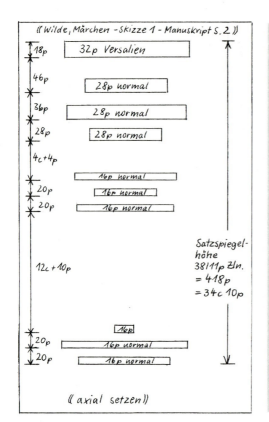

6/9. Verlagsskizze für nebenstehende Titelseite. Die Schriftzeilen sind als umrandete Felder in Versalhöhe ausgeführt, die Schriftgrößen und Zwischenräume in typografischen Maßangaben (TGL 6 710/01).

Symbole zu verwenden sind, von denen einige die Bilder 6/9 und 6/10 darstellen. Im Standard TGL 6710/01 sind alle verbindlichen Kennzeichen aufgeführt und allgemeine Festlegungen über Verlagsskizzen aufgenommen, die unbedingt beachtet werden müssen.

6.2.2. Layout

Unter dem Begriff Layout (engl. lay out »ausstellen, auslegen«) wird allgemein der Entwurf eines Druckerzeugnisses verstanden. Im eigentlichen Sinne bedeutet er Aufriß oder Plan, die zeichnerische Form einer Satzanordnung mit Bildern und anderen Elementen. Vornehmlich bei der typografischen Gestaltung von Zeitschriften, Illustrierten und Werbedrucken ist die Bezeichnung im Gebrauch und soll auch hier so verwendet werden.

Die Herstellung von **Zeitschriften** erfolgt in verschiedenen technischen Varianten, die sich auf die vorbereitenden Arbeiten auswirken. Der Gestaltung nach sind zwei Gruppen zu unterscheiden, die in Abschnitt 5.3.2. charakterisiert wurden. Die erste Gruppe wird nach langfristigen, generellen Satzanweisungen ausgeführt, da der Textanteil bei ihnen überwiegt. In der zweiten Gruppe wird jede Ausgabe von Grafikern gestaltet; hoher Bildanteil und viele neu zu gestaltende Formen sind dafür die Ursache.

Das Layout für Zeitschriften der **ersten Gruppe** wird heute zumeist für **Sofortumbruch** ausgeführt. Dieser technologische Weg ist insbesondere im Fotosatz, bei bildschirmgestütztem Umbruch, am wirtschaftlichsten. Die praktische Anfertigung des Layouts erleichtern Vordrucke, auf denen Linien Seitenspiegel und Spalteneinteilung markieren. Für den Fotosatz ist neben diesem Liniennetz eine Skale mit der Zeilenzahl der Grundschrift nützlich. Vorteilhaft ist es, die Zeilennumerierung am linken Satzspiegelrand von oben nach unten, am rechten von unten nach oben laufen zu lassen. Dadurch ist es für den Satzhersteller leichter, die für ihn wichtigen Bezugspunkte rechnerisch zu ermitteln.

Die Layoutanfertigung erfordert für Sofortumbruch zeilenidentische Manuskripte oder Klarschriften, damit die einzelnen Beiträge ohne wesentliche Differenzen im Zeilenumfang gespiegelt werden können. Zeichnerisch werden dabei jeweils Spaltenhöhe, dazugehörende Bilder, Bildtexte, Tabellen und sonstige Einfügungen (Fußnoten usw.) dargestellt. Zwischenüberschriften bleiben im Layout unberücksichtigt. Es ist aber notwendig, den Umbruch bereits im Layout anhand des Manuskriptes oder der Klarschrift zu überprüfen, damit die Zwischenüberschriften regelgerecht umbrochen und Umbruchkonflikte, die vom Setzer nicht zu lösen sind und Korrekturen erfordern, vermieden werden (Bild 6/10).

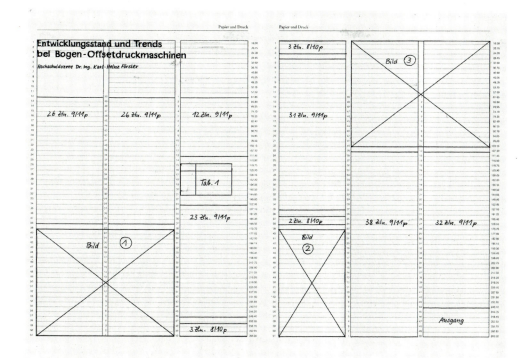

6/10. Layout der Doppelseite einer Fachzeitschrift, die im Sofortumbruch hergestellt wird. Es ist ein Vordruck verwendet, der eine Skale mit der Zeilenzahl der Grundschrift aufweist, die als rechnerische Grundlage auch für die Zwischenräume dient. Anhand dieser Einteilung sind Bezugspunkte beim Fotosatz rasch und sicher zu ermitteln. Kennzeichnung von Bildern und Tabellen nach Standard TGL 6 710/01.

6.2. Entwurf

Die Überschriften der einzelnen Zeitschriftenbeiträge sind schreibend zu skizzieren. Die Lesbarkeit hat hierbei gegenüber der genauen Darstellung des Schriftcharakters Vorrang. Zeilenlänge und vorgesehener Zeilenfall müssen korrekt angegeben sein. Für das Kennzeichnen von Bildern und Tabellen genügen die geläufigen Symbole (TGL 6710/01). Wichtig ist, daß sämtliche Zwischenräume deutlich dargestellt und die Bezugspunkte für den Fotosatz klar erkenntlich sind (vgl. Bild 6/10).

Erfolgt die Zeitschriftenherstellung aufgrund ihrer Satzstruktur in der Fahnenmethode, so bereitet der **Klebeumbruch** die Seitengestaltung vor. Er wird am sichersten ebenfalls auf Vordrucken mit Zeilennumerierung ausgeführt, um Zeilenregister und Zwischenräume exakt einhalten zu können.

Bei Zeitschriften mit hohem Bildanteil, die der **zweiten Gruppe** zugerechnet werden, ist für jede Doppelseite ein genaues Layout anzufertigen, in dem alle Elemente mit Maßangaben einzuzeichnen sind. Dieser verbindlichen Arbeitsunterlage für die Druckerei gehen zumeist mehrere Entwurfsskizzen voraus, auf denen Bildanordnungen, Überschriftvarianten und Seitengliederungen erprobt werden. Bei mehrfarbiger Druckausführung genügen Hinweise an den jeweiligen in Farbe zu stellenden Elementen. Die Farbangaben sind genau anhand der Farbkataloge zu formulieren, damit Mißverständnisse ausgeschlossen sind.

Für **Illustrierte** und Modezeitschriften, die im Tiefdruckverfahren teils mehrfarbig hergestellt werden, ist es üblich, das Layout zweifach anzufertigen, wenn nicht modernste Technologien das erübrigen (Helio-Data-Processing-System). Die erste Ausfertigung mit Maßangaben in Millimeter und Angaben über negative Schriften sowie Prozentsätze von Tonflächen und Schriftleisten wird für die Reproduktion und Montage benötigt. Eine zweite Ausfertigung, die genau mit der ersten übereinstimmt, enthält Textumfänge und Satzbreiten in metrischen oder typografischen Maßen; sie ist für die Satzherstellung und die Redaktion notwendig.

Durch den Fotosatz wurde es erforderlich, auch die vorbereitenden Arbeiten für Bücher und Broschüren zu verbessern und zu erweitern. Für Bildbände, reich illustrierte Lehr- und Sachbücher sind Skizzen für Titel- und Doppelseiten (vgl. Abschnitt 6.2.1.2.) vielfach nicht ausreichend. Es wird ein komplettes, verbindliches Layout gefordert, wie es für Zeitschriften dargestellt ist. Teilweise haben diese Layouts den Charakter eines farbigen Entwurfes; es gibt viele Varianten und Kombinationen.

Layouts für **Werbedrucke**, wie Kataloge, umfangreiche Prospekte, dienen neben der Arbeitsvorbereitung häufig auch als Modell des Druckerzeugnisses, das dem Auftraggeber vorgelegt wird. An sie werden weitergehende Anforderungen gestellt, auf die in Abschnitt 6.2.4. »Komplexe Entwürfe« eingegangen werden soll.

6.2.3. Bildvorlagen

Sehr viele Druckerzeugnisse vermitteln Informationen durch Text und Bilder. Beim Anfertigen eines Layouts oder Entwurfes sind in der Regel Bilder als ergänzende Gestaltungsmittel einzubeziehen. Dabei auftretende formale Fragen wurden im Abschnitt 3.3. behandelt. Hier sollen vor allem das Vermessen der Bildvorlagen, die einzelnen Arten und die Forderungen an ihre Beschaffenheit erläutert werden. Im wesentlichen sind, von möglichen Größenveränderungen ausgehend, drei Bildarten beim Gestalten zu unterscheiden: freie künstlerische Illustrationen, technische Zeichnungen und Fotos.

Freie Illustrationen sind unabhängig von den angewendeten grafischen Techniken vom Künstler in einem bestimmten Maßstab angelegt, der eingehalten werden muß. Technische Zeichnungen sollen in Liniendicke und Beschriftung einheitlich wiedergegeben werden. Ihr Reproduktionsmaßstab (in der Regel verkleinert auf 70 %) muß vor der Anfertigung der Reinzeichnung bekannt sein (Standard TGL 0-474 bzw. DIN 474 ist dabei maßgebend), nachträgliche Veränderungen sind kaum möglich. Fotos hingegen sind im Ausschnitt und der Bildgröße variabel, soweit es sich nicht um Reproduktionen von Kunstwerken handelt, die in den Proportionen nicht verändert werden dürfen.

Reproduktionstechnisch werden Strich- und Halbtonvorlagen sowie Aufsichts- und Durchsichtsvorlagen unterschieden. Davon gehen auch die technischen Forderungen aus, die an Vorlagen für die Reproduktion gestellt werden. Sie sind sehr detailliert im Standard TGL 24470 festgelegt, im folgenden sind die wichtigsten an Beispielen aufgezeigt.

6.2.3.1. Forderungen an Bildvorlagen

Von der Vorlagenart unabhängig ist zunächst auf allgemeine Ansprüche an den Zustand der Bildvorlagen hinzuweisen, die einzuhalten sind. Jede Bildvorlage muß unbeschädigt, darf also weder gebrochen, zerkratzt oder verschmiert sein. Sie darf nichts zeigen, was nicht wiedergegeben werden soll. Rückseitige Angaben dürfen nicht durchscheinen oder sich durchdrücken, sie sind mit weichem Bleistift auszuführen. Bildkombinationen oder Textergänzungen müssen eindeutig angegeben sein, Teilbilder sollen gleichen Maßstab und Tonwert aufweisen.
Strichvorlagen in Schwarzweiß sind voll geschwärzt und randscharf auf Papier oder Karton mit einem Weißgrad von mindestens 70 % auszuführen. Die einzelnen Zeichnungselemente müssen so beschaffen sein, daß im Druck die Striche mindestens 0,1 mm und die Zwischenräume mindestens 0,2 mm breit werden. Transparente Zeichenpapiere, die für technische Zeichnungen bevorzugt werden, erfordern einen Schwärzungsunterschied von 1,3 zwischen Zeichnung und Papier.
Strichvorlagen für mehrfarbigen Druck sind nur dann farbig anzulegen, wenn die Farben kräftig genug und mit Farbfiltern einwandfrei zu trennen sind. Für die Reproduktion geeigneter sind getrennte Schwarzweißzeichnungen für jede Farbe, die den bereits genannten Forderungen entsprechen. Angebrachte Paßkreuze sichern den genauen Zusammendruck, eindeutige Farbangaben die gewünschten Farbtöne. Stoßen die farbigen Bildelemente aneinander, so ist eine sogenannte Überfüllung notwendig, damit keine Paßdifferenzen entstehen. Diese Überfüllung wird reproduktionstechnisch ausgeführt. Sie wird erleichtert, wenn die Vorlage, wenn möglich, nur in schwarzweißer Kontur gezeichnet ist, die alle Farbflächen trennt (Bild 6/11).
Halbtonvorlagen in Schwarzweiß können sehr verschiedenen Charakter haben. Fotokopien auf weißem Papier sind vorherrschend. Für sie wird ein scharfes, detailreiches Bild bei feinem Korn und einem Schwärzungsumfang von 1,5 ± 0,3 gefordert. Künstlerische Fotos, die Unschärfe oder geringere Tonwertunterschiede als Gestaltungsmittel aufweisen, sind zulässig. Grafische Arbeiten (gezeichnete oder gemalte) unterliegen nur den allgemeinen Forderungen. Gedruckte Vor-

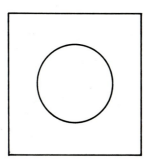

6/11. Reinzeichnung für die mehrfarbige Strichvorlage von Bild 3/5. Die notwendige Überfüllung wird erleichtert, wenn die Vorlage nur als Kontur ausgeführt ist.

lagen, vor allem gerasterte, sind nur nach besonderer Vereinbarung erlaubt.

Die genannten Vorlagearten kommen in der Praxis fast nur als Aufsichtsvorlagen vor. Lediglich Halbtonvorlagen erscheinen gelegentlich als Durchsichtsbilder (Diapositive). Der Schwärzungsumfang, der bei diesen größer ist, soll 1,7 nicht überschreiten.

Halbtonvorlagen in Farbe können sowohl Aufsichts- als auch Durchsichtsvorlagen sein. Außerdem sind gemalte Vorlagen von fotografischen zu unterscheiden. Es gibt viele Techniken, in denen farbige Vorlagen ausgeführt werden können. Die wichtigste Forderung hierzu ist, daß eine Vorlage nicht verschiedene Techniken (wie Aquarell mit Deckweiß) aufweisen darf. Die verschiedene Remission von lasierenden und Deckfarben bereitet erhebliche Schwierigkeiten bei der Reproduktion.

Farbige fotografische Kopien auf weißem Papier müssen farbstichfrei sein und einen Dichteumfang zwischen 1,5 und 2,5 aufweisen. Kolorierte Schwarzweißfotos sind nicht zulässig, da die Silberschwärzung die Farbauszüge verfälscht.

Farbige fotografische Durchsichtsbilder sind die häufigsten farbigen Bildvorlagen. Sie können sowohl als Diapositive mit einem Dichteumfang von maximal 2,8 oder als Negativ (mindestens 0,7) reproduziert werden. Zum Negativ wird ein farbwertrichtiges Vergleichsbild gefordert, um die Farbwiedergabe bewerten zu können. Begrenzungen in der Vergrößerung, insbesondere bei Kleinbild-Diapositiven, sind genau zu beachten.

Sollen die Vorlagen auf dem Scanner reproduziert werden, was bei farbigen Vorlagen die Regel ist, so müssen diese flexibel sein, damit sie auf den Abtastzylinder gespannt werden können. Aufgezogene, montierte Bildvorlagen sind dafür ungeeignet.

6.2.3.2. Bearbeiten und Vermessen der Bildvorlagen

Nicht jede Bildvorlage entspricht den vorstehend genannten Forderungen. Bilder mit Mängeln irgendeiner Art, die nicht durch Retusche behoben werden können, sind zurückzuweisen und, wenn möglich, durch geeignetere zu ersetzen. Retuschen an Aufsichtsvorlagen übernimmt nach der bestehenden Arbeitsteilung nicht der grafische Betrieb, sie führen Retuscheure vor Abgabe der Bildvorlagen aus.

Manuelle Retusche verlangt zeichnerisches Talent und genügend Erfahrung; die Arbeitsgeräte sind Pinsel, Schaber, Graphitstifte und Spritzpistole. Vorwiegend werden schwarzweiße Fotoabzüge durch Retusche

6/12. Foto eines Maschinenteiles, das für die Wiedergabe als Rasterbild ungeeignet ist und retuschiert werden muß

6/13. Das durch Vollretusche völlig überarbeitete Maschinenteil verbessert; drei Arten sind dabei geläufig. Beim **Ausflecken** werden durch Staub und dergleichen verursachte helle Bildflecke mit Farbe abgedeckt. Die **Ausgleichsretusche** ergänzt Tiefen- und Lichterzeichnung, um ausgleichsbedürftige Tonwerte zu korrigieren. Bei **Vollretusche** ist ein Foto mit allen Retuschearten völlig zu bearbeiten, so daß beispielsweise von Maschinen eine ideale, detailgetreue Darstellung entsteht (Bilder 6/12 und 6/13).

Stark retuschierte Bilder sind mit einem Deckblatt zu schützen. Ergänzungen der Bildvorlagen, wie einzukopierende Texte oder Raster, das Freistellen eines Gegenstandes werden auch auf einem abhebbaren, transparenten Deckblatt angegeben. Auf diesem ist der Stand genau zu fixieren, die ergänzenden Elemente sind als getrennte Vorlage beizulegen.

Vorlagen farbiger Halbtonbilder werden heute fast ausnahmslos mit elektronischen Geräten, den Scannern, reproduziert. Diese übernehmen nicht nur die Farbtrennung, sondern auch Farbkorrekturen. Sie können Lichter- und Tiefenzeichnung sowie die Schärfe von Bilddetails verbessern. Auch Bildkombinationen und das Einblenden grafischer Elemente sind auf modernen elektronischen Reprogeräten möglich. Hierzu bedarf es vorbereitend gesonderter Maßskizzen mit genauen Standangaben für die Reproduktion. Das Beraten mit dem Reprofachmann führt bei schwierigen Arbeiten am sichersten zu einem guten Ergebnis.

Bestellangaben für die jeweilige Bildvorlage und gewünschte Korrekturen in der Reproduktion erfolgen auf Anhängern (Allongen), die an das Foto oder bei Diapositiven an die schützende Papierhülle angeklebt werden. Dazu haben sich Vordrucke bewährt, auf denen Auftraggeber, Titel, Seite, Bildnummer sowie alle reprotechnischen Angaben einzutragen sind. Reproduktionsbetriebe haben solche Vordrucke zu sogenannten **Programmfahnen** erweitert, die zusätzliche Angaben aufnehmen und als Organisationsmittel für rationelle Fertigung

6/14. Beispiel einer Programmfahne mit Ausgaben zur Ausführung von Bild 6/10 dieses Buches.

dienen (Bild 6/14). Sie werden von der Vorlagenvorbereitung des Reproduktionsbetriebes ausgefüllt oder ergänzt, falls der Auftraggeber bereits die Vorlagen mit diesen Vordrucken versehen hat.

Für das Kennzeichnen des Verfahrensweges oder für Korrekturvermerke sind **Sinnbilder für die Reproduktion** in Gebrauch, um unverständliche und oft ungenaue Beschreibungen zu ersetzen. In der DDR verbindliche Korrekturzeichen, insbesondere für Andrucke, enthält Standard TGL 26071, Blatt 1; Blatt 2 empfiehlt Reproduktionszeichen. In den übrigen deutschsprachigen Ländern gibt es nur Empfehlungen, z. B. DIN 16549.

Vermessen der Bildvorlagen heißt das Festlegen der erwünschten Größe und des Ausschnittes. Am besten wird damit begonnen, bei allen Bildvorlagen den günstigsten Ausschnitt zu ermitteln und auf der

6.2. Entwurf

Rückseite der Fotos mit weichem Bleistift einzuzeichnen. Dabei können zwei rechte Winkel aus Pappe nützlich sein, die den Ausschnitt auf dem Foto begrenzen und so lange verschoben werden, bis der geeignete Bildausschnitt gefunden ist. Gleichzeitig orientiert man sich dabei über die zu vermessenden Bilder und trifft schon Entscheidungen über die möglichen Bildgrößen, die sich aus Spalteneinteilung oder anderen kompositionellen Gründen ergeben. Abfallende, über den Rand geführte Bilder bedürfen mindestens 3 mm Beschnitt, der beim Festlegen des Ausschnittes hinzugerechnet wird. Für Bilder, die über den Bund laufen sollen, eignen sich nicht alle Motive. Der Falz darf bildwichtige Teile nicht zerschneiden; um Falzdifferenzen auszuschalten, sind solche Bilder möglichst in der Bogenmitte anzuordnen.

Das Vermessen der Bilder erleichtern Taschenrechner oder Rechenscheibe erheblich. Zunächst notiert man sich die Maße des gewählten Ausschnittes. Darunter wird beispielsweise die Breite vermerkt, die das Bild erhalten soll:

Vorlage   Breite 120 mm   Höhe 180 mm

Druckbild   Breite 54 mm   Höhe ? mm

Durch Dreisatzrechnung (Produktgleichung) ist dann rasch festgestellt, welche Höhe das Bild erhält. In unserem Beispiel beträgt sie 81 mm. Gleichzeitig kann an der Rechenscheibe am Beginn der Skale der Verkleinerungsmaßstab abgelesen werden; in diesem Falle ist er 45 %.

Kann das Bild in den errechneten Abmessungen nicht in das Layout eingeordnet werden, ist die Proportion des Ausschnittes zu verändern. In dem Falle wird von der notwendigen Höhe des Bildes ausgegangen und die Breite des Vorlageausschnittes errechnet. Beispiel:

Druckbild   Höhe 83 mm   Breite 54 mm

Vorlage   Höhe 180 mm   Breite ? mm

Die der Proportionsänderung entsprechende Breite des Vorlageausschnittes ist 117 mm. Der auf der Rückseite des Fotos eingezeichnete Ausschnitt ist danach zu korrigieren. Ausgangspunkt für das Errechnen der Bildhöhe können auch die Satzkolumne oder eine Textgruppe sein. Dabei ist die Zeilenzahl mit dem Filmtransport in Millimetern (Schriftgröße, vgl. Tabelle 4) zu multiplizieren. Die erste Zeile jedoch wird nur in Versalhöhe berechnet, da sonst das Bild zu groß erscheint. Um bei der Reproduktion Irrtümer auszuschließen, ist neben den Größenangaben in Millimetern der Reproduktionsmaßstab auf der Programmfahne anzugeben (z. B. Vergrößerung 130 %; Verkleinerung 45 %).

6.2.4. Komplexe Entwürfe

Verschiedene typografische Gestaltungsaufgaben erfordern weitgehende und aufwendige Entwurfsarbeit, weil neben der Arbeitsvorbereitung für das Druckerzeugnis auch ein in Form und Farbe verbindliches Modell für den Kunden entstehen soll. Solche durch Ideenskizzen gründlich vorbereiteten farbigen Entwürfe sind bei Werbedrucken, Katalogen, Buch-, Broschüren- und Zeitschriftenumschlägen erforderlich, die oft in mehreren Ausführungsvarianten vom Auftraggeber zu begutachten sind. Bei der Ausführung können einzelne Techniken kombiniert werden. Manchmal genügt es, eine Titelseite farbig komplett darzustellen und den ein- oder zweifarbigen Innenteil in Layoutform zu skizzieren, um Zeit und Kosten zu sparen.

Heute erledigen fast ausschließlich Werbeateliers und freischaffende Grafiker diese Entwurfsaufträge. Sie sind so vielgestaltig, daß sie hier nicht umfassend behandelt werden können. Es sollen einige Hinweise auf Verfahrensweisen folgen, die Typografen bekannt sein müssen.

Sind auf Entwürfen **farbige Schriften und Linien** darzustellen, kann das allgemein mit den bereits genannten Kugelschreibern, Faser- oder Farbstiften geschehen. Soll ein bestimmter Farbton vorgestellt werden, ist dies nur mit Deckfarben und Pinsel möglich. Als Farben eignen sich wasserlösliche Tempera- oder Guaschfarben. Sie hellen beim Trocknen auf und sind danach wischfest. Lasierende Aquarellfarben können nicht verwendet werden. Als Pinsel zum Schriftskizzieren ist ein Rundpinsel mit sehr feiner Spitze notwendig. Mit ihm lassen sich in der Strich-neben-Strich-Technik alle charakteristischen Details der Schriften ausführen. Das Vorzeichnen einer Grundlinie oder der Mittellängen mit spitzem hartem Bleistift ist angebracht. Sollen Linien mit Farbe ausgeführt werden, ist dazu die Reißfeder zu verwenden.

Für **farbige Flächen** gibt es beim Entwurf verschiedene Wege. Sie können mit **Deckfarbe** angelegt werden. Dazu wird mit der Reißfeder die Kontur exakt gezogen und die Fläche mit dem Pinsel gleichmäßig dick ausgemalt. Damit kann jeder Farbton durch Mischen dargestellt werden. Es gehört Übung dazu, eine gleichmäßig gefärbte Fläche zu erreichen; Beimischen von Deckweiß erleichtert dies. Kräftiger Zeichenkarton oder besser auf Pappe kaschiertes Zeichenpapier ist für solche Entwürfe erforderlich, damit sie sich nicht verwerfen.

Einfacher sind **Farbmusterblätter** für Flächen zu verwenden. Sind gedruckte Farbflächen im gewünschten Farbton nicht verfügbar, kann man diese mit einer Handwalze durch direkten Farbauftrag auf Papier selbst herstellen. Die Fläche ist rechtwinklig auszuschneiden und die Kanten mit wasserfreiem Klebstoff anzukleben.

Vorteilhaft sind selbstklebende, durchsichtige Farbfolien. Sie lassen sich nach dem Zuschneiden und dem Abziehen des Schutzblattes über skizzierte Schrift kleben, die dann schwarz auf der farbigen Fläche erscheint.

Zur farbigen Ausführung komplexer Entwürfe können auch **farbige Anreibebuchstaben** nützlich sein. Dazu ist unbedingt eine Hilfslinie mit Bleistift zu ziehen. Im optisch einheitlichen Abstand sind die einzelnen Buchstaben genau senkrecht darauf anzuordnen. Das Abreiben erfolgt mit stumpfem Gegenstand, ein Festreiben der fertigen Zeile nach Auflegen eines Schutzblattes ist empfehlenswert.

Anspruchsvolle Entwürfe können mit Hilfe der Fotosetztechnik als textgerechte Klebeskizze angefertigt werden. Insbesondere bei negativen Schriften größeren Umfanges, die nicht mit Deckweiß und Pinsel zu skizzieren sind, vermittelt diese Methode den besseren Eindruck.

Das motivähnliche **Skizzieren von Bildern** mit Farbe und Pinsel erfordert zeichnerisches Talent und viel Mühe. Einfacher ist es, tonwertähnliche Ausschnitte aus gedruckten Bildern – auch bei mehrfarbigen – in den Entwurf einzukleben. Durch Fotokopien der Originalbilder oder simulierte Farbbilder der Reproduktionen, sogenannten Proofs, läßt sich die Originalnähe des Entwurfes erheblich verbessern, wenn die nicht geringen Mehrkosten gedeckt werden können.

Literaturverzeichnis

1. Altmeister der Druckschrift. Frankfurt a.M.: Schriftgießerei D. Stempel AG, 1940
2. Ausgewählte Aufsätze über Fragen der Gestalt des Buches und der Typographie/ *Tschichold, J.* – Basel: Birkhäuser Verlag, 1975
3. Buchgestaltung/*Kapr, A.* – Dresden: VEB Verlag der Kunst, 1963
4. Buchkunde/*Funke, F.* – Leipzig: VEB Bibliographisches Institut, 1972
5. Das Sehen, Bd. 2/*Schober, H.* – Leipzig: VEB Fachbuchverlag, 1964
6. Das Setzerlehrbuch/*Käufer, J.* – Stuttgart: Otto Blersch Verlag, 1956
7. Das Phänomen Farbe/*Gericke, L.; Schöne, K.* – Berlin: Henschelverlag, 1970
8. Der Druckspiegel: Fachzeitschrift. Stuttgart: Druckspiegel-Fachzeitschriften-Verlags-GmbH
9. Der Große Duden: 18. Neubearbeitung. Leipzig: VEB Bibliographisches Institut, 1985
10. Der Mensch und seine Zeichen: Bd. 1–3/ *Frutiger, A.* – Echzell: Horst Heiderhoff Verlag, 1978–1981
11. Der Schriftsetzer/*Fritzsche, P.* – Leipzig: VEB Fachbuchverlag, 1968
12. Die Kunst der Typographie/*Renner, P.* – Berlin: Verlag des Druckhauses Tempelhof, 1948
13. Digitale Schriften: Verzeichnis der Linotype GmbH, 1984
14. Elementare Typographie: Beitragsfolge 1 bis 17/*Bergner, W.; Küster, V.* – In: Papier und Druck. – Leipzig 1976–1984
15. Fotosatz, Moderne Textherstellung/ *Heise, L.* – Leipzig: VEB Fachbuchverlag, 1988
16. Gestalt und Funktion der Typografie/*Kapr, A.; Schiller, W.* – Leipzig: VEB Fachbuchverlag, 1977
17. Größe und Grenzen der Typographie/*Rodenberg, J.* – Stuttgart: Poeschel Verlag, 1959
18. Hundertundein Sätze zur Buchgestaltung/ *Kapr, A.* – Leipzig: VEB Fachbuchverlag, 1973
19. Information I und II/*Völz, H.* – Berlin: Akademie-Verlag, 1982, 1983
20. Informationen übertragen und drucken/ *Baufeldt, U., u. a.* – Itzehoe: Verlag Beruf + Schule, 1985
21. Information und Verhalten/*Klix, F.* – VEB Deutscher Verlag der Wissenschaften, 1971
22. Klassifikation: Bemühungen um eine Ordnung im Druckschriftenbestand/*Schauer, G. K.* – Studienprojekt der Fachrichtung »Graphisches Gewerbe« der Technischen Hochschule Darmstadt, 1975
23. Kompendium für Alphabeten/*Gerstner, K.* – Teufen: Verlag Arthur Niggli Ltd., 1972
24. Legibility of printed text/*Zachrisson, B.* – Uppsala: Almquist & Wiksells Boktryckeri AB, 1965
25. Lehrbuch der Druckindustrie: Bd. 4, Satzherstellung, Textverarbeitung/*Zeitvogel, W.; Siemoneit, M.* Frankfurt a.M.: Polygraph Verlag GmbH, 1979
26. Lexikon der grafischen Technik: 7. Aufl. – Leipzig: VEB Fachbuchverlag, 1986
27. Lexikon der Kunst: Bd. 1–5. – Leipzig: VEB E. A. Seemann Verlag, 1968–1978
28. Papier und Druck: Fachzeitschrift. – Leipzig: VEB Fachbuchverlag
29. Prospekt der H. Berthold AG, Berlin, 1984
30. Prospekt der Fa. Dr.-Ing. Rudolf Hell GmbH, Kiel, 1984
31. Rudolf Koch der Schreiber/*Haupt, G.* – Leipzig: Insel-Verlag, 1936
32. Schriftkunst/*Kapr, A.* – Dresden: VEB Verlag der Kunst, 1971
33. Tabellensatz: Fachtechnische Schriftenreihe der Industriegewerkschaft Druck und Papier, H. 11/*Fiebig, D.* – Stuttgart 1971
34. Technische Grundlagen der Satzherstellung/ *Bossard, H. R.* – Bern: Verlag des Bildungsverbandes der Schweizer Typographen, 1980
35. Typoart-Fotosatzschriften: Katalog mit Vorwort. – Dresden, 1987
36. Typographie/*Ruder, E.* – Teufen: Verlag Arthur Niggli Ltd., 1967
37. Typographische Grundlagen/*Rüegg, R.; Fröhlich, G.* – Zürich: ABC-Verlag, 1972
38. Typografische Layouttechnik: Fachtechnische Schriftenreihe der Industriegewerkschaft Druck und Papier, H. 14/*Scheler, E.* – Stuttgart, 1972
39. Typografie neu/*Luidl, Ph.* – Stuttgart: Verlag W. Kohlhammer, 1971
40. Über das Registermachen/*Kunze, H.* – Leipzig: VEB Bibliographisches Institut, 1964
41. Vom Felsbild zum Alphabet/*Földes-Papp, K.* – Dresden: VEB Verlag der Kunst, 1970
42. Vorlesungen zur marxistisch-leninistischen Ästhetik/*Kagan, M.* – Berlin: Dietz Verlag, 1975
43. Zur Stilgeschichte der Druckschriften/ *Zapf, H.* In: Imprimatur, Bd. 10, 1950/1951, S. 83–108

Ausgewählte Normen für Typografen

Norm	Bezeichnung
DIN 476	Papierformate
DIN 676	Briefblatt
DIN 679	Postkarte
DIN 1338	Formelschreibweise und Formelsatz
DIN 1421	Gliederung und Benummerung in Texten
DIN 1422, Teil 1	Gestaltung von Manuskripten und Typoskripten
DIN 1422, Teil 2	Gestaltung von Reinschriften für reprografische Zwecke
DIN 1422, Teil 3	Typografische Gestaltung
DIN 1429	Titelblätter und Einbandbeschriftung von Büchern
DIN 1430	Internationale Standardnummer für Fortlaufende Sammelwerke (ISSN)
DIN 1462	Internationales Standardbuchnummern-System (ISBN)
DIN 1501	Zeitschriften, Ordnungsmerkmale auf dem äußeren Umschlag
DIN 1503	Gestaltung von wissenschaftlichen Zeitschriften und Fachzeitschriften
DIN 5007	Regeln für die alphabetische Ordnung
DIN 16500	Drucktechnik, Grundbegriffe
DIN 16507	Typografische Maße
DIN 16511	Korrekturzeichen
DIN 16515	Farbbegriffe Drucktechnik
DIN 16517	Schriftmuster-Karteikarte
DIN 16518	Klassifikation der Schriften
DIN 16549, Teil 1	Sinnbilder für Reproduktionstechnik, Korrekturzeichen
DIN 16604	Zeitungen
DIN 31630	Registererstellung

Sachwortverzeichnis

Vom Schlagwort abhängige Begriffe sind als Unterschlagwörter angegeben, Erläuterungen wurden in Klammern gesetzt. Nach den Seitenzahlen ist auf entsprechende Bilder (z. B. 5/10) und Tabellen (z. B. Tab. 4) verwiesen.

A

Abbreviaturen (Abkürzungen) 15
Absätze 149, 5/10, 5/11
Abschnittsnumerierung s. Zehnernummerierung (TGL 37 103)
Abstufung des Schriftbildes s. Schriftbild
Alineazeichen 98, 150, 3/24
Alvise, Giovanni und Alberta 99
Anfangsbuchstabe s. Initiale
Anfangsseite 156, 5/16, 5/17
Anhang 161
Anmutungsqualität (Druckschrift) 68
   Polaritätsprofil 69
   Psychogramm 69, 2/59
Anreibebuchstaben 223
Anzeigen 183
   Fotosatz 183, 5/51
   Größen (TGL 11509/04, TGL 24467/03) 183
   Zeitschriften 184, 5/52–5/54
   Zeitungen 184, 5/55–5/56
Applizieren (Schrift) 75
Arbeitsvorbereitung 12, 204, 218
Asymmetrie 129, 4/44, 5/18 bis 5/20
   Dramensatz 176, 5/37
   Gleichgewicht 130, 4/45
   Kombination mit Symmetrie 130, 4/46
   Textstruktur 130, 4/44
Auflösungsfeinheit (Schrift) 40, 41, 2/20, Tab. 6 und 7
Ausdruckswerte der Fläche 110

Proportionen 15, 110, 4/1 bis 4/4
Proportionsgefühl 113
Ausgangsseite 157
Ausgangszeile 150
Ausgleichstäuschungen s. Kontrasttäuschungen
Ausschießen (der Seiten) 74
   Schemata 73, 2/63a, b
Ausschließkeile 32, 144
Ausschließmatrizen 144
Ausschließregeln (TGL 10-081/01) 32, 144
Ausstanzen (Schrift) 75
Auszeichnungen der Grundschrift 147, 5/8, 5/9
Auszeichnungsarten 5/8, 5/9
   Halbfette 148
   Kapitälchen 147
   Kursiv 147
   Sperren 149
   Unterstreichen 149
   Versalien 148
Automatisierung der Satzherstellung 24
Axialer Satz s. zentrierter Satz

B

Baskerville, John 54
Bearbeiten der Bildvorlagen 220
   Ausflecken 220
   Ausgleichsretusche 220
   Bestellangaben 221
   manuelle Retusche 220
   Programmfahne 221, 6/14
   Vollretusche 220, 6/12, 6/13
Befehle 36
   Befehlsketten 36
   Satzbefehle 36, 2/13
Belletristische Literatur 142, 5/17
Beschichtete Werkstoffe 74
Besuchskarten 197, 5/72, 5/73
Bezugspunkte (Fotosatz) 215, 6/8
Bibel, 42zeilige 15, 1/4, 1/5
Bilder 101
   und Schrift als Einheit 102
   s. a. Merkmale zur Bildeinordnung
   Sachdarstellungen 103, 3/42
Bildkataloge 170, 5/30–5/32
Bildschirmarbeitsplätze 35
   Cursor 35
   Darstellungsbildschirm 35
   Gestaltungsbildschirm 35
   Scrollen 35

Bildvorlagen 218, 220
   Fotos 218
   Illustrationen 218
   Zeichnungen, technische 218
Blickfang s. a. Hervorhebungen und Sonderzeichen typografische 195
   Zeichen, Symbole 101, 3/38, 3/39
Blindmaterial 28, 2/6
   Ausschluß 31
   Hohlstege 31
   Quadraten 31
   Regletten 31
Blindprägen (Schrift) 75
Blockbücher 13, 102, 3/41
Blocksatz s. gleichlange Zeilen
Bodoni, Giambattista 57
Brecht, Bertolt 115
Breitbahn s. Papier
Briefblätter (TGL 6699) 193, 5/67, 5/68
Broschürenumschläge 163
Bucheinband 163, 5/21–5/24
Bücher, Broschüren 151, 155, 158
Buchformat (TGL 3282) 151
Buchstabengrundform 48
Buchstabenschrift 47
Buchumschlag 189, 5/61–5/66
   Bilder 189, 5/61
   Fotosatz 193, 5/66
   Ornament 192, 5/65
   Schreibkunst 191, 5/62
Bundsteg 152, 2/63

C

Caslon, William 54
Copyright s. Impressum
CRT-Belichtungstechnik 39, 2/17

D

Dachzeilen s. Obertitel
Datenträger, maschinenlesbare 35
   Disketten 35, 204
   Lochbänder 33, 34, 204
   Magnetplatten 35
Dedikationstitel s. Widmung
Dicke s. Laufweite
Didaktische Zeichen s. Sonderzeichen
Diplome (Adressen) 202, 5/82
Diskus von Phaistos 12, 1/1

Doppeltitel 160, 5/17
　Bandtitel 160
　Sammeltitel 160
Dramensatz 175, 3/12, 5/37
Drucken 12
　Erfindung 13
　Gegensatz zu Schreiben 18, 1/8–1/10
　Geschichte 13
Druckschrift 18
　Formausdruck 20, 47, 2/27
　Formmerkmale (Stil) 65, 69
　Formwandel 50
　Geschichte s. Historische Druckschriften
　Gestaltungsprinzip 70
Drucktypen (Lettern) 28, 2/3, 2/9
　Kegel 28
　Schrifthöhe 28
Druckverfahren 44
　Durchdruck (Siebdruck) 46, 2/26
　Hochdruck, Buchdruck, Flexodruck 44, 2/23
　Offsetdruck 45, 2/24
　Tiefdruck 46, 2/25
Durchleuchtungsprinzip 37
Durchschuß s. Zeilenabstand

E

Einfall, spontaner 110
Einheitensysteme 27, Tab. 5–7
　Einheit 27
　Set 27
　Setmaß 27, 2/1
Einladungen 199, 5/77–5/79
Einleitung 158, 161
Einzug 150, 5/10
Engels, Friedrich 118
Entwerfen 110
Entwurf 212, 218
　Komplexer Entwurf 222
　Kundenentwurf 222
　Methoden (Grundsatz) 212

F

Fachbücher 142, 151, 153, 5/15, 5/19, 5/22
Falzarten 74, 2/62 a–f
Farbe 86, 185, 189, 198
　Farbentheorie 86
　Farbtonkreis 86
　Grauskala 88, 3/1
　Hauptgruppen 88

Komplementärkontrast 88, 3/5
Simultankontrast 87, 3/3
Skuzessivkontrast 88, 3/4
und Drucktechnik 93
Übereinanderdruck 94, 3/15–3/17
Farbfolien 223
Farbmusterblätter 223
Farbschnitt 163
Farbwirkungen 88
　Hell-Dunkel-Kontrast 88, 3/10–3/12
　Leuchtend-Stumpf-Kontrast 90, 3/14
　Mengenkontrast 88, 3/6–3/9
　Warm-Kalt-Kontrast 88, 3/13
Fertigungsablauf, technologischer (TGL 29451) 204
　Fahnenumbruch 204
　Sofortumbruch 204
Figur-Grund-Beziehungen 115, 125
　Gegenform (Buchstaben) 117, 4/21
　Harmonie 115, 4/17, 4/18
　Leere Fläche (Wert) 117, 4/19, 4/20
Figur-Grund-Gliederung 75
　Figur 76
　Gestalt 76
　Grund 76
Fläche (Druckträger) 71
Flächengestaltung 75
Flattersatz 146
　linksbündig 5/6
　rechtsbündig 5/5
Forderungen an Bildvorlagen 219
　Halbtonvorlagen, mehrfarbig 220
　Halbtonvorlagen, schwarzweiß 219
　Strichvorlagen, mehrfarbig 219, 6/11
　Strichvorlagen, schwarzweiß 219
　für Scanner 220
Formulare (TGL 7444) 179, 5/43, Tab. 10
Fotobildbände 170, 5/31, 5/32
Fotosatz 34, 37
　Fotosetzmaschinen 37, Tab. 5–7
　Wirkprinzipe 37, 39, 41
Fotosatzsysteme 42 (Tab. 6 und 7)
　integrierte 42

Kompaktsysteme (Einplatzsystem) 42
Verbundsystem (Mehrplatzsystem) 42
Fournier, Pierre 55, 98
Freie Komposition 135
　Formenvielfalt 137, 4/57–4/62
　Frühform 135, 4/55, 4/56
Fußnoten 153, 5/12

G

Garamond, Claude 54
Geburtsanzeigen 197
Gedichtsatz 174, 5/35, 5/36
Gegenform s. Figur-Grund-Beziehungen
Geschäftsdrucksachen 193
Gesellschaftliche Drucksachen 199
Gestalteinheit 158
　höherer Grad 158
　niedriger Grad 158
Gestaltfaktoren 76
　Erfahrung 80, 2/82–2/85
　Geschlossenheit 76, 2/69 bis 2/73
　Gleichheit 76, 2/66–2/68
　Nähe 80, 2/74–2/77
　Symmetrie 80, 2/78–2/81
Gestaltungsprinzip 110, 157
　Asymmetrie 129, 157, 4/44 bis 4/46
　Freie Komposition 135, 4/55 bis 4/62
　Kontrast 118, 4/24–4/29
　Rasternetze 132, 4/47–4/54
　Rhythmus 119, 4/33–4/35
　Symmetrie 128, 4/41–4/43
Glatter Satz (Mengensatz) 142
Gleichlange Zeilen 145, 5/4
Gliederung (Kapitel) 155
　Vorschlag 156, 5/16, 5/17
Grafem s. Zeichengestalt
Grandjean, Philipp 55
Griffo, Francesco 51
Großbuchstaben (Majuskel, Versalien) 49
Grundschrift 158, 166, 167, 180, 182, 199, 202
Gutenberg, Johannes 13, 15, 24, 110

H

Halbtonvorlagen s. Forderungen an Bildvorlagen

Handfotosatzgeräte (Titelsetzgeräte) 37, Tab. 5
Handsatz 24, 28, 1/3, 2/9
Handschriften 17, 18, 19
Hardware 36
Haupttitel 158, 160, 5/17–5/20
Hervorhebungen, kräftige 181, 195
   Abweichende Schriftgröße 195
   Andere Schriftarten 195
   Farbe 88, 196
   Freistellen 195
   Gestürzte Zeilen 196
   Großbuchstaben 143, 195, 5/1
   Linien 196
   Negative Schrift 196
   Schrägstellen 196
   Spezielle Zeichen 100, 196, 3/39
Historische Druckschriften 51
   Baskerville-Antiqua 55, 2/45
   Bodoni-Antiqua 55, 2/49
   Caslon-Antiqua 54, 2/46
   Didot-Antiqua 57, 2/47
   Eckmann-Schrift 62, 2/54
   Fournier-Antiqua 55, 2/48
   Fraktur 51, 2/37
   Garamond-Antiqua 54, 2/42
   Holländische Antiqua 54, 2/41
   Jenson-Antiqua 51, 2/39
   Kursiv, erste 51, 2/42
   Poliphilius-Antiqua 51, 2/40
   Romain du Roi 55, 2/44
   Rotunda 51, 2/36
   Schreibschrift 62, 2/53
   Schwabacher 51, 2/38
   Serifenbetonte Linear-Antiqua 60, 2/52
   Serifenlose Linear-Antiqua 60, 2/51
   Textura 51, 2/35
   Walbaum-Antiqua 57, 2/50
Historische Schmuckformen 95
   Aldusblatt 97, 3/24
   Arabesken 98, 3/25
   Bordüren 98, 3/19
   Fournier-Ornamente 98, 3/30
   Geometrische Ornamente 98, 3/28, 3/29
   Maiglöckchenornament 97, 98, 3/18
   Maureske 98, 3/26
   Rokokoformen 98, 3/27
Holztafeldruck 13, 3/41
Hurenkind 155

I

Impressum 161
Information
   Informationstechnik 17
   Informationstheorie 18
   Übertragungsprozeß 35
   Verarbeitungsprozeß 35
Informationen, nonverbale 142, 151
Inhaltsverzeichnis 158, 161, 176, 5/20, 5/38
Initiale 99, 156, 3/9, 3/18, 3/19
   Kasseteninitiale 99, 3/36
   Stand in der Kolumne 99, 3/34, 3/35
   Verzierte Versalien 90, 3/37
ISBN s. Standardbuchnummer

J

Jenson, Nicolaus 51

K

Kalligraphie 19, 20, 191, 1/8, 4/25, 5/62
Kapitalband 163
Kapitel s. Gliederung
Karteikarten 73, 179
Karton 71, 73
Katodenstrahl-Belichtungsverfahren 39, 2/17, 2/18
Kis, Nicolaus 54
Klarsichtfolie 74
Klassifikation (Druckschriften) 62, Tab. 8, hinteres Vorsatz
   Gruppe I Gotische Schriften 65
   Gruppe II Renaissance-Schriften 66
   Gruppe III Barock-Schriften 66
   Gruppe IV Klassizistische Schriften 66
   Gruppe V Serifenbetonte Schriften 66
   Gruppe VI Serifenlose Schriften 67
   Gruppe VII Antiqua-Varianten 67
   Gruppe VIII Lateinische Schreibschriften 67
Klebstoffe 215
Klee, Paul 122
Kleinbuchstaben (Minuskel, Gemeine) 49

Kolonnen, mehrere 177
Kolumne s. Seite
Kolumnentitel (Seitentitel)
   lebender 153, 4/38, 5/12
   toter s. Seitenzahl
Kommunikationsmittel 17, 142
Komplexe Entwürfe 222
   Bilder (Proofs) 223
   farbige Flächen 223
   farbige Schrift, Linien 223
Komplexe Gestaltung 173, 5/34
   Werbelinie, einheitliche 173, 5/53, 5/60, 5/67, 5/69–5/71, 5/73
Komposition 124
   Gestaltungsachsen 125, 4/38
   Gleichgewicht 125, 4/38
   optischer Eindruck 128, 4/39, 4/40, Tab. 9
   Spannung 125, 4/39
Kompresser Satz s. Zeilenabstand
Kontrast 118
   Gegensatzpaare (Bedeutung) 118
   in Kompositionen 118, 4/24 bis 4/29
   in Schriftformen 118, 4/22, 4/23
Kopfsteg 152, 2/63
Kopien, elektrostatische 36
Korea 13
Korrekturbelege 206
   Druckerbelege 206, 6/2
   Kopien 36
   Lichtpausen 36

L

Laserstrahl-Belichtungsverfahren 41, 2/22
Laufweite der Schrift 27, 192, 2/2, 2/10
   Dickte 27, 33, 34
   Laufweitenkennzahl 207
   Laufweitentabellen 207
Lautzeichen (Phonem) 17, 24, 48
Layout 216
   Illustrierte 218
   Klebeumbruch 218
   Sofortumbruch 217, 6/10
   Werbedrucke 218
   Zeitschriften 216
Le Corbusier, Charles 112
Lehrbücher 140, 154, 5/13
Lesbarkeit 20, 21
   Bedingungen 21, 74

Bedruckstoff (Beschaffenheit) 74
  Faktoren 21
  Lesergruppen 21
  Lesevorgang 20, 1/11
  Merkmale guter 21, Tab. 1
Leseband 163
Lesen 20
  fließendes 20
  informierendes 20
Lexika 142, 157
Lichtpausen 36
Ligaturen 17, 2/34
Linien 95
  Linienbilder 96, 3/20–3/22
  Linienkombinationen 96, 2/47–2/49
  Wirkungen auf Flächen 114, 4/11–4/14
Literaturverzeichnis 161, 177

M

Magazin-Matrizen 33, 2/8, 2/9
Makrostruktur (Text) 149
Manuskript (TGL 6710/01) 204
  Korrekturen, handschriftliche 205
  Rechtschreibung 207
  Satzteile, abweichende 207, 208
Manuskriptauszeichnen 208
  Fotosatz 209
  Korrekturen 205
  standardgerecht (TGL 6710/01) 209
  Tabellen 209
Manuskriptberechnen 207
  absatzweise 208
  Laufweitenkennzahl 207
  Rechenhilfen 208
  Umfang (Formel) 207
Manuskriptformen 205
  gedruckte 205
  Klarschriften 206, 6/2
  maschinengeschriebene 205
  maschinenlesbare 206
  OCR-B-Schrift 206, 6/3
  satzidentische 205, 6/1
  Wörterbücher 205
Manutius, Aldus 51
Marginalien 153, 4/38
Maschinensatz 24, 32
  Einzelbuchstaben 33, 2/11
  Zeilenguß 32, 2/8, 2/9
Maßskizzen s. Skizzen
Maßsysteme, typografische 24, Tab. 2 und 3

Didot-System 25
Pica-System 25
Matrixdrucker 36
Medien 18
  elektronische 18
  gedruckte 18
  Merkmale der Bildeinordnung 103
  Bildumriß 107, 3/45, 3/47, 3/50
  Gesamtcharakter 106, 3/46, 3/49
  Grauwert 103, 3/43–3/46
  Struktur 105, 3/45, 3/47, 3/48
Mikrostruktur (Text) 147
Mittelachse s. zentrierter Satz
Modellgrad 28
Modifikation der Schrift 40, 143, 2/21
Motto 158, 161

N

Neujahrswünsche 198, 5/75, 5/76

O

Obertitel (Dachzeilen) 157
Off-line-Betrieb 35
On-line-Betrieb 35
Optische Täuschungen 80
  Irradiation 80, 2/86–2/91
  Kontrasttäuschungen 81, 2/92–2/99
  Überbewertung vertikaler Linien 82, 2/101–2/104
Ordnungsprinzip s. Gestaltungsprinzipien
Ornamente s. Schmuck, historische s. historische Schmuckformen

P

Pagina s. Seitenzahl
Papier 71
  Eigenschaften 71, 74
  Farbe 74
  Laufrichtung 73, 2/61
  Sorten 71
Papierformate (TGL 3282) 151
Pappe 71
Periphere Einheiten 35, 42
Phantasie 110

Phonem s. Lautzeichen
Pi-sheng 13, 1/2
Plakate 181
  Formate (TGL 18068) 182
  Fotosatz 170, 5/47–5/50
  Handsatz 182, 5/45, 5/46
Plaste (Bedruckstoff) 74
Privatdrucksachen 197, 5/72, 5/76
Programme (Druckerzeugnis) 199, 5/80, 5/81
Programme (Satz) 36, 144, 147
  Ästhetik 36, 144, 2/12
  Betriebssystem 36
  Nutzer 36
Proportionen s. Ausdruckswerte der Fläche
Proportionslehren 110
  Goldener Schnitt 110, 4/5
  Handschriftenkanon 110, 4/4
  Modulor 112, 4/7
  Standard-Papierformat 111, 4/6
Prospekte 195, 5/69–5/71
Punkt, typografischer 25, Tab. 2, 3 und 4
  Cicero 25
  Konkordanz 25

Q

Querformat 170

R

Rahmen-Matrize 33, 2/11
Randbemerkungen s. Marginalien
Rasternetze 132
  betonte 133, 4/52, 4/53
  Einteilung 132
  variable 133, 4/49–4/51
Ratolt, Erhard 98
Rauhsatz 146, 5/5, 5/6, 5/10
Redigieren, technisch s. Manuskriptauszeichnen
Register 161, 177, 5/39
Reihenanordnung 173, 176
Retusche s. Bearbeiten der Bildvorlagen
Rhythmus 122
  Bewegungsablauf (Wert) 122
  im Formgefüge 123, 4/32 bis 4/35
  im Schriftbild 122, 4/30, 4/31
Rubriken s. Überschriften
Rückenzeile (Einband) 163

S

Satzanweisung 208
    Matrix, Checkliste 209
    Umbruchanweisung 212
    Umbruchvariablen 212
    Vordruck (TGL 28997) 212, 6/4
Satzbreite 144
Satzprogramme s. Programme
Satzspiegel (TGL 7293) 151, 3/38, 5/10, 5/13
    variabler 155, 5/14
Scanlinien 40, 41, 2/17, 2/18, 2/20
Schlußkolumne s. Ausgangsseite
Schmalbahn s. Papier
Schmuck 95
    Frühdrucke 95, 3/18, 3/19, 3/23
    historischer s. historische Schmuckformen
    Reihenornamente 99, 3/31
    Typenmaterial 99, 3/32, 3/33
Schmutztitel 158, 5/17
Schöffer, Peter 97
Schreibwerkzeuge 19, 48
Schrift 17, 24
    Bildzeichen 18
    Chinesische 18, 1/7
    Deutzeichen 18
    Geschichte 18, 48, 2/28 bis 2/31
    Kulturgut 17
    Systeme 18
    technisches Arbeitsmittel 24
Schriftarten, historische 48
    Humanistische Minuskel 48, 2/31
    Kapitalis 48, 2/28, 2/29
    Karolingische Minuskel 48, 2/30
Schriftbild 47, 48
    Abstufung 28, 2/4
    ausgeglichenes 28
    Detailbezeichnungen 64, 2/55
Schriftfamilie 68, 2/57, 2/58
Schriftgrade 28, 2/4, 2/5
Schriftkasten 32, 2/7
Schriftlinie 28
Schriftmanipulationen 37, 2/16
Schriftmischen 69, 2/60
Schriftschnitte 67, 2/57, 2/58
Schriftwahl 68, 142, 166, 167, 173, 180, 188
Seite (Gliedern) 149, 151, 155
    Gestaltung 151
    variabler Satzspiegel s. Satzspiegel
Seitenzahl 152, 5/10, 5/12
Setzleistung (Zeichen/h)
    Einzelbuchstaben-Maschinensatz 34
    Fotosatz 37, 39, Tab. 5–7
    Handsatz 32
    Zeilenguß-Maschinensatz 33
Setztechnik (Entwicklung) 24
Skizze 212
    Ideenskizze 212, 6/5
    Kundenskizze 212, 6/6
    Maßskizze 213, 215, 6/8
    Satzskizze 212
    Symbole 213, 215, 6/9, 6/10
Skizziertechniken 214
    Klebeskizze 214, 215, 6/7
    Linienbänder 214, 616
    schreibend Skizzieren 214, 615
    Strich-neben-Strich-Technik 214, 6/6
Software 36
Sonderzeichen 100, 3/39
    didaktische Zeichen 101, 3/38
    geometrische Grundformen 100
    Symbole 101, 3/39
Spalte 145, 152
Spaltenlinie 152
Spationieren s. Auszeichnungsarten
Spitzkolumne s. Ausgangsseite
Spitzmarke 156, 157, 5/12
Sprechsituation 142
Standardbuchnummer, Internationale 161
Stempel 13
Strichvorlagen s. Forderungen an Bildvorlagen
Symmetrie 128, 129, 4/41–4/43
    Spiegelsymmetrie 128, 2/81
    translative Symmetrie 128, 4/41
    Zentralsymmetrie 128, 4/42

T

Tabellen 178, 179
    Grundform 178, 5/41
    individuelle Formen 179, 5/42
    Linien (TGL 10-081/01) 179
Tafelwerke (Kunstbände) 170, 5/30–5/32
Taster 34
Textausgabe 35, 36
Texterfassung 35
Texterfassungsgeräte 35
    Fernschreiber, 3-Register- 35
    Lesemaschinen (OCR) 35
    Perforatoren 35
    Schreibmaschine, elektrische 35
Textverarbeitung 35
Titelbilder 160, 5/18
Titelei 158, 160, 5/17
Todesanzeigen 198, 5/47
Typenraddrucker 36
Typografie
    Aufgabe 12
    didaktische 18
    Funktion 142
    Grammatik 142
    Grundformen 142, 146, 174, 5/4–5/7, 5/35–5/39
    künstlerische Leistung 12
    Richtlinien 142
    Wesen 12, 19, 1/10
Typografisch-technische Vorschriften (TGL 10-081/01/02) 142, 144, 155, 175, 176, 179, 212

U

Überschriften 155, 156
    mehrzeilige 156
Übersichten 177, 5/40
Überstrahlung s. optische Täuschungen
Umbruch 149, 212
    Dramensatz 176
    Fotosatz 155, 5/14
    Gedichte 174
    Reihensatz 177
    Umbruchanweisungen 212
    Umbruchkonflikte 212
Umrechnungshilfen zu den Maßsystemen 26, Tab. 2, 3 und 4
Untertitel 157
Urkunden 181, 202, 5/44, 5/82
    Komplette 202, 5/82
    Vordrucke 181, 5/44

V

Vermählungs- und Verlobungsanzeigen 197
Vermessen der Bildvorlagen 220
    Bildausschnitt 222
    Bildgröße 222

Reproduktionsmaßstab 222
Verpackungen 188, 5/57–5/60
   Kennfarben 189
   Schriftwahl 188
Versalhöhe 26, Tab. 4
Versalien (Ausgleichen) 143, 5/1
Verzeichnisse 177
Vordrucke 179, 180
   für Schreibmaschine 180, 5/43, Tab. 10
   Schreiblinien 180, 5/43
Vorsatz 163
Vorschlag (Anfangsseite) 156, 5/16, 5/17, 5/20
Vorschriften für den Schriftsatz (Duden) 145
Vorwort 161

W

Wahrnehmung 75
   ausgezeichnete Orte 75, 2/64
   Ganzheitlichkeit 75
   Prägnanz 76, 2/65
Walbaum, Justus 57
Warenkataloge 172, 5/33
Werbedrucke 154, 157, 195
   Formate (TGL 37774) 154
   Kataloge 154, 157, 5/33
   Prospekte 195, 5/69–5/71
Werkschriften 67
Widmung (Dedikationstitel) 158, 161

Winkelhaken 32, 1/3, Fig. 3
Wirkorte der Fläche 113, 4/8 bis 4/10
Wissenschaftliche Literatur 142, 153, 154
Wort (Ausgleichen) 143, 5/1
Wörterbücher 142, 143, 177
Wortzwischenraum 143, 144, 5/2

Z

Zehnernummerung (Abschnittsnumerierung) 156, 157, 5/15
Zeichengestalt (Grafem) 17, 24, 48, 2/27
Zeichenträger (Fotosatz) 37, Tab. 5–7
   Rahmen 37, 2/15
   Scheiben 37, 2/14
   Trommeln 37
Zeile 143
Zeilenabstand (Durchschuß) 145, 5/3
   Mindestzeilenabstand 21, Tab. 4
Zeilenbildung 143
   Ausschließen 144, 5/2
   Fotosatz 123, 144
   Zeilenguß-Maschinensatz 144
Zeilenfall 156
Zeitschriften (TGL 24467) 152, 153, 157, 165
   Grundschrift 166
   Inhaltsverzeichnis 166
   Seitengestaltung 152
   Seitentitel 153
   Spaltenbildung 152
   Überschriften 157
   Umschlag 166, 5/26
   vorwiegend Bilder 166
   vorwiegend Text 165, 5/25
Zeitungen (TGL 11509) 152, 153, 157, 165, 5/28, 5/29
   Grundschrift 167
   Inhaltshinweis 169
   Seitengestaltung 153
   Spaltenlinien 152
   Spitzmarke 157
   Überschriften 157
   Umbruch 167, 5/28, 5/29
   Zeitungskopf 168
Zentraleinheit (Rechner) 35
Zentrierter Satz 126, 128, 146, 147, 4/43, 5/7
Zeugnisse s. Vordrucke
Ziffernformen 50, 2/32, 2/33
   Minuskelziffern 50, 2/34
   Versalziffern 50, 2/34
Zweibuchstaben-Matrizen 33, 2/8–2/10
Zwischenschläge 149, 150
Zwischentitel 156
Zwischenüberschriften 155, 156
   niedrigste Stufe 156
   Staffelung 140, 156

Die Mottos auf den Zwischentiteln sind in folgenden Schriften gesetzt:

Abschnitt 1. Wesen der Typografie	Walbaum-Antiqua
Abschnitt 2. Elementare Gestaltungsmittel	Garamond-Antiqua
Abschnitt 3. Ergänzende Gestaltungsmittel	Maxima licht schattiert
Abschnitt 4. Gestaltungsprinzipien	Luthersche Fraktur
Abschnitt 5. Funktionen und Formen	Baskerville kursiv
Abschnitt 6. Manuskript und Entwurf	Hogarth-Script

Fachliteratur über Schrift, Kalligrafie, Typografie, Grafik-Design, Buchgestaltung, Fotografik, Farbenlehre, Werbung, Satzherstellung und Reproduktion, aber auch über alle anderen Bereiche der Druckindustrie, finden Sie – und zwar immer nach dem neuesten Stand – in der Bibliografie »Lieferbare deutschsprachige Fachliteratur Druckindustrie und Randgebiete«. Mehr als 1 600 Titel werden mit ausführlichen bibliografischen Daten und Kurzbeschreibungen vorgestellt. Dieses bibliografische Verzeichnis erhalten Sie kostenlos und unverbindlich bei Ihrem Buchhändler oder – wenn dort nicht vorrätig – vom Buchdienst B + S, Postfach 1668, D-2210 Itzehoe.